港澳台侨学生通识教育课程系列教材

法 律 基 础

赵 威 魏 丹 主编

清华大学出版社
北 京

内 容 简 介

本书概述了法学基本理论，将当代国际法律体系和当代中国社会主义法律体系相融合，系统而全面地探讨了法的起源和发展、国际法、国际海洋法、国际私法、当代中国法制、中国的实体法律制度、中国的程序法律制度等，在此基础上，提出"依法治国与全面建设法治国家"的目标和中国特色社会主义法治理论的新发展。本书坚持为侨服务，坚持寓思想品德教育于通识教育之中，强调思想性和教育性。本书综合考虑了港澳台侨学生以及其他留学生等不同教学对象的教学要求，从法学的基础知识入手，通过法制和法治教育，使学生形成基本的法律思维，引入国际法的基本原则和国际海洋法等相关知识，使学生在了解国际法的原则和规范的基础上，正确看待中国的国际关系和中国对于国际法问题的处理方式，并对中国的法制体系和现代化法治国家建设形成全面的认识。全书内容全面，阐述得当，用语规范，文字简洁。

本书既可以作为高等院校通识教育的教材，也可以作为学习基本法律规范的基础读本。

本书封面贴有清华大学出版社防伪标签，无标签者不得销售。

版权所有，侵权必究。举报：010-62782989，beiqinquan@tup.tsinghua.edu.cn。

图书在版编目(CIP)数据

法律基础 / 赵威，魏丹主编. —北京：清华大学出版社，2021.6
港澳台侨学生通识教育课程系列教材
ISBN 978-7-302-58249-6

Ⅰ.①法⋯　Ⅱ.①赵⋯②魏⋯　Ⅲ.①法律－中国－教材　Ⅳ.①D92

中国版本图书馆 CIP 数据核字(2021)第 100516 号

责任编辑：王　定
封面设计：周晓亮
版式设计：思创景点
责任校对：马遥遥
责任印制：刘海龙

出版发行：清华大学出版社
　　　网　　　址：http://www.tup.com.cn，http://www.wqbook.com
　　　地　　　址：北京清华大学学研大厦 A 座　　　邮　　编：100084
　　　社　总　机：010-62770175　　　邮　　购：010-62786544
　　　投稿与读者服务：010-62776969，c-service@tup.tsinghua.edu.cn
　　　质　量　反　馈：010-62772015，zhiliang@tup.tsinghua.edu.cn
印　装　者：三河市金元印装有限公司
经　　　销：全国新华书店
开　　　本：185mm×260mm　　　印　　张：15.5　　　字　　数：260 千字
版　　　次：2021 年 6 月第 1 版　　　印　　次：2021 年 6 月第 1 次印刷
定　　　价：58.00 元

产品编号：083231-01

港澳台侨学生通识教育课程系列教材编委会

主　编：徐西鹏

副主编：刘　斌　　吴季怀

编　委：(排名不分先后)

　　　　林怀艺　　李勇泉　　高炳亮

　　　　张　宇　　骆文伟　　朱银端

　　　　洪跃雄　　肖北婴　　赵　威

总　　序

通识教育，旨在为受教育者在现代多元化的社会中提供一种通行于不同人群的知识和价值观。通识教育是当今大学教育的发展趋势，国家"十三五"规划纲要也提出，要提升大学创新人才培养能力，实行通识教育与专业教育相结合的培养制度。在大学中推行通识教育，已经成为我国教育界的共识。

作为以"面向海外、面向港澳台"为办学方针，以"为侨服务、传播中华文化"为办学宗旨的华侨高等学府，华侨大学既肩负着为社会主义事业培养合格建设者和可靠接班人的任务，也肩负着为港澳台经济和社会发展培养优秀人才的使命。学校始终高度重视港澳台侨学生的通识教育工作，坚持因事而化、因时而进、因势而新，努力打造港澳台侨学生真心喜爱、终身受益的通识教育课程，开展港澳台侨学生喜闻乐见的通识教育社会实践活动，引导他们珍惜韶华、脚踏实地，扣好人生的第一粒扣子。2012年7月，华侨大学成立了通识教育学院，其后应邀加入了"中国大学通识教育联盟"，以探索构建具有侨校特色的全方位、多类型、多层次的通识教育体系。

教材是学生在学校获得系统知识的主要材料，也是教师进行教学的主要依据。出版一套符合港澳台侨学生知识背景、尊重不同港澳台侨学生群体差异、满足港澳台侨学生成长需要的通识教育课程系列教材，对于提高学校教育教学质量，增强港澳台侨学生的文化认同感和民族自豪感，完善港澳台侨学生的人格和道德品质，提升港澳台侨学生的可持续发展能力等方面都具有十分重要的意义。

基于这样的初衷和认识，我们组织相关教师，开展"港澳台侨学生通识教育课程系列教材"编写工作，希望通过全体教师的努力，推动学校的港澳台侨学生教育和培养工作迈上新的台阶。

本套教材包括《大学与青年发展》《中国传统文化概论》《当代世界与中国》《中国百年复兴之路》《特别行政区基本法》《法律基础》6本。教材风格统一、图文并茂，体例新颖独特，内容与时俱进，在主要知识点之外，还辅以课外延伸、知识小贴士、阅读链接、热点聚焦、推荐阅读(含图书、视频、影音资料等)、思考和研讨等板块，鼓励学生独立思考，既保证了知识的广度和深度，也适当体现了地域文化特色和侨校特色；既突出了思想品德教育的人文性和思想性，也增强了时代感和吸引力。

教材易成，但通识教育任重道远。编著"港澳台侨学生通识教育课程系列教材"是学校进行港澳台侨学生教育和培养工作的一次有益探索和尝试。我们希望系列教材投入使用之后，能够真正发挥促进通识教育课程教学更有温度、思想引领更有力度、立德树人更有效度的作用，希望系列教材能够深受广大港澳台侨学生的欢迎和喜爱，希望广大港澳台侨学生通过系列教材的学习获得知识的力量、智慧的启迪和心灵的陶冶。我们也希望系列教材的问世，能够为我国港澳台侨学生教育和培养工作带来有价值的借鉴和启示，希望我们的探索和努力能够得到业内同仁的鼓励和指导。

是为序。

华侨大学党委书记　徐西鹏

2020年9月1日

前　言

"法律基础"是华侨大学港澳台侨学生通识教育必修核心课程之一，本书坚持为侨服务，贯彻"会通中外、并育德才"的教学理念及"因材施教、因生施教"的教学目标，通过对学生进行法制和法治教育，使其形成基本的法律思维，并对中国的法制体系和法治国家建设形成全面的认识。

本书概述了法学基本理论，将当代国际法律体系和当代中国社会主义法律体系相融合，系统而全面地探讨了法的起源和发展、国际法、国际海洋法、国际私法、当代中国法制、中国的实体法律制度、中国的程序法律制度等，在此基础上，提出"依法治国与全面建设法治国家"的目标和中国特色社会主义法治理论的新发展。本书从法学的基础知识入手，引入国际法的基本原则和国际海洋法等相关知识，内容与中国的法律实践密切相关，使学生在了解国际法的原则和规范的基础上，对中国的国际关系和中国对于国际法问题的处理方式形成正确认识。在案例的选择方面，注意选取具有典型性和示范性，同时又已经形成定论的案例，增强说理性和说服力，提高实效性。思考题引导和鼓励读者独立思考问题，进行深入研究和探讨。在结构方面，按照由基础到专业，由国际到国内的逻辑顺序安排章节内容，层层推进，体系性强。

本书由长期在高校从事港澳台侨学生一线教学工作的专业教师合力编写，第一章、第六～第九章由赵威编写，第二～第五章由魏丹编写。本书参阅了大量的国内教材、著作、法律文献、案例选编、报刊及各类媒体报道，在此对相关作者表示由衷的感谢！鉴于作者水平有限，请广大读者提出宝贵意见，以利再版修订。

编　者
2020 年 6 月

目 录

第一章 法的概述 ······················· 1
 第一节 法和法律 ····················· 1
  一、法的概念 ······················ 1
  二、法的特征 ······················ 2
 第二节 法的要素 ····················· 4
  一、法律规则 ······················ 4
  二、法律原则 ······················ 6
  三、法律概念 ······················ 9
 第三节 法的渊源和分类 ··········· 10
  一、法的渊源的含义 ············ 10
  二、法的主要渊源 ··············· 11
  三、法的分类 ···················· 12
 第四节 法的作用和价值 ··········· 15
  一、法的作用 ···················· 15
  二、法的价值 ···················· 17
 思考题 ································ 22

第二章 法的起源和发展 ············ 23
 第一节 法的历史 ···················· 23
  一、法的起源 ···················· 23
  二、法的历史类型 ··············· 24
 第二节 法的演进 ···················· 26
  一、法的继承 ···················· 26
  二、法的移植 ···················· 28
 第三节 全球化与世界法律发展 ··· 29
  一、全球化理论 ················· 29
  二、当代西方法律新变化 ······ 30
  三、法律发展全球化趋势 ······ 31
 思考题 ································ 32

第三章 国际法 ························ 33
 第一节 国际法概述 ················· 33
  一、国际法的性质 ··············· 33
  二、国际法的渊源 ··············· 34
  三、国际法的编纂 ··············· 36
  四、国际法与国内法的关系 ··· 37
 第二节 国际法的基本原则 ········ 38
  一、互相尊重主权和领土完整 ··· 39
  二、互不侵犯原则 ··············· 39
  三、互不干涉内政原则 ········· 39
  四、平等互利原则 ··············· 39
  五、和平共处原则 ··············· 40
 第三节 国际法中的国家 ··········· 40
  一、国家的要素和基本权利 ··· 40
  二、国家和政府的承认 ········· 42
  三、国家和政府的继承 ········· 44
 第四节 国际法中的个人 ··········· 49
  一、国籍 ·························· 49
  二、外国人的法律地位 ········· 52
  三、外交保护 ···················· 54
  四、引渡和庇护 ················· 56
 第五节 国家领土 ···················· 57
  一、国家领土的概念和组成部分 ··· 57
  二、领土的取得和变更 ········· 58
  三、国家的边界 ················· 60
  四、南北极地区 ················· 63

思考题 …… 64

第四章 国际海洋法 …… 65
　第一节　国际海洋法的概念、发展历史及编纂 …… 65
　　一、国际海洋法的概念 …… 65
　　二、国际海洋法的发展历史 …… 66
　　三、国际海洋法的编纂 …… 69
　第二节　基线、内水、领海、毗连区 …… 70
　　一、基线 …… 70
　　二、内水 …… 72
　　三、领海 …… 74
　　四、毗连区 …… 77
　第三节　大陆架、专属经济区 …… 78
　　一、大陆架 …… 78
　　二、专属经济区 …… 80
　第四节　用于国际航行的海峡、群岛水域 …… 82
　　一、用于国际航行的海峡 …… 82
　　二、群岛水域 …… 84
　第五节　公海、国际海底区域 …… 86
　　一、公海 …… 86
　　二、国际海底区域 …… 90
　思考题 …… 92

第五章 国际私法 …… 93
　第一节　国际私法概述 …… 93
　　一、国际私法的调整对象 …… 93
　　二、国际私法的调整方法 …… 94
　　三、国际私法的渊源 …… 96
　　四、国际私法的基本原则 …… 98
　第二节　冲突规范与准据法 …… 99
　　一、冲突规范及其类型 …… 99
　　二、准据法及其基本类型 …… 101
　　三、识别问题的解决 …… 102

　第三节　与冲突规范适用相关的制度 …… 105
　　一、反致 …… 105
　　二、法律规避 …… 107
　　三、外国法的查明 …… 108
　　四、公共秩序保留 …… 110
　第四节　国际民事诉讼 …… 112
　　一、国际民事诉讼概述 …… 112
　　二、外国人的民事诉讼地位 …… 113
　　三、国际民事诉讼管辖权 …… 115
　　四、国际民事司法协助 …… 117
　第五节　国际商事仲裁 …… 118
　　一、国际商事仲裁法概论 …… 118
　　二、仲裁庭的组成及管辖权限 …… 119
　　三、仲裁程序的内容 …… 120
　　四、仲裁裁决及其承认与执行 …… 122
　思考题 …… 123

第六章 当代中国法制 …… 125
　第一节　法治原理 …… 125
　　一、法治释义 …… 125
　　二、法治国家的形成与发展 …… 126
　　三、建设社会主义法治国家 …… 127
　第二节　法律体系 …… 130
　　一、法律体系概述 …… 130
　　二、法律部门 …… 131
　　三、当代中国的法律部门 …… 132
　第三节　法律效力 …… 137
　　一、法律效力的概念和影响因素 …… 137
　　二、法律效力的生效范围 …… 138
　第四节　宪法规定的基本制度 …… 141
　　一、宪法的特征 …… 142
　　二、宪法的基本原则 …… 143
　　三、中国的国家制度 …… 146
　　四、中国公民的基本权利和义务 …… 152

五、中国的国家机构 …………… 157
　思考题 …………………………… 160

第七章　中国的实体法律制度 ……… 161
　第一节　中国的民商法律制度 ……… 161
　　一、民法的概念和基本原则 …… 161
　　二、民事主体制度 ……………… 163
　　三、民事法律行为制度 ………… 164
　　四、代理 ………………………… 166
　　五、民事权利制度 ……………… 166
　　六、民事责任制度 ……………… 170
　　七、民事诉讼时效制度 ………… 171
　　八、合同法律制度 ……………… 172
　　九、知识产权法律制度 ………… 174
　　十、商事法律制度 ……………… 175
　第二节　中国的行政法律制度 ……… 177
　　一、行政法的概念、分类和基本
　　　　原则 …………………………… 177
　　二、国家行政机关与公务员 …… 179
　　三、行政行为 …………………… 180
　　四、行政责任 …………………… 181
　　五、行政处罚与行政复议 ……… 181
　第三节　中国的经济法律制度 ……… 182
　　一、经济法的概念和原则 ……… 182
　　二、消费者权益保护法律制度 … 183
　　三、税收法律制度 ……………… 184
　第四节　中国的刑事法律制度 ……… 185
　　一、刑法的概念和基本原则 …… 185
　　二、犯罪概述 …………………… 186
　　三、犯罪构成 …………………… 187
　　四、排除犯罪的事由 …………… 188
　　五、故意犯罪停止形态 ………… 190
　　六、共同犯罪 …………………… 191
　　七、刑罚制度 …………………… 192
　思考题 …………………………… 197

第八章　中国的程序法律制度 ……… 199
　第一节　中国的民事诉讼法律
　　　　　制度 …………………………… 199
　　一、民事诉讼概述 ……………… 199
　　二、民事审判的基本制度 ……… 201
　　三、民事诉讼管辖与当事人 …… 202
　　四、民事诉讼程序 ……………… 204
　第二节　中国的行政诉讼法律
　　　　　制度 …………………………… 205
　　一、行政诉讼的概念与特征 …… 206
　　二、行政诉讼的受案范围、参加人与
　　　　程序 …………………………… 206
　　三、行政赔偿 …………………… 209
　第三节　中国的刑事诉讼法律
　　　　　制度 …………………………… 210
　　一、刑事诉讼法概述 …………… 210
　　二、刑事诉讼的管辖、回避、辩护和
　　　　代理 …………………………… 212
　　三、刑事诉讼证据、强制措施和附带
　　　　民事诉讼 ……………………… 214
　　四、刑事诉讼程序 ……………… 215
　第四节　中国的仲裁和调解制度 …… 217
　　一、仲裁概述 …………………… 217
　　二、仲裁程序 …………………… 219
　　三、调解制度 …………………… 221
　思考题 …………………………… 223

结语　依法治国与全面建设法治国家 …… 225
　一、法治社会 …………………… 225
　二、法的现代化 ………………… 226
　三、依法治国 …………………… 228
　四、中国特色社会主义法治理论的新
　　　发展 …………………………… 229

参考文献 ……………………………… 235

第一章

法 的 概 述

　　本章是全书的导论部分，涉及法的基本概念、法的要素、法的渊源和分类、法的作用和价值等法理学内容。法理学是关于法律的原理、原则、精神的科学，是关于法律、法律现象、法律问题的最一般、最普遍、最根本的思想，是关于法律的所以然的道理。通过法理学的学习可以形成对法的基础和系统的认识，树立法学的世界观或法律观，形成法律思维方式。

第一节　法 和 法 律

　　法的概念是法理学的核心问题，是一切法律思维和法律实践的出发点。对于"法律是什么"这个问题，不同的法理学理论存在相当大的分歧。本章主要从法的本体和本源出发来对法的概念进行说明，同时提出中国法学界对法律概念的理解和认识。

一、法的概念

　　现实生活中，人们通常没有严格区分法和法律，那么法是什么？对这一法理学永恒论题的探讨观点众多，从法的本体出发，代表性的观点有规则说、命令说、判决说；从法的本源来看，有神意说、理性说、公意说、权力说；从法的作用角度下定义，有正义说、社会控制说、事业说等。法的概念大体上可以归纳为以下几种。

　　(1) 统治阶级意志说，认为法是统治阶级意志的体现。
　　(2) 人类理性说，认为法是人类理性的体现。
　　(3) 社会控制说，认为法是政府的社会控制。
　　(4) 规范体系说，认为法是可以用规范的语句表述的有意义的内容。

(5) 利益说，认为法是平衡个人利益和社会利益的工具。

(6) 权力说，认为法是权力的表现或派生物。

(7) 神意说，认为法是神的意志的体现。

在中国，法律的理论界与实务界对于法的理解在知识渊源上长期以马克思主义理论为基础，一度将法界定为：法是由国家制定或认可并由国家强制力保证实施的，反映由特定的物质生活条件决定的统治阶级意志，规定人们在相互关系中的权利和义务，以确认、保护和发展统治阶级所期望的社会关系、社会秩序和社会发展目标为目的的行为规范体系。这个定义比较严谨，但是随着中国经济和社会的发展，它已不能很好地体现法的中立性和普遍性。目前，中国法学界更倾向于将法定义为：法是以国家意志形式表现出来的，由国家制定或认可并以强制力来保障实施的行为规范的总和，其实质在于调整和平衡普遍利益与特殊利益、多元利益主体之间的关系。在中国目前的法律实践中，法律有广义和狭义两种用法。广义的法律，是指法律的整体，泛指一切具有立法权限的国家机关所制定的法律，包括全国和一定层级的地方人民代表大会、国务院、省级人民政府等所制定的法律；狭义的法律，专指拥有立法权的国家机关依照立法程序制定的规范性文件，即全国人民代表大会制定的基本法律和全国人民代表大会常务委员会制定的除基本法律以外的其他法律。

二、法的特征

(一) 法的特征的概念

法的特征，是指反映法的本质和内容的外部现象，是法区别于其他社会现象或事物的显著特点。法作为一种特殊的社会规范体系，与其他社会规则，如道德规范、社会习俗、宗教戒律、政党行为规范、社会组织规范等相比，具有显著特征。

(二) 法的特征的具体内容

(1) 法是由国家制定、认可或解释的行为规范。制定和认可是国家创制法的两种基本途径。制定，是指拥有立法权的国家机关按照法定的权限和程序创制法律规范的活动。通过制定方式产生的法律称为制定法或成文法。制定法律的国家机关一般指立法机关，现代社会都由民选代表组成，例如美国的国会、英国的议会、中国的全国人民代表大会。认可是一种灵活的法律产生方式，一是在某些情况下，法律没有明确规定时，将社会规则纳入国家的正式法律渊源之中，按照社会的相关习俗和道德等来处理，这些习俗和道德就成了法律；二是赋予权威法学家的学说以法律效力，即在法律没有明文规定的情况下，允许援引权威法学家的学说作为处理案件的依据；三是有判例法传统的国家，允许法官通过个案解释的方法，通过典型案例(判例)形成同类案件判决的一般原则，作为以后法律适用的根据。

(2) 法是以规定权利和义务为主要内容的行为规范。法与权利、义务密不可分。法要规范人们的行为模式，主要通过权利和义务的规定来实现，所以就法的内容来说，任何法律规范都是直接或间接地规定社会成员的权利与义务的规范。法律规范中的多种行为模式不仅直接规定权利和义务的内容，也间接包含权利和义务的内容，是权利规范和义务规范的统一体。权利是法律明确规定人们享有的资格和能力。义务是指法律规定的法律关系主体必须作出一定行为或不得作出一定行为的约束。在某些法律关系中，每一个法律关系的参加者都可能同时享受权利和承担义务。

(3) 法是以国家强制力保证实施的行为规范。任何一种社会规范都有一定的强制性，也都存在某种保障机制来保障其得到遵守，但强制的性质、范围、程度和方式等方面不尽相同。道德规范由社会舆论、人的良知以及习惯和传统的力量加以维护，宗教规范主要靠信徒的内心信仰同时也依赖不同程度的外在的强制手段来保证和坚定信徒的言行。法律具有国家意志性，法律和其他社会规范相比最明显的特征就在于它可以通过权威机关(国家)的强制力加以实施。从实施方式来看，法与其他社会规范的区别在于其实施有国家强制力的保证。如果没有国家强制力做后盾，法律就会成为一叠废纸。违反法律的行为得不到惩罚，法律所体现的意志也就得不到贯彻和保障。

(4) 法是在国家权力管辖范围内普遍有效的行为规范，又称为法的普遍性，指法律作为一种抽象的、普遍的行为规范在国家主权范围内具有普遍适用的效力和特性，具体包括法律在内容上的普遍适用性、法律规范对象的普遍性和法律的反复适用性。就内容来看，法律的内容是抽象和概括的，针对一般意义的主体和事项，而不是针对特定的主体和事项进行规定；在一国范围之内，所有人的合法行为都无一例外会受到法律保护，任何人的违法行为也无一例外会受到法律的制裁。

从适用对象上看，法的约束力的范围是国家权力管辖范围内的一切成员，没有阶级、阶层、民族、性别、社会地位等方面的差别，一律平等适用；法律对人们的行为和同类情形可以反复适用而不是仅仅适用一次。

第二节 法的要素

法是调节人们行为的规则或规范，但法并不是仅由规范构成的，法是一个由若干要素组成的系统。在法律要素问题上，命令模式论、律令—技术—理想模式论、规则模式论和规则—原则—政策模式论都是比较有影响力的理论学说。那么，法由哪些要素构成？参照中国法理学界近年来的研究成果和法律实践，可以把法律的形式要素分为三类，即规则、原则和概念。规则是明确赋予一种事实状态以法律意义的一般性规定。原则是可以作为众多法律规则之基础或本源的综合性、稳定性的原理和观念。概念是在法律上对各种事实进行分类和概括而形成的权威性范畴。在法律实践中，规则、原则和概念作为法律的形式要素，各自具有不可替代的独特功能。

一、法律规则

简要地说，法律规则就是法律的基本要素之一，是法律中明确赋予一种事实状态以法律意义的一般性规定。所谓赋予一种事实状态以法律意义指的是某些事件或行为发生之后可能会导致某种权利或义务的产生、变化或消灭，也可能引起某种法律责任的出现，此时法律要素中的规则成分所发挥的作用就是将这些事件或行为的法律意义明确下来。例如，婴儿出生这一事件是有法律意义的，它会引起某些人身权和财产权的形成；在公共道路上驾驶机动车这一行为也是具有法律意义的，它会使驾车人承担右侧通行、不得闯红灯等义务；当某个权利人滥用了自己的权利或某个义务人拒不履行义务时，这些行为也是具有法律意义的，因为行为人可能因此而承担某种法律上的责任等。在理解规则的含义时，有一点必须注意，法律规则不仅是明确的，也是一般性的规定。所谓一般性，指的是法律规则针对某一类事实状态作出规定，它适用于某一类人，而不是对某一件特定的事、特定的人作出规定。

为了深入了解法律规则，需要了解法律规则的种类。按照不同的标准，可以把法律规则区分为不同的类型。

(一) 权利规则、义务规则和复合规则

按照法律规则是授予权利还是设定义务,可以把法律规则分为权利规则、义务规则和复合规则。

(1) 权利规则又称授权性规则,是规定人们可以为一定行为或不为一定行为,以及可以要求他人为一定行为或不为一定行为的法律规则。从典型的意义上说,权利规则授予人们以某种权利,也就是在法律上确认了某种选择的自由,人们可以通过行使权利来维持或改变自己的法律地位,也可以不去行使权利甚至放弃权利。

(2) 义务规则是规定人们必须为一定行为或不为一定行为的法律规则。义务规则与权利规则的显著区别在于它具有强制性而没有选择性,义务规则所规定的行为方式是不可以由义务人随意变更和选择的。参照汉语的表达习惯,也可以把义务规则再区分为两种形式,即命令式规则和禁止式规则。其中,命令式规则要求积极行为,也就是设定作为义务的规则;禁止式规则要求消极行为,也就是设定不作为义务的规则。

(3) 复合规则又称权利义务复合规则,是兼具授予权利和设定义务的双重属性的法律规则。复合规则的特点是,在一定的角度或一定的条件下看,它授予当事人某种权利,当事人可以根据此种权利去作为或不作为,其他人不得干涉,也可以根据此种权利要求他人作为或不作为。对于这种要求,他人必须服从,此种权利是不允许当事人选择或放弃的,因此,它又具有义务的属性,如授予监护权的规则、授予受教育权的规则等。

(二) 强行性规则和任意性规则

按照权利、义务的刚性程度,可以把法律规则分为强行性规则和任意性规则。

(1) 强行性规则又称强制性规则,是指所规定的权利、义务具有绝对肯定形式,不允许当事人之间单方面变更或以双方协议变更的法律规则。

(2) 任意性规则是指所规定的权利、义务具有相对肯定形式,允许当事人之间单方面变更或者以协议予以变更的法律规则。前述所讨论的权利规则一般都属于任意性规则,例如,依据法律,提供物品、劳动或服务的合同当事人有领受合同

所约定的价款、报酬的权利，然而，出卖人也可以单方面表示减扣价款甚至放弃自己的权利，免除买受人的付款义务。

(三) 确定性规则、委任性规则和准用性规则

按照法律规则的内容是否直接被明确规定下来，可以把法律规则分为确定性规则、委任性规则和准用性规则。

(1) 确定性规则是指明确规定了行为规则的内容，无须再援用其他规则来确定本规则内容的法律规则，这是法律规则最常见的形式。

(2) 委任性规则是指没有明确规定行为规则的内容，而授权某一机构加以具体规定的法律规则。

(3) 准用性规则是指内容本身没有规定人们具体的行为模式，而是可以援引或参照其他相应内容规定的规则。

(四) 调整性规则和构成性规则

按照规则所调整的行为是否发生于该规则产生之前，可以把法律规则分为调整性规则与构成性规则。

(1) 调整性规则是对已经存在的各种行为方式进行评价，并通过授予权利或设定义务来调整相关行为的法律规则，其主要特征是，在本规则产生之前，相关的行为方式就已经存在，调整性规则只是按照一定的价值标准予以区分，允许某种行为方式的存在，使之合法化并成为某种权利(如发表言论的自由权)，或要求必须按某一行为方式活动，使之成为作为义务(如父母必须抚养未成年子女)，或禁止某一行为方式，使之成为不作为义务(如不得盗窃)。

(2) 构成性规则是以本规则的产生为基础而导致某些行为方式的出现，并对其加以调整的法律规则。与调整性规则不同，在构成性规则产生以前，该规则所涉及的行为不可能出现，只有当规则产生以后，才有可能导致相关行为的出现。例如，授予审判权的规则和授予诉讼权的规则都属于构成性规则，在这些规则产生以前，相关的审判活动和诉讼活动不可能出现，因此更谈不上受到法律的调整。

二、法律原则

法律原则是可以作为众多法律规则之基础或本源的综合性、稳定性的原理和

观念。法律原则的特点是，它不预先设定任何确定而具体的事实状态，也没有规定具体的权利、义务和责任，因此与规则相比，原则的内容在明确化程度上显然低于规则，但是原则所覆盖的事实状态远广于规则，原则的适用范围也远广于规则。一条规则只能对一种类型的行为加以调整，而一条原则却可以调整某一个或数个行为领域，甚至涉及全部社会关系的协调和指引。

可以把法律原则分为若干种类，其中比较重要的分类有如下几种。

（一）基本原则与具体原则

(1) 基本原则体现了法律的基本精神，是在价值上比其他原则更为重要，在功能上比其他原则的调整范围更广的法律原则。

(2) 具体原则是以基本原则为基础，并在基本原则指导下适用于某一特定社会关系领域的法律原则。

当然，基本原则与具体原则的划分只有相对的意义，例如，相对于"法律面前人人平等"原则而言，"罪刑法定"就是只适用于犯罪与刑罚领域的具体原则，但是，如果把讨论问题的范围限定在刑法领域，则"罪刑法定"就成为刑法的基本原则之一。

（二）公理性原则和政策性原则

(1) 公理性原则是从社会关系本质中产生出来、得到社会广泛认同并被奉为法律之准则的公理。民法中，民事活动应当遵循自愿、公平、等价有偿、诚实信用的原则，即为一个上升为法律的公理。

(2) 政策性原则是国家在管理社会事务的过程中为实现某种长期、中期或近期目标而作出的政治决策。

（三）实体性原则与程序性原则

(1) 实体性原则是直接涉及实体性权利、义务分配状态的法律原则。例如，宪法中的民族平等原则和民法中的契约自由原则都是实体性原则。

(2) 程序性原则是通过对法律活动程序进行调整而对实体性权利、义务产生间接影响的法律原则。例如，无罪推定原则和民事诉讼当事人地位平等原则都是程序性原则。

(四) 法律原则的作用

在法制实践中,法律原则具有非常重要的和不可替代的功能。

(1) 从法律的创制角度来看,法律原则直接决定了法律制度的基本性质、基本内容和基本价值倾向,同时法律原则又是法律制度内部协调统一的重要保障,并且对法制改革具有导向作用。任何一个成熟的法律制度都包含众多的规则要素,这些众多的规则所涉及的事实状态纷繁复杂,其法律性质、法律效力和具体的立法目的也各有不同,尤其是在现代社会中,法律规则的数量之巨、种类之多,远非古代法律所能比拟,而且,这些规则又分别由各级、各类不同的国家机构出于不同的管理需要所制定,因此如何保障法律自身的协调一致就成为一个突出的问题。近现代立法经验表明,法律原则在防止和消弥法律制度内部矛盾与增强法制统一方面,具有突出作用。在法律的创制过程中,当处于不同效力位阶的各项原则能够被各级、各类立法者刻意遵从时,法制的统一就有了最基本的保障。现代社会的变迁节奏越来越快,随着社会的不断发展,新的兴趣、利益、行为方式和权利要求也不断涌现,并且时常与原有的权利、义务分配结构发生冲突,在此种形势下,法制改革或法律发展就成了现代法制中一种惯常的现象和客观需要。这一点在正处于改革时代的中国社会体现得尤为突出。

(2) 从法律实施的角度来看,法律原则指导法律解释和法律推理,补充法律漏洞,强化法律的调控能力,并限定自由裁量权的合理范围,同样具有不可替代的作用。

首先,法律解释和法律推理是法律实施过程中两个关键性环节,为了将抽象的普遍性规则适用于具体的事实、关系和行为,就必须对法律进行解释并进行法律推理。在这一过程中,法律原则构成了正确理解法律的指南,尤其当法律的含义存在作出复数解释的可能时,法律原则就成为在各种可能的解释中进行取舍的主要依据。同时,法律原则也构成了推理的权威性出发点,从而大大降低了推理结果不符合法律目的的可能性。可以说,如果没有法律原则的指导作用,不合理的法律解释和法律推理就会以较高的频率出现,并使法律的实施受到消极影响。

其次,法律原则可以补充法律漏洞,强化法律的调控能力。由于社会关系的复杂性和变动性,立法者对应纳入法律调整范围的事项可能一时尚难以作出细致的规定,也可能因缺乏预见而未作规定,还可能因思虑不周而导致已有的规定在某些情况下不能合理适用，否则即违反法律的目的，上述情形在各国法律实践中均难以完全避免。而此时，法律原则就成为补充法律漏洞的一种不可替代之手段，它可以使法律对规则空白地带的事项加以调整，也可以防止现有规则的不合理适用。

最后，法律原则可以限定自由裁量权的合理范围。各国法律实践的经验表明，再详尽的法典也不可能使法律适用变成一种类似于数学运算的操作过程。数学运算的最终答案是非选择性的、唯一的，而法律适用常面临在数种可能的结论中作出选择的问题。例如，量刑幅度、罚款幅度等许多规定都允许适用法律的机构有一定的自由选择空间。但是，如果对在此范围内的选择不加任何限定，就会使自由裁量权绝对化，这样一来，极易导致职权的滥用，从而对法律秩序构成威胁。如何使自由裁量权保持在合理的范围之内？法律原则发挥了重要作用。如果能使自由裁量权受制于法律原则，那么，自由裁量权的积极作用就能充分发挥，其消极作用则得以防止，发生了问题也容易得到纠正。

三、法律概念

作为法律的要素之一，法律概念指的是法律对各种事实进行分类和概括而形成的权威性范畴。"概念是法律思想的基本要素，并是我们将杂乱无章的具体事项进行重新整理归类的基础。"[①] 概念本身并不能将一定的事实状态和法律后果联系起来，但是，它却是适用法律规则和原则的前提。只有把某人、某事、某行为归入某一概念所指称的范围时，才谈得上法律的适用问题。例如，各国现代民事法律均规定，不当得利之债的债务人负有向受害人返还不当得利的义务，当现实生活中发生了一个具体行为时，能否将该规定适用于此行为，首先取决于能否将该行为合理地归入"不当得利"的范畴。可以归入则该规定可以适用，不能归入则该规定不能适用。

按照法律概念所涉及的因素，可将法律概念分为以下5类。

(1) 主体概念，用于表达各种法律关系主体的概念，如公民、社团法人、原告人、行政机关等。

(2) 关系概念，用于表达法律关系主体间权利、义务关系的概念，如所有权、抵押权、交付义务、赔偿责任等。

(3) 客体概念，用于表达各种权利、义务所指向的对象的概念，如动产、主物、

---

① [英]戴维·M 沃克. 牛津法律大辞典[M]. 胡织，译. 北京：光明日报出版社，1988：633.

著作、支票等。

(4) 事实概念，用于表达各种事件和行为的概念，如失踪、不可抗力、违约、犯罪中止等。

(5) 其他概念，包括上述四种概念不能穷尽的所有其他法律概念，如公平、正当程序、法典、一般条款等。此外，按照概念的确定性程度，可分为确定概念与不确定概念；按照法律部门的不同，可分为民法概念、刑法概念与行政法概念。

在法律诸要素中，概念的独特功能在于它通过对各种事实因素的区分归类而为法律规则和原则的适用提供了可能。有时在无现成规则可加以适用的情况下，以存在着相应的概念为基础，适用原则也可以合理地处理所面对的法律问题。当然，对于一个成熟的法律制度来说，规则总是应当居于主要地位，若规则的数量与法律调整的需要相差过多，滥用自由裁量权的现象就会大面积发生。

第三节　法的渊源和分类

要准确理解法律是什么，仅仅知道法律的定义和要素是远远不够的。法律的效力从哪里来，通过哪种具体的形式存在和表现出来，不同的法律规则之间是否具有效力上的差别，法律有哪些主要的形态和类型，这些都是必须回答的问题。

一、法的渊源的含义

渊源在现代汉语中是"根源""来源"的意思，但是对于法的渊源不能简单做此理解。在现实生活中，一个行为规则之所以产生并上升为法律，往往是多种因素共同作用的结果。在审判过程中，法官通常需要寻找法律依据，他可能在立法机关制定的法律中找到明确规定，但也可能找不到相关的明确依据。此时，他可能依照过去的判例，也可能根据抽象的法律原则或原理，甚至根据政府的规章或公共政策、社会普遍公理等，作出判决。所谓的"法律渊源"与法官的这些判决依据有着密切的联系。法律渊源也称"法源"或"法的渊源"，主要指法律的各种表现形式以及法律效力的来源。法律可以通过宪法、法律、行政法规等载体和正式的形式表现出来，也可以通过正义标准、推理和思考事物本质的原则、公共政策、道德信念、社会倾向及习惯法等非正式的形式表现。法律具有不同表现形式的根源是法律效力的来源不同，也具有效力上的区别。法律渊源的名称往往同时也昭示其效力大小或者不同渊源之间何者优先适用的问题。

二、法的主要渊源

在法的发展历史和各国法学论著中,作为具有一定效力意义和作用的法的外部形式主要有以下几种。

(一) 制定法

制定法又称成文法。制定法是拥有立法权或经授权的国家机关根据法定职权和程序制定的各种规范性法律文件。它是成文法系各国最主要的法律渊源。从广义上说,制定法既包括国家立法机关制定的法律,也包括国家中央行政机关和地方国家权力、行政机关在职权范围内制定、发布的规范性法律文件。

(二) 判例法

判例是指能够作为先例据以审理后来案件的法院判决。判例法是上级法院对下级法院处理类似案件时具有法律约束力的判例,是与制定法相对应的一种法的渊源,是英美法系法律的一个重要渊源。判例法与制定法有显著的区别。

(1) 制定法是由立法机关及其他有权创制法律规范的国家机关制定的,判例法的来源不是专门的立法机构,而是法官对案件的审理结果,它不是由立法者创造的,而是由司法者创造的。

(2) 制定法的规则表现在规范性法律文件之中,而判例法的法律规则或原则存在于法院的个案判决之中。

(3) 制定法的规则通常采取明确的条文化表现形式,其内容也比较确定,而判例中究竟包含了何种规则或原则往往需要由法官来归纳和认定。在遵循英美法系的国家和地区,制定法和判例法都是法律渊源,而且判例法在整个法律体系中占有非常重要的地位。大陆法系在理论上否认判例可以作为法的渊源。在当代中国,判例不是法的渊源,但它对司法和执法工作具有重要参考价值,可在一定程度上弥补制定法的不足。

(三) 习惯法

习惯法是由习惯发展而来的一种法律渊源,而习惯则是一种事实上的惯例,是经过长期的历史积淀和社会实践而形成的一种人们自觉遵守的行为规范,这种行为规范经有权的国家机关包括立法机关、行政机关和司法机关以一定方式认可,赋予其法律规范效力,就上升为法律,并具有法律规范的效力,成为习惯法。法产生和发展的早期,习惯是主要的形式,法的渊源大多表现为习惯法。在现代法律体系中,习惯法的作用大大减弱了,制定法逐步发展起来并成为法的主要渊源,习惯法的作用范围显著缩小,逐渐成为制定法的补充形式。

(四) 学说或法理

学说,是法学家对法律问题的见解或观点;法理,通常指"事物的当然之理"或"法之一般原理",指形成某一国家全部法律或某一部门法律的基本精神和学理,实际上就是法的基本精神,即普遍的正义观念和要求。学说或法理主要是指法学家对法律各种学理性说明、解释和理论阐发,这种学理性解释(法理)能否成为具有法律效力的法律渊源,取决于各个时代和各个国家的法律规定和法律传统。在法律发展早期,如古希腊、古罗马时期,权威法学家的著作中所阐发的法理成为具有法律效力的法律渊源之一。在现代,各个国家一般不承认法理是具有直接法律效力的法律渊源,但却是具有说服力意义上的法律渊源。也就是说,在一定历史条件下或在某些特定场合,当现行法律对某些司法实践中遇到的问题缺乏规定时,法官可以依据法学家的权威性学说或者自己对于法的基本精神的理解来审理案件。

(五) 国际条约

国际条约是指两国或多国缔结的双边或多边的具有国际性权利、义务内容的规范性文件。国际条约是国际法的主要渊源,也成为现代社会的重要法律渊源之一。

法律渊源具有多样性,因为它受多种因素及其多种表现形态的影响和制约。法律发展的历史,民族传统,社会制度,国家的政体结构,国家结构形式,特定社会政治、经济条件,思想、道德、文化传统、宗教、科技发展水平,法律创制技术等,都对法律渊源的形成产生影响。

三、法的分类

法的分类是指按照一定的标准将法律分成不同的类别。因为可以从不同角度,以不同标准对法律进行划分，因而法有多种分类方法。例如，根据法律发展的历史线索，以社会形态为标准，可以将法律分为奴隶制法、封建制法、资本主义法、社会主义法，或者将法律分为义务本位的法和权利本位的法等。这样分类的目的是增进对法律概念和本质的了解，法律不仅在不同发展阶段有不同的形态和类型，而且在相同的历史阶段也存在不同的形态和类型。法律，分类的意义主要在于有利于人们更好地认识法律，探寻不同类别法律的特点、规律，并对法律实践有所帮助。

法的一般分类就是世界各国都可以适用的分类，主要有以下几类：成文法与不成文法、根本法与普通法、一般法与特别法、实体法与程序法。其他还有国内法与国际法、公法与私法等，这几类此处不作重点介绍。

（一）成文法与不成文法

根据法的表现形式、创制方式的不同，可以把法分为成文法与不成文法。成文法又称制定法，是指有关国家机关制定和公布的，以成文形式表现出来的法律。不成文法是指由国家认可其法律效力，但不以法条等成文形式存在的法律。这里需要注意的是，在法学著作中，不成文法主要指习惯法，还包括与制定法相对应的判例法，判例法虽然也有成文的形式，但它不具有法律条文的清晰性、明确性，因而一般被归于不成文法的范畴。成文法和不成文法各有优劣，成文法更为明确但可能欠缺灵活性，不成文法虽然不确定但是具有较大的灵活性，现代国家由于对立法权的推崇，更倾向于采用成文法为主要形式。

（二）根本法与普通法

根据法的内容、地位、效力，以及制定主体、程序的不同，可以把法分为根本法与普通法，这种分类法仅适用于成文宪法制国家。在成文宪法制国家，根本法即宪法，它在一个国家中具有最高的法律地位和最高的法律效力。宪法的内容、制定主体、制定程序及修改程序都不同于普通法，从内容来看，宪法规定国家最根本的经济、政治和社会制度，公民的基本权利和义务，以及国家机构组织和活动的基本原则，具有最高的法律地位和效力，是一国法律体系的核心；从制定和修改程序来看，宪法比普通法有更严格、更高的程序要求。普通法，是指宪法以外的法律，如民法、刑法、诉讼法、商法、行政法等。普通法的内容涉及调整某一类或者某些社会关系、某个领域的问题，其法律地位和效力都低于根本法，内容不得与根本法相抵触，制定和修改程序也比根本法简单。在不成文宪法制的国家，不存在根本法与普通法的划分，具有宪法性内容的法律与普通法律在效力上是相同的，根本法即普通法。

(三) 一般法与特别法

根据法律适用范围的不同，可以把法分为一般法与特别法。一般法是指针对一般人、一般事，于一般时间(不特别限定地区和期限)在全国普遍适用的法；特别法是指针对特定人、特定事，在特定地区或特定时间内适用的法。以针对人来讲，《中华人民共和国民法典》(以下简称《民法典》)是适用于一般人的法，它的适用主体是一般主体，而《中华人民共和国警察法》《中华人民共和国教师法》等都是针对特定对象的特别法；以针对事来讲，《民法典》适用于一般民事法律行为和事件，而《中华人民共和国行政许可法》则针对行政机关审查批准行为和事件这一特殊的行政法律行为和事件；针对特定地区的法律包括《中国公民往来台湾地区管理办法》《中华人民共和国民族区域自治法》等；针对特定时间的法律，如《中华人民共和国戒严法》规定，在戒严期间，国家可以依照本法在戒严地区内，对宪法、法律规定的公民权利和自由的行使做出特别规定。要注意区分一般法和特别法的主要标准不仅是适用范围，更重要的是其内容。特别法是对一般法的全部或部分社会关系的特别具体化规定。两种法律是建立在内容相关基础上的原则与具体、一般与特殊的不同。只有内容存在相关性或者存在原则与具体关系的两个法律才能称为一般法与特别法。对于同一位阶的法律，在适用时通常遵循"特别法优于一般法"的原则。

(四) 实体法与程序法

根据法律规定内容的不同，可以把法分为实体法与程序法。实体法是指以规定和确认实体权利与义务(或者职责、职权)为主的法律，如民法、刑法、行政法，以及规定国家机关的职责与权限、公民的权利和义务的法律等。程序法是指以规定保证法律主体实体性权利和义务得以实现或实体性职权和职责得以履行的有关程序为主的法律，如民事诉讼法、刑事诉讼法、行政诉讼法、立法程序法等。注意，实体法和程序法所规定的权利和义务是不等同的。第一，实体法上的权利与义务代表了一个公民在国家社会生活中的地位，具有根本性；而程序法上的权利与义务则是为了保障实体权利、义务的实现而设立的，具有派生性。第二，实体法上的权利与义务是人(公民)的权利与义务；而程序法上的权利与义务则多指一种法律角色(例如原告、被告)的权利与义务。第三，实体法上的权利与义务一般而言是永久的权利与义务；而程序法上的权利与义务则只有介入程序过程的当事人才能经历，而且只存在于诉讼过程。当然，实体法与程序法的区分是相对的，实体法中总是内在包含着程序，诉讼权利本身也是一种非常重要的实体权利。

> **案例 1-1**
>
> 美国纽约州教育法违宪案中涉及的法的分类问题①

第四节　法的作用和价值

就当代中国法学理论而言，"法的价值"或"法律价值"是 20 世纪 80 年代从西方法学引进的一个概念。"法的价值"一词有多种含义：第一，指法促进哪些价值；第二，指法本身有哪些价值；第三，在不同类价值之间或同类价值之间发生矛盾时，法根据什么标准来对它们进行评价。从这一意义上讲，法的价值即指它的评价准则。法的作用与法的概念、本质、价值和目的等问题密切相关，"法是什么"这一问题也包括法到底有什么作用。法的作用在不同时期、不同国家以至不同地区有一定的差别，可以从不同角度出发来进行分析。

一、法的作用

法的作用是指法对人们的行为和社会生活产生的影响及效果。它既表明法如何影响人们的行为和社会生活，又表明法在社会生活中占有怎样的地位。总体来说，法的作用包括规范作用和社会作用两大类。

（一）法的规范作用

法的规范作用，是指法律作为一种行为规范、行为标准对人们的行为所起的

---

① 邓冰，苏益群. 大法官的智慧——美国联邦法院经典案例选[M]. 北京：法律出版社，2004：41。

作用，它包括指引、评价、预测、强制、教育等作用。

(1) 法的指引作用，是指法所具有的通过规定人们在法律上的权利、义务以及违法的法律责任，从而对人们的思维方式和行为所起到的普遍指导、引领作用，是法最重要的作用，法的指引作用体现了法的自律功能。

(2) 法的评价作用，就是根据法律对行为所做的定性判断。法的评价作用体现了法的他律功能。法的评价作用的客体是行为，行为主体包括自然人、法人和其他一切社会组织，法的评价标准主要是合法与违法。

(3) 法的预测作用，是指基于法律规范的明确规定，能使人们预先估计到某种行为在法律上的评价及其必然导致的后果的功能。依据法的预测功能，人们可以预先估计到法律对某种行为或肯定或否定的评价，并预测到自己行为的结果，进而根据这种预知来决定自己行为的取舍和方向。法的预测作用在于法律提供给人们一种既定的行为标准，对于立法者来说，还可以通过创立法律规范来规划社会秩序，预测未来社会的发展。

(4) 法的强制作用，是指法律能够运用国家强制力对违法者施以强制措施来保障自己得以充分实现的功用和效能。法的强制作用是法得以实现的最终保障，没有强制作用，法的指引作用就会大大降低，法的评价作用将会在很大程度上失去意义，法的预测作用也会受到怀疑，法的教育作用必然受到严重影响。

(5) 法的教育作用，是指法所具有的通过法律的规定以及法的实施活动，影响人们的思想和行为，培养和提高人们的法律意识，从而引导人们依法办事的功用和效能。法的教育作用以对人的尊重为基础，把国家或社会的基本价值观念和价值标准凝结为固定的行为模式和法律符号，使之渗透于或内化在人们的心中，并借助人们的行为广泛传播，从而使法律成为人们自觉服从的行为准则。

(二) 法的社会作用

法的社会作用，是指法作为一种社会规范对社会关系的调整作用，它体现在立法、司法、执法等法的运行过程中，包括调整社会利益和管理社会公共事务的作用。

法律所体现的意志背后实际上是各种利益，包括政治、经济等各方面的利益。法律通过对利益的调控实现对社会关系的调整。法律将国家的政治、经济制度固定化，以保证其权威性、稳定性，法律确认社会各阶级、各阶层的地位，协调它们之间的利益关系。

法的管理社会公共事务的作用,是法所具有的基于其社会性或共同性,对社会公共事务的管理功能。法的管理社会公共事务的作用在任何有法律的社会都是存在的,它并不以阶级分野和阶级矛盾的存在为前提。从客观上讲,实施执行社会公共事务管理职能的法律规范,能为全体社会成员带来利益。

二、法的价值

法的价值是以作为客体的法与作为主体的人的关系为客观基础的,它反映了法这种社会规范对人的特定需要的满足状况以及由此产生的法律的积极意义或有用性。简单地说,就是当法律符合或能够满足人们的需要,在人与法之间形成价值关系时,法律才是有价值的。对法的价值的理解可以从三个方面来展开。

(1) 法的价值反映了人与法的关系,价值主体是人,体现的是人对法的认识,是主体需求在法律中的一种表达,它离不开以人的需要为标准的主体评价,即无论法的内容或目的是什么,都要符合人的需要。

(2) 法的价值表明法对人而言的正面意义,人的一定需要因法而获得满足,法的价值体现了其属性中为人所重视、珍惜的部分。

(3) 法的价值作为人与法之间特定关系的范畴,包含着现实需要和理想追求的成分,法的价值不仅限于现行的实在法,还包括对应然法的追求。

法的价值是多元的,凡是可以借助法律上的权利和义务来加以促进和保护的美好的事物,都可以被视为法的价值。任何法律制度的价值系统都具有某种内在的统一性,众多的法律价值排列组合成一个有序的体系,在这个体系中,秩序、正义、平等、自由和效率应当是最基本和最重要的价值。

(一) 法的秩序价值

在最广泛的意义上,秩序与无序相对,意为自然界和人类社会发展与变化的规律性现象。秩序在法律的价值目标体系中具有工具性价值的性质,它为其他价值目标提供了现实条件,没有秩序的存在,就无法实现法律的其他价值。社会秩序在很大程度上是依靠社会规范建立的,法这种特殊的社会规范,为人们设定了行为模式,建立一种强制性的法律秩序,在预防和制止无序状态方面,起着其他社会规范如道德、宗教等无法取代的作用。在强调"秩序"时,要注意不能将之强调到极端的程度。

法的秩序价值主要体现在以下几个方面。

(1) 维护社会生活秩序。在社会秩序中，人类发挥自己的主观能动性，建立属于自己的法律规范系统，确定社会成员的权利、义务及纠纷解决方式，提供了基本的安全保障，维护安定有序的社会生活环境。

(2) 维护政治统治秩序。法律使社会政治秩序合法化、制度化，把阶级冲突、社会矛盾保持在统治阶级的秩序和社会存在所允许的范围之内，以维持社会的稳定。这种限制、禁止和控制在外观上对于一切社会成员都是无例外的。

(4) 维护国际社会的政治经济秩序，为人类的生存和发展创造条件。

(3) 维护经济秩序。法律使经济规则明确化，保护财产所有权，对经济主体的资格加以规范，调控经济获得，保障劳动者的生存条件。

> **案例1-2**
>
> 金融危机催火民间收债业务案①

（二）法的正义价值

正义的概念包含了平等、公正、公道、正直、合理、善良、人道、宽容等诸多内容。从法律的角度而言，正义意味着一种体制，是对关系的调整和对行为的安排，是满足人类享有某些东西或实现各种主张的手段，使之尽可能地在最少阻碍和最小浪费的条件下得到满足。法律与正义密切相关，正义是法律的价值目标，法律是实现正义的手段。

正义是法律的灵魂。一方面，正义是法律在本质上的价值追求，表现在以下方面。

(1) 正义构成法的道德基础。法的内容合乎正义是法的正当性的道德基础，并成为人们守法的道德理由。当法的内容与正义相悖时，会引发法的道德危机，进而引发法的失效。从一定意义上讲，法的实效性就取决于法的内容是否合乎正义，以及合乎正义的程度。

(2) 正义是法的其他价值之实现状况的总体评价标准。法的正当性评价标准

---

① 参见 https://finance.sina.com.cn/money/roll/20090302/04562701961.shtml。

来自法外。正义是法所追求的一种价值目标,是一种现实的、可操作的法律原则,正义作为法的"应然"构成对实在法的"实然"检验与批判的重要武器,对于现实法的善恶评价成为现实法律改革的强大动力,推动现实法律不断进步。

另一方面,法律是维护和促进正义的最可靠的保障,表现在以下方面。

(1) 法使正义得到普遍的认同。在各种社会规范中,并非只有法才具有正义性,但是,法作为一种特殊的社会规范,具有普遍的效力和国家强制性,凭借这一特征,法能将它所确认的正义加以普遍地强制施行。

(2) 法是正义得以实现的保证。正义只有通过良好的法律才能实现,一定的正义原则通过立法制度明确化为具体的权利和义务,从而实现了对社会资源、社会利益及责任的分配,通过权利、义务的分配,确立了法律规范意义上的正义。

> **案例 1-3**
>
> 人类正义的胜利[①]

(三) 法与平等

平等有"无差别"和"按比例"这两个基本的含义。"无差别"指的是所有人,不管他们的出身、肤色、年龄、财产状况、种族、民族、语言等如何,都会受到同样的对待,可以视为起点的平等;"按比例"指的是每个人都应该得到与他的能力、贡献、优点等因素相称的待遇,可以视为结果的平等。从总体来看,平等总是意味着给予从某一个标准看来是相同的人相同的对待。如同亚里士多德所说,平等的一类是数量相对,另一类是比值相等。

平等包括法律政治平等、社会平等、起点的机会平等、可以平等利用的机会平等以及经济的平等。法律政治平等,即每个人都应该有相同的法律和政治权利;社会平等,即每个人都应该有相同的社会尊严;起点的机会平等,即为了平等地利用机会,从一开始就应该具备平等的物质条件,它关注的是使每个人从一开始就有足够的物质条件,得到相同的培养,以便获得除去天赋之外的相同的能力(例如不会再出现因为贫困而失学的现象);可以平等利用的机会平等,即对平等的功绩给予平等的承认(例如职务向有才能的人开放),它关注的是每个人都有相同的进

---

① 朱力宇. 法理学案例教程[M]. 2 版. 北京:知识产权出版社,2011:77。

取机会，即靠自己的功绩获得升迁与利益的权利，相对于起点的平等来说，这是过程中的平等；经济的平等，即大家在拥有财富的数量上的平等。

法律的平等价值可以体现在以下几个方面。

(1) 平等是一种信念，是一个社会的共同价值，要实现平等需要使其法律化。人们将自己对平等的理解融入现实的平等现象中，虽然每个人的平等观念是不相同的，但是人们仍然希望在现实中有一个共同的平等价值。平等必须将自己转化成一个统一的规则，才能成为人们共同的信念。平等的法律化是平等信念发展的必然。法律作为社会规范是迄今为止最完备的、最强有力的规范形式，平等作为信念要在现实中得以实现，必须将自己转化成法律的形式，只有在法律形式中，平等才会得到普遍的实现，所以平等首先是一条基本的宪法原则。

(2) 法律对平等的保护：第一，法律将平等权利化，将权利平等化，即在法律中明确规定每个人所应该平等地享有的权利和平等地承担的义务。第二，法律为平等提供统一标准。以既定的法律规定作为衡量平等与否的客观依据，人们不仅可以通过已有的法律规定获得一致的平等与否的结论，而且还可以依据法律的规定平等地分配权利和义务，以实现平等。第三，法律保护被确认的平等。法律并不是对其他规范体系中的平等给予保护，法律只是保护自己所确认的平等。

(四) 法的自由价值

法律上的自由指的是自由权。法律自由即主体按照自己的意志进行活动的权利，这一权利受到法律的约束，并得到法律保障，以免受他人及国家专断意志的强制和干预。

所谓法的自由价值，也即法应当是"自由的法"，是自由的依据、准则和保证，法律规范只能是为了确认和保障自由而制定，法律权利和义务也是为了实现自由而设定，实施法律的出发点和归宿都是实现自由。自由，在法的价值体系中处于重要地位，自由作为一种价值追求，是法律的灵魂所在。任何法律都源自人的需求，自由是人类生存和发展的基本需要之一，以满足人的需求为使命的法律，必然应当视自由为其价值目标，否则就是非正义的法。法律以自由为目的。法应当确认、体现并保障更多人的更多的自由。

自由需要法律来保障，人类通过法律才能实现自由。法律对于自由的作用表现在以下三个方面。

(1) 法律确定了自由的内容和范围。自由，是法律许可范围内的自由，并非任何人的任性或者为所欲为，法律通过限制自由的滥用来直接界定自由权利的范围，或者通过设定义务间接确定自由权利的范围，引导人们正确地把握自由，适当行使并免于对他人自由的威胁和侵犯。

(2) 法律是对自由的保障。不仅明示自由的种类，规定自由行使的方式，为自由的实现提供法律上的保证，而且可以直接排除妨碍和提供法律上的救济。法律为自由排除妨碍的方式是设定侵权人的法律责任，并恢复自由的法律状态；为自由提供救济的方式就是确定司法程序，法律责任的设立以及责任最终落实的司法救济。法律通过对侵犯自由的行为予以制裁来为自由提供保障。

(3) 从终极意义上讲，自由的法律化既是对自由的保护，也是对自由的限制。没有交通规则就没有行车的自由，对伤害他人行为的限制和惩罚才能保障他人的人身自由，对自由的限制不是为了限制而限制，而是为了保护而限制。

> **案例 1-4**
>
> 自由与秩序的平衡①

（五）法的效率价值

经济分析法学的核心思想是所有的法律活动和全部的法律制度都应当以有效地利用自然资源，最大限度地增加社会财富为目的。从这一角度而言，效率是法的重要价值之一。美国法学家波斯纳认为，法律效率用公式可表示为

$$法律效率 = 法律收益 / 法律成本 \times 100\%$$

法律收益包括法律供给主体的经济收益、政治收益、社会收益及伦理收益等。法律成本是指法律活动主体投入的时间、人力、资本等支出及其相应的机会成本。

现代社会的法律都有或应有其内在的经济逻辑和宗旨，即以有利于提高效率的方式分配资源，并以权利和义务的规定保障资源的优化配置和使用。法律通过为人们提供适当的行为模式指引人们的行为，争取最优化的实际效果。在实体上，法律通过保护财产权为人们设定最经济的交易模式，减少不必要的资源耗费。良好的法律总是在保障社会稳定与促进社会发展的前提下，力图最大限度地保护社

---

① 参见 https://www.wendangxiazai.com/b-aaf9546248d7c1c708a145a7.html。

会财富，使社会财富被合理地使用或被最经济地使用。在程序上，法律为人们设定最经济的程序模式，保证人们以最简便的手续，最少的时间耗费，最小的诉讼成本，达到预期的法律目的。

思 考 题

1. 法具有哪些特征？
2. 法律渊源的概念和特征是什么？
3. 法的规范作用有哪些？
4. 如何理解法律与正义的关系？
5. 如何理解法律与自由的关系？

第二章

法的起源和发展

在人类历史上，法的起源和发展是一个漫长的过程，也是一个从低级到高级，从野蛮到文明的发展过程。在这个过程中，法逐步走向文明而全面的发展。

第一节 法的历史

法是人类历史发展到一定阶段的产物，那么它究竟是如何产生的？如何发展的？经过了人类历史的几个时期？在不同的时期，都有什么特征？

一、法的起源

随着社会的发展，私有制产生，社会矛盾形成，由此而产生了法，可以说法是社会基本矛盾发展的必然结果。追根究底，法的产生主要有两个因素，一是经济根源，二是阶级根源。

(一) 经济根源

原始社会后期，随着社会生产力的发展，个体劳动成为普遍现象，社会上出现了个体家庭开始独立生产。后来出现了三次社会大分工，有了产品的交换，导致私有制的形成及发展，进而使得财富向少数人集中，公有制逐渐解体，私有制由此产生。正因为有了财产私有权，才需要行为规范来确认财产私有权的合法性，由此促进了法的产生。

(二) 阶级根源

三次社会大分工的出现极大促进了生产力的发展，私有制和阶级随之产生。

社会上逐渐出现了两大阶级，即奴隶主阶级与奴隶阶级，因两者处于不同的经济地位，他们之间的阶级矛盾日益尖锐，阶级斗争日渐激烈。在这种情况下，奴隶主阶级要维护自己的利益，需改变原始公社制度并制定强制措施来保障自己的规则。为保证社会全体成员遵守该规则，便采用暴力手段，使得出现了国家、军队、监狱、法庭等机关来保障社会的安定，巩固奴隶主在政治、经济上的统治地位，于是法就应运而生了。

二、法的历史类型

法的历史类型主要是按照经济基础和阶级本质划分的。可以说，法是建立在一定的经济基础之上，反映统治阶级的意志，维护统治阶级统治的。社会的性质决定了法的性质。在人类历史上，按照社会的类型，法可以分为四种：奴隶制法、封建制法、资本主义法、社会主义法。

（一）奴隶制法

奴隶制法是人类历史上第一个剥削阶级类型的法，是随着私有制、阶级和国家的出现而出现的法，是人类社会法制的最初形态。一般来说，古埃及、古巴比伦、古希腊、古罗马、古中国、古印度是世界上最早出现奴隶制法的国家。奴隶制法主要有以下特征。

(1) 奴隶制法严格保护奴隶制生产关系，特别是维护奴隶主对于生产资料和奴隶的占有。

(2) 奴隶制法采取极残暴的惩罚措施，以维护奴隶主统治。

(3) 公开规定自由民内部的不平等地位。

(4) 法律上长期保留原始社会行为规范的残余。

从法律上而言，奴隶主是可以任意处置奴隶的，犹如处置自己的所有物一般，可以进行自由买卖、赠与、继承、屠杀、殉葬等。而且奴隶主若杀伤奴隶，是不用负任何法律责任的，只对其主人赔偿财产上的损失。由此可以看出，在法律上，奴隶不是权利主体，而是权利客体。

（二）封建制法

封建制法是封建社会的产物，是由封建制国家制定和认可的，并由国家强制力保证实施的行为规范的总和。封建制法的目的是确认和维护有利于封建主阶级的社会关系和社会秩序。尽管不同国家、不同地区、不同时期的封建制法有着各自的特点,但终究都是源自同一阶级,所以封建制法具有共同的特征,主要体现在以下几个方面。

(1) 封建制法严格保护封建土地所有制和农民对封建主的人身依附关系。

(2) 封建制法积极维护封建等级制。

(3) 封建制法以残酷手段维护封建主的统治。

与西方相比,中国是进入封建社会最早的国家之一。战国初期,魏相李悝的《法经》是中国历史上第一部较系统的封建制法典。之后的唐律是中国封建制法的典范,不仅影响了后期各王朝的法律,也影响了当时的日本、朝鲜、越南等国。诚然,西方封建制法也有自己的发展历史。早期封建社会,欧洲多法并存,如地方习惯法、罗马法、教会法以及国王的敕令等;中世纪中期,法国编撰了《诺曼底大习惯法》《博韦习惯法》等成文法;12 世纪,罗马法在欧洲大陆兴起,为以后大陆法系的形成奠定了基础。

(三) 资本主义法

资本主义法是体现资产阶级意志的法,是建立在资本主义经济基础上,维护资本主义社会关系和秩序,实现资产阶级专政的法。资本主义法的基本原则是保护私有财产,具有以下特征[①]。

(1) 维护资本主义私有制。

(2) 确立资产阶级专政和实行代议制、三权分立制。

(3) 确认和维护自由、平等和人权。

(4) 确立了一系列资产阶级法治原则。

(5) 法律调整社会关系的范围日益扩大。

目前,世界上的资本主义法主要分成两大法系,即大陆法系和英美法系。

大陆法系又称罗马法系、民法法系、法典法系或罗马日耳曼法系,以法、德两国的法律为代表。大陆法系发源于古代罗马法,盛行于欧洲大陆各国。遵循大陆法系的国家都重视成文法典,法院在审理案件时也主要以制定法为依据。

英美法系又称英国法系、普通法或判例法系,以英国和美国的法律为代表。

---

① 张正德,付子堂. 法理学[M]. 2 版. 重庆:重庆大学出版社,2015:45-47。

这种法系是从中世纪英国的普通法的基础上发展而来的，后盛行于美国以及其他曾受英国的普通法影响的广大地区。从法律形式来看，在英美法系中，法的主要渊源除了制定法，即成文宪法、立法机关制定的法律及其他法规外，还有判例法。

(四) 社会主义法

社会主义法是无产阶级通过革命斗争，夺取国家政权之后，在彻底否定旧法体系效力的基础上创立起来的。社会主义法反映的是以工人阶级为领导的广大人民的利益和意志。以中国为例，社会主义法有以下特征。

(1) 阶级性与人民性的统一。
(2) 国家意志与客观规律的统一。
(3) 权利确认与权利保障的统一。
(4) 强制实施与自觉遵守的统一。
(5) 一国与两制的统一。
(6) 国情与公理的统一。

可以说，社会主义法的施行有别于任何剥削阶级法。国家的强制执行是为了确保广大人民的根本利益。社会主义法是从实际出发，以国情为条件，因地制宜地借鉴本国和外国的有益经验，在长期建设、长期摸索中不断发展和完善。

第二节 法的演进

从历史长河来看，一个国家在不同的历史时期有可能处于不同的社会样态；从同一历史时空来看，不同国家有可能处于不同社会样态，或处于同一社会样态的不同发展阶段，那么法在这一过程或空间中是如何演进的呢？本节主要介绍法的继承和法的移植。

一、法的继承

法的继承是指不同历史类型的法律制度之间的延续与继受。人类社会先后经历了五种不同的社会样态，每种社会样态有着不同的法制，但彼此之间是相互联系的，换句话说，旧法对新法存在一定的影响，同样新法是对旧法的延续与继受。

法的继承不同于民法中的财产继承、国际法中的国家继承。众所周知，无论是财产继承还是国家继承，继承对象本身是原封不动的。但是法的继承是新事物对旧事物的一种"扬弃"，有否定的部分，也存在肯定的部分。对于肯定的部分，它不是简单的复制与粘贴，而是一种批判的、有选择的继承。

一般法的继承主要表现在以下几个方面。

(1) 社会生活条件的历史延续性决定了法律继承性。从根本上来说，法律继承性的依据在于社会生活条件的延续性及继承性。在人类社会每一个新的历史阶段开始时，不可避免地要从过去的历史阶段中继承下来许多既定的成分。既然法是社会生活的反映，那么社会生活中的既有规则就会或多或少地被继承下来并被纳入新的法律体系之中。

(2) 法律的相对独立性决定了法律发展过程的延续性和继承性。法作为社会意识或社会上层建筑的组成部分，它的产生和发展取决于社会存在或经济基础。但法又具有相对独立性，是社会意识相对独立性的体现。

(3) 法作为人类文明的成果，其共同性决定了法律继承的必要性。法作为社会调整或控制的技术，是人类对自身社会的性质、经济、政治、文化，以及社会关系及其客观规律的科学认识的结晶。任何后继的法律制度绝不可能在世界法律文明发展的大道之外产生，而是人类以往法律思想、法律技术和法治经验的继续与发展。

(4) 法律发展的历史事实验证了法律的继承性。法律继承不只是一个理论上可以说明的问题，也是一个实践上可以验证的问题。例如英国资产阶级持续沿用英国封建时代的法律，法国资产阶级以奴隶制时代的罗马法为基础制定《法国民法典》，日本资产阶级承袭日本封建时代的法律等。

可以说，从历史的角度来看，法的继承形式是多样的，内容是广泛的，主要包括以下几个方面。

(1) 法律技术、概念。对于基本的法律概念、立法程序、法典编纂、法律汇编、法律规范，法律的解释方法、法律机构的设置、法律体系的结构、形式多样的诉讼程序等，都可以直接选择或利用这些现成的法律技术和概念。

(2) 反映市场经济规律的法律原则和规范。例如关于市场主体、市场要素、市场行为、市场调控的法律规定就有不少值得借鉴。

(3) 反映民主政治的法律原则和规范。例如法律面前人人平等原则、无罪推定原则、罪刑法定原则、公开审判原则、法治原则等，都是可以继承的。

(4) 有关社会公共事务的法律规定。例如有关交通、环保、资源、水利、城建、人口、卫生的法律规定，都是反映社会整体利益的规范，是可以继承的。

二、法的移植

法的移植是指在鉴别、认同、调适、整合的基础上，引进、吸收、采纳、摄取、同化外国法，使之成为本国法律体系的有机组成部分，为本国所用。如果说法的继承体现时间的先后，是历史纵轴上的继承的话，那么法的移植则反映一个国家对同时代其他国家法律制度的吸收和借鉴，显然它是同时代的横向吸纳的结果。

法的移植是法律发展的必然结果，对社会的发展有着必要性的作用，具体体现在以下几个方面。

(1) 社会发展和法的发展的不平衡性决定了法的移植的必然性。同一时期，不同国家的发展是不同的，也是不平衡的，它们或者处于不同的社会形态，或者处于同一社会形态的不同发展阶段，比较落后的国家为促进社会的发展，有必要移植先进国家的某些法律，以保障本国的发展进程。

(2) 市场经济的客观规律和根本特征决定了法的移植的必要性。市场机制是世界经济的主要机制。在全球化的背景下，市场经济要求冲破一切地域的限制，使国内市场与国际市场融合。一个国家能否成为国际统一市场的一员在很大程度上取决于该国的法律环境，特别是是否遵循世界各国通行的法律原则和规范。

(3) 法的移植是法治现代化和社会现代化的必然需要。当今世界，法律制度之间的差异不仅仅是方法和技术上的差异，也是法的时代精神和价值理念上的差异。法治现代化既是社会现代化的基本内容，也是社会现代化的动力，而法的移植是法治现代化的一个过程和途径。

(4) 法的移植是对外开放的应有内容。当下，任何国家要发展，都必须全方位的对外开放。这不仅能使经济国际化，而且在其他方面，例如资源开发、环境保护等，也带有跨国性质，所以法律在处理涉外问题的过程中，必须逐步与国际社会通行的法律和惯例接轨。

法的移植的内容与法的继承的内容基本一致，包括法律术语、概念，反映商品经济一般规律的法律原则和规范，有关法律实践的制度、技术方法，有关社会公共事务的法律规定等。法的移植的具体内容与方式有以下几种。

（1）相对落后的国家或发展中国家采纳、吸收先进国家或发达国家的法律。例如许多发展中国家就曾大量引进西方国家的法律。

（2）发展程度相近的国家之间法的相互融合与移植。例如21世纪以来，遵循大陆法系的国家和遵循英美法系的国家的法律的日渐趋近。

（3）通过法律统一运动实现法的融合与移植。例如欧洲共同体的法律体系就是在比较、采纳和整合欧洲共同体各国法律制度及国际法和国际惯例的基础上形成的，这是一种区域性法律统一运动，也是世界性法律统一运动。

第三节 全球化与世界法律发展

随着社会的发展，全球化运动加速，社会形势也有了较大变化，世界法律有了怎样的变化，法的未来走向将如何？

一、全球化理论

从某种意义上来讲，全球化是全球联系不断增强的结果，是一种人类社会发展的现象。对于全球化，全球各界人士有着不同的认识。西方的全球化理论主要有三种：激进论、怀疑论和变革论。

（1）激进论。持这一观点者主要从经济的维度观察和描述全球化，将全球化简单地理解为是一个无国界的全球市场的形成过程，这个过程中将有一个全新的世界秩序出现，是摧毁传统民族国家存在的基础。

（2）怀疑论。持这一观点者认为当今的全球化实质是一种高水平的国际化，是世界各国经济相互依存度增强的结果，他们承认世界经济区域化的趋势有利于强化民族国家。

（3）变革论。持这一观点者承认全球化存在的事实以及全球化正在重新塑造现代世界和世界秩序，同时也承认全球化是一个充满矛盾的长期的历史进程。

中国的学者对全球化也有自己的认识，归纳起来主要有以下三点。

（1）全球化是人类历史发展的必然趋势，是不可阻挡的时代潮流。

（2）全球化给各国的发展既带来了难得的机遇，也带来了严峻的挑战。

（3）建设持久和平、共同繁荣的和谐世界是全球化的理想图景。

二、当代西方法律新变化

第二次世界大战后,随着西方社会经济、政治环境的变化,西方法律的发展也出现了新的变化,主要表现在以下几个方面。

(一) 国家对社会生活的干预增强,行政权力扩大化

首先,当代西方立法权主体扩大,出现了授权立法与委任立法。其次,自由裁量权扩大,在立法、行政、审判中,采用一些"不确定规则""任意的标准"和一般条款。再次,特别法的数量增多,针对特定群体,或者针对特别限定范围的案件规则增多。最后,法院审判量加重。

(二) 国家与社会、公共与私人领域逐渐接近,私法与公法的界限模糊化

首先,私法公法化。由于国家对社会经济生活的干预,私法日益受到公法的影响,许多典型的私法关系发生了变化,如土地法。其次,公法私法化,即通过私法手段来实现国家干预的目的。再次,还出现非公非私的混合法,如劳动法、社会保障法等。最后,与行政机关权利扩大相反的潮流是出现了私人组织与政府相抗衡的情形。例如跨国公司、教育组织、新闻媒介联合体等私人组织在结构、组织运行上日益接近国家机构的管理模式,正在形成一种与国家权力相抗衡的力量。

(三) 两大法系趋同化

英美法系和大陆法系原本是资本主义法的两大法系,各有特点,它们是分别客观存在的。但是随着经济全球化的深入,两大法系的法律规则,特别是在贸易、金融等方面的规则日渐趋同。

(四) 欧盟法律一体化

欧盟法律的产生和发展是当代西方法律制度发展过程中一个值得关注的现象。欧盟法主要是指建立欧洲共同体和欧盟的各个条约的总称。可以说,欧盟法不是一国的国内法,也不是一般的国际法,它适用于欧盟各成员国之间,也适用于各成员国公民和法人。欧盟法的确立有两个原则:一是欧盟法在成员国内的法律秩序中有直接效力;二是欧盟法高于各成员国法律。

因在欧盟现有成员国中，有遵循英美法系的国家，也有遵循大陆法系的国家，故欧盟法律是在西方国家两大法系的影响下产生和发展起来的，同时，对遵循两大法系的国家又有着较大的影响。

三、法律发展全球化趋势

毋庸置疑，全球化的进程已经到来，那么全球化对法律产生了什么影响？显然，全球化的过程以经济全球化最为显著，而经济全球化直接影响法律的发展。首先，各国经济密切联系，使得各国法律互相联系的广度、深度、速度激增；其次，各国法律互相借鉴、移植和融合的趋势日益增强；最后，国际法和国家间的条约、协定、章程、规则等在国与国之间所起的作用越来越显著。

法律全球化是经济全球化的结果，也是全球化的重要组成部分。全球化改变着人们的政治、经济和文化生活，改变着人们的传统观念，为各国经济和法律的发展带来了新的机遇与挑战，也给人们提出了许多值得思考的问题。

（一）全球化与国家主权的关系

如上文所述，法律全球化带来了全球各不同法律制度的互相认同和互相合作，但这并不意味着世界法律的大同，也不意味着世界各国将在一个共同的、统一的世界法下生活。不同国家、不同地区生活着不同的民族，存在着不同的法律，如何更好地协调和解决彼此之间的法律冲突是许多国家的共同目标，这说明法律发展的全球化趋势并不能否定主权国家的自主独立性。即使在全球化时代，维护国家主权依然是国际关系的基本原则。我国坚决反对借口全球化而干涉他国内政，反对侵犯他国主权，反对走霸权主义道路。

（二）全球化与西方化的关系

法律全球化趋势为很多发展中国家法律的发展带来了新的机遇。众多发展中国家在进行法律改革的过程中可以吸收和借鉴西方发达国家带来的普遍性法律技术、法律结构、法律机制等，完善和发展本国法律，但这并不等同于本国法律西方化，无视本国特点照搬西方法律制度，而应时刻清醒地认识到，法律全球化趋势并不能改变不同历史类型法律的性质，法律领域内的全球化趋势并不是无条件的。

(三) 全球化与民族化的关系

面对全球化的趋势，若一味地坚持闭关自守的狭隘民主主义，拒绝吸收和借鉴外国先进的法律技术与法律文化，其结果只能是停留在全球化进程之外，逐渐拉大自身与世界先进水平的差距。众所周知，全球化并不能消灭世界法律格局的差异性和丰富性，法律的技术化同样不能否认法律的文化性质。各国法律文化差别较大，任何法律制度都是基于本国国情而定。即使具有普遍性的法律技术，在跨国运用时，也必须解决与本国法律文化融合的问题，脱离本国法律文化的法律技术是无源之水、无根之本。

思 考 题

1. 法的起源是什么？
2. 法的类型有哪些？它们各有什么特点？
3. 全球化为各国法律的发展带来了哪些新的机遇和挑战？

第三章

国 际 法

国际法是国际关系中的行为规范。认识国际法，就是认识国际法主体在国际社会中的行为规范。从根本上讲，国际法是国际社会秩序不可或缺的一部分，是国际社会发展的必需，也是国家维护本国和民族利益的需要。

第一节 国际法概述

国际法是调整国家与国家之间关系的法律，它的性质是什么？它有什么渊源？它是如何编纂的？以及它与国内法的关系又有哪些？接下来一一给大家介绍。

一、国际法的性质

国际法，简言之，是国家之间的法律，或者说，主要是国家之间的法律，是以国家之间的关系为对象的法律。

"国际法"一词在西方文献中最初是以拉丁文(jus gentium)出现的，汉译为万民法，原本是古罗马国内法的一个组成部分，与市民法(jus civile)相对应。在古罗马，市民法适用于罗马公民，万民法适用于外国人以及外国人与罗马公民的关系。

1625 年，荷兰法学家格劳秀斯在其著作《战争与和平的权利》中，使用 jus gentium 一词来称呼调整国家间关系的意志法，使这一术语的含义扩大而具有万国法的性质。此后，jus gentium 译为英文 law of nations，即万国法。

国际法就其本质而言，是普遍适用于所有国家的，也就是说，对所有国家都有法律约束力。但在历史上和现实中，国际法的法律性曾遭到否定或怀疑。例如，19 世纪英国法学家奥斯丁认为，法律是主权者的命令，而国际法只是"实在的国际道德",造成否定或质疑国际法的法律性的原因主要有两个:一是用国内法的观点去判断和评价国际法律问题,很容易得出国际法不是法的结论;二是违反国际法的情势有时不能得到制止或纠正。

问题的关键在于:国际法是否作为法律为国家所遵守?答案是肯定的。第一,世界各国政府毫无例外地都承认国际法是对国家有约束力的法律。第二,在国家之间的关系中,国际法原则、规则和制度是经常被遵守的。第三,国际法遭到重大的破坏,如武装侵略或侵略战争,只是少数的例外。在国际法上,对于违法行为,违反的国家不仅应负法律上的责任,而且还可能受法律的制裁,即使制裁不是强有力的和令人满意的。

国际法的法律性是使之成为国际和平与国际法治的基础。联合国近年来通过众多决议反复重申,包括《联合国宪章》在内的国际法是建立一个更和平、繁荣、公正的世界的基础,强调在国际上必须遵守和实行法治,并维护以法治和国际法为基础的国际秩序。

国际法的普遍性,意味着国际法不仅适用于所有国家组成的国际社会,而且国际法的有些规则对所有国家适用。可以说,在国际关系中,各国并不能完全凭着自由意志而任意达成协议。国家之间之所以达成协议,形成支配国家之间的关系的原则、规则和制度,是因为这些原则、规则和制度是国家在彼此交往中有这样的需要。国际法是为适应这种需要而产生的,其作用就是维持国家之间的正常的往来关系。换句话说,国际法既是和平共处的法律,也是互相依赖的法律。在法律上,国际法效力的根据是国家意志的协议,而在法律之外,国家意志的协议是受国家之间来往关系的需要所支配的。

> **案例 3-1**
>
> **英伊石油公司案**[①]
>
>

二、国际法的渊源

国际法的渊源到底有哪些呢?所谓国际法的渊源,是指国际法规范表现的形

---

① 参见https://wenku.baidu.com/view/6a335d81b9d528ea81c7797b.html。

式或形成的过程、程序。《国际法院规约》第三十八条是对国际法渊源的权威说明。

《国际法院规约》第三十八条的规定全文如下：

"一、法院对于陈诉各项争端，应依国际法裁判之，裁判时应适用：

(1) 不论普通或特别国际协约，确立诉讼当事国明白承认之规条者。

(2) 国际习惯，作为通例之证明而经接受为法律者。

(3) 一般法律原则为文明各国所承认者。

(4) 在第五十九条规定之下，司法判例及各国权威最高之公法学家学说，作为确立法律原则之补助资料者。

二、前项规定不妨碍法院经当事国同意本'公允及善良'原则裁判案件之权。"

现行的《国际法院规约》是1945年作为联合国宪章的组成部分出现的，内容基本上是沿袭1920年订立的《国际常设法院规约》。如今，国际法和国际关系都有了很大的发展，关于国际法渊源的实践和学说也并非一成不变。归纳起来，国际法的主要渊源有以下几点。

(1) 国际条约。国际条约是具有缔约能力的各种国际书面协议。这种书面协议的主要内容是以国际法为准绳，确立相互权利和义务的条约。条约的一般重要性首先在于：它所确立的规则及产生的权利和义务对于缔约各方有法律约束力。这适用于一切条约，无论是双边的还是多边的，在现代国际社会中，条约是国际法的主要渊源。

(2) 国际习惯。国际习惯是指在国际法律关系中具有法律拘束力的一致性一般国家惯例或通例。国际习惯作为国际法的渊源，在19世纪和20世纪初起到了至关重要的作用。由于国际习惯是以国家行为的形式来表述国际法规则，所以通常被称为不成文法，是以默示协议的方式确立国际法的规则。

(3) 一般法律原则。一般法律原则在理论上有三种解释：一是将它理解为一般国际法原则；二是认为它是"一般法律意识"所产生的原则；三是将它视为各国法律体系所共有的原则。一般法律原则是一项独立的国际法渊源，与国际条约和国际习惯相比，一般法律原则只是补充渊源，是在没有条约和习惯的情况下所适用的法律。

(4) 司法判例、权威公法学家学说。司法判例、权威公法学家学说不是国际法的渊源，而只是确立法律原则的辅助资料或认识渊源，是一种证据或证明材料，所以无法与国际条约和习惯相提并论。实际上，在国际法院的裁决中很少看到直接援引国际法著作的，而在国际仲裁法庭、国内法院的裁决或国际法院法官的个别意见或反对意见中被援引得较多。

(5) 国际组织的决议。国际组织的决议是指政府间的国际组织尤其是联合国的决议。联合国在其活动中通过了大量有关国际法原则和规则的决议，但是国际组织的决议不能作为一种独立的国际法渊源。原因很简单：如果它们构成国际法的渊源，有关国际组织或其机构就将成为世界立法机关。根据《联合国宪章》第十三条，联合国大会在编纂和逐渐发展国际法方面只具有建议的职能。

案例 3-2

国际法院 1962 年审理的隆端寺案①

三、国际法的编纂

国际法的编纂，从狭义上来说，是指把现有的国际法规则，特别是习惯法规则，加以准确表述和条文化、系统化；从广义上来说，则还包括修订、补充原有规则或提出新的规则，将它们变成条款草案，由一个有权确定的机构，通常是外交会议，予以认可，并通过一定程序形成国际公约。现在所说的国际法的编纂通常指广义上的编纂。例如1961年《维也纳外交关系公约》、1982年《联合国海洋法公约》，就是这种意义上的编纂的成果。

国际法，顾名思义，是国家之间的法律。早在古罗马时期，已形成一套称为"万民法"的法律，主要是调整罗马人与非罗马人之间的关系，但它是古罗马的法律，而不是国家之间的法律，所以不是真正意义上的国际法。真正能够体现以独立主权国家为基础的国家之间的法律——国际法，是近代欧洲的产物。1648年《威斯特伐利亚和约》的订立标志着近代国际法的产生。在这一时期，荷兰法学家格劳秀斯的《战争与和平的权利》为近代国际法成为一个独立的法律体系奠定了基础，也对后来国际法学的发展产生了重大的影响。

后来，随着国家之间关系的增强，一些专门化问题不断出现。为解决这些问题，国与国之间需要签订一系列的国际公约，同时有关国际法的编纂引起越来越

---

① 参见 https://max.book118.com/html/2018/0914/5303222331001313.shtm。

多学者的关注,至此国际法的编纂被逐步提到日程上来。18世纪的英国学者边沁最早提出国际法编纂。还有一些民间学术团体也开始从事这方面的工作,如成立于1873年的国际法学会(Institut de Droit International)和国际法协会(International Law Association),但是其编纂的效果与作用却是有限的。后来,战争的持续不断与残酷引起了人们的注意,人们开始对制定战争法规提出要求。1899年和1907年两次海牙和平会议,对和平解决国际争端和战争法的编纂作出了重要贡献。

第一次世界大战后,出现了一些一般性的公约,比如1919年《国际联盟盟约》、1929年《战争受害者公约》、1925年《禁用毒气议定书》、1928年《和平解决国际争端条约》和《巴黎非战公约》等对国际法的编纂都有着重要的意义。这些公约使得国际法原则得到加强,新的现代国际法正在形成。

第二次世界大战后,在联合国主持下,签订了《联合国宪章》,成立联合国组织并开始进行国际法的编纂工作。正如《联合国宪章》第十三条所规定:"大会应发动研究,并作成建议:……提倡国际法之逐渐发展与编纂。"1947年,联合国大会通过第174(II)号决议,成立负责编纂工作的主要机构——国际法委员会(ILC),并通过《联合国国际法委员会章程》,国际法编纂工作取得重要成果。目前,联合国国际法委员会由34名委员组成,其中9名来自非洲、8名来自亚洲、3名来自东欧、6名来自拉美和加勒比地区、8名来自西欧和其他地区。委员任期5年,可连选连任。

四、国际法与国内法的关系

国际法与国内法的关系是国际法基本理论中重要的问题之一,主要涉及两个方面的问题:一是国际法和国内法是属于一个体系还是属于两个体系;二是如何使国际法在国内有效力。在有关国际法与国内法关系的学说中,最具有代表性的有一元论、二元论和联系论。

(一) 一元论

一元论的思想主要体现两种理论观点:国内法优先说和国际法优先说。

国内法优先说认为,国际法虽然是法律,却是次一级法律,从属于国内法的法律。所以国内法的地位高于国际法,因为国家的意志表现在国内法上。国家的一切活动范围,即使在国际方面也是依其国内法而定的,所以国际法是由国内法派生出来的。

国际法优先说认为，在同一法律体系中，国际法的地位高于国内法，国内法从属于国际法，在效力上依靠国际法。国际法优先说的主要代表人物是社会连带主义法学派的波利蒂斯和塞尔、规范法学派的凯尔森等。

(二) 二元论

二元论又称国际法与国内法平行说，认为国际法与国内法是互不相同、各自独立和平行运作的法律体系，因为它们的主体、渊源和调整对象各不相同。

二元论主要是19世纪末期发展起来的一种学说，其倡导者是德国学者特里佩尔和意大利学者安齐洛蒂。这种理论认为国际法和国内法是两个不同的法律体系，具有合理之处。但是，它用静止的观点看待国际法和国内法之间的差异，将其绝对化，忽视并否认国际法和国内法内在的联系。

(三) 联系论

国际法和国内法之间的区别十分明显。它们各自有特定的调整对象、特定的主体和独立的法律体系，且互不从属，是两个不同的法律体系。但是这两个法律体系不是孤立存在的，而是相互密切联系的。

国际法和国内法相互联系的纽带是国家。国家既是国内法的制定者，又是国际法制定的参与者。国际法与国内法之间是互相联系、互相补充的，首先，国家在制定国内法时，应考虑国际法的原则和规则，不应违背其承担的国际义务，更不能改变国际法的现有原则、规则；其次，国家在参与制定国际法时应考虑到国内法的立场，国际法不能强行干预国内法；最后，国际法不断从国内法原则和规则中吸收营养，国内法不断从国际法的原则和规则中得到充实和发展。

第二节 国际法的基本原则

国际法的基本原则是国际法发展到一定历史阶段的产物，在其发展史上，最具有里程碑意义的是1945年的《联合国宪章》。《联合国宪章》第一次明确规定了联合国及其会员国应遵守的原则，尽管没有使用"国际法基本原则"这一术语，但是国际社会的实践已表明，宪章原则已成为国际法的基本原则。国际法的基本原则的主要内容是互相尊重主权和领土完整、互不侵犯原则、互不干涉内政原则、平等互利原则、和平共处等。

一、互相尊重主权和领土完整

主权是指对内的最高权力、对外独立自主的权力，不受任何其他国家控制。对内方面，对一切事物和人有最高权力，国家有权决定其政治、经济、社会和文化制度；对外方面，不从属于其他权力。主权是国家最主要、最基本的权力，是国家固有的，并非是由国际法所赋予的。领土是任何一个国家赖以生存的物质基础，由领陆、领海和领空构成。领土的完整也是主权的一种体现。

二、互不侵犯原则

互不侵犯原则有助于促进国际和平与安全，其主要目的是禁止侵略，否定传统国际法中国家的"诉诸战争权"。互不侵犯原则的含义是国家在其相互关系中不得违反联合国宪章的规定使用武力、威胁或其他方法侵犯别国的主权、领土完整或政治独立。

三、互不干涉内政原则

互不干涉内政是一项国际法原则，是从国家主权直接引申出来的原则。互不干涉内政的核心意义是国家主权的独立性，即要求任何国家都无权以任何理由直接或者间接地干涉别国内政，不得以任何借口干涉别国国内管辖事件。

互不干涉内政也是处理国际关系的基本要求。众所周知，任何国家有权利决定本国采取何种政治制度、经济制度、社会文化制度；任何国家不得以强制或专横的方式，强迫他国屈从自己的意志；任何国家不得以任何借口直接或间接地干预他国国内事务和外交事务等。

四、平等互利原则

平等互利原则是国际法的基本原则之一，是国与国之间处理对外关系时需要共同遵守的原则。

平等，在某一角度而言，指的是国际法中的主体即国家，在法律面前的平等，是国际人格上的平等。互利，在很大程度上是对平等的进一步的要求，即除了要求贯彻法律上的平等外，还要有经济上的互利精神。国与国之间只有注意实质平等才能更好地实现优势互补和协调。

五、和平共处原则

和平共处当初是针对社会主义制度和资本主义制度的并存而提出的，但在后来逐渐被引申为既适用于相同社会制度的国家之间，也适用于不同社会制度的国家之间的国际关系的国际法原则。20世纪60年代，联合国曾打算对和平共处原则进行编纂，但是没有结果。和平共处作为一项国际法基本原则应如何解释？和平共处应包含以下内容[①]：

(1) 国与国之间应和平地相处，其中包括采取不同社会制度和意识形态的国家之间的和平共处。

(2) 和平地发展国家之间的相互关系，并促进合作。

(3) 以和平的方法解决国际争端。

第三节 国际法中的国家

国家是国际法的主要主体之一，构成国家的要素有哪些？一个国家的基本权利又有哪些？当国家的领土变更、政权更替时，如何继承与被承认？这些都是国际法所要解决的问题，接下来将一一回答。

一、国家的要素和基本权利

国际法的主体首先应具备以下三个条件：一是有独立参加国际关系的能力，即能够独立地进行国际交往；二是有直接承受国际权利和义务的能力；三是有独立进行国际求偿的能力。这三个条件并不是孤立存在的，而是彼此相互联系、相辅相成，缺一不可。

国家作为国际法的主要主体，是指定居在特定的领土之上，并结合在一个独立自主的权力之下的人的集合体。在国际法上，它更强调的是作为国际人格所具有的特征。

---

① 邵津. 国际法[M]. 5版. 北京：北京大学出版社，高等教育出版社，2014：30.

(一) 国家的要素

在国际法中,现代意义上的国家应具备以下四个要素。

(1) 定居的人民。人民是构成国家的第一要素。国家既然是人的集合体,是由一定的人口或居民组成的社会,所以不存在没有人民的国家。他们有可能是不同民族、不同文化、不同语言,但都是该国的公民,无论多少。

(2) 确定的领土。领土是人民长久定居的地方,是一国生存和发展的必要物质基础。一般情况下,国家都必须有确定的领土,领土的大小不影响国家的存在,在国际法上都是平等的国家。

(3) 政府。政府是国家在组织上的体现,是构成国家政治和法律方面公共权力组织的整体。在国内,政府根据本国法律实行统治,组织人民有序生活;在国际上,政府代表本国及其人民进行国际交往。

(4) 主权。主权是国家在组织上的体现,代表该国独立,不依赖他国,且有与他国交往的能力。主权是国家区别于国内的地方行政区或国际上其他实体的重要标志,主要体现是具有能够独立处理国内外一切事务的能力。

从理论上来说,一般情况下须同时具备上述四个要素才能构成国际法上的国家。但实际上存在例外情况,例如内战中的国家,尽管该国政府继续有效存在可能受到影响,但其国际人格在国际法上依然保持不变。

(二) 国家的基本权利

国际法除了对国家要素有要求外,对国家的基本权利也有阐述。国家的基本权利是国家作为国际人格者所固有的,由国家主权引申的各项权利,也是国家不可缺少的和生存攸关的权利[1]。一般而言,国家的基本权利包括独立权、平等权、自卫权和管辖权,这是国际法确认的,也是不容他国剥夺和侵犯的。

(1) 独立权。独立权也是一国的主权,是该国在对外关系方面的体现。具体来说,独立权是指国家可以按照自己的意志处理对内和对外事务,不受任何其他权力的命令或强制,不受外来干涉的权利[2]。因此,一国依据其独立权,可以自主选择本国的社会制度、政治制度、经济制度和法律制度等,而不受他国干涉。

---

[1] 邵津. 国际法[M]. 5 版. 北京:北京大学出版社,高等教育出版社,2014:37.
[2] 同上.

(2) 平等权。平等权主要体现的是各国在国际法上享有平等的地位，即无论该国大小、强弱或是否与他国在政治、经济、文化上存在差异，在与他国交往中所产生的法律地位一律平等。例如，在参加国际组织和国际会议时，每个参与国享有同等效力的代表权和投票权等。

(3) 自卫权。自卫权主要体现在当国家遭受外来武力攻击时所享有的权利，即当国家在遭受外来武力时，该国可以采取单独或集体的方式进行武力抗击自卫，以保卫本国独立和安全的权利。

(4) 管辖权。管辖权是一种支配权，通常是指国家对人、物或事件的管理与支配。一般情况下，国家基本管辖权为属人管辖和属地管辖。属人管辖也称国籍管辖，顾名思义，即不论本国人的行为发生在何处，本国都有对本国国籍人的管辖权。属地管辖也称领土管辖，是一国对其领土内的一切人、物和事件的管理和支配。此外，作为基本管辖权的补充，还有保护性管辖和普遍管辖。

二、国家和政府的承认

承认是国际法上的重要制度。承认，是指既存国家对新产生的国家或新政府的出现以某种形式表示接受的政治和法律行为。

(一) 国家承认

国家承认是指既存国家对新产生的国家给予的认可并接受，由此而产生的法律后果，以及与新国家建立关系的行为。从概念出发，可知承认是国家单方面的政治行为。

承认的性质是什么，即承认究竟对新国家的国际法主体资格有什么影响？西方学者在回答这个问题时，提出两种学说：构成说和宣告说。构成说认为，新国家要成为国际社会的成员，获得国际法主体资格，需经过承认，因此承认具有构成性。而宣告说则认为，新国家的国际法主体资格是基于事实的存在，承认仅是对此事实的确认与宣告而已，并不因此而产生国际人格的作用。从国际实践来看，无论是构成说还是宣告说，均存在其合理的一面，但也存在不足之处。对于一个社会而言，一旦具备了国家的四个要素，成为国家既成事实。承认虽然不能决定新国家的国际法主体资格，但是新国家却只有通过现存国家的承认，才能进入与他国的双边关系，形成对外交往的关系。因此，承认既是对被承认国存在的事实的一种确认和宣告，也是构成两国之间进行双边对外关系的前提。

虽然国际法上没有规定国家承认的方式，但在国际实践中，承认的形式可以是明示承认也可以是默示承认。明示承认即既存国家单方面通过直接和明白的语言文字宣告承认新国家。例如，2006年6月14日，中国外交部部长李肇星复信黑山共和国外长米奥德拉格·弗拉霍维奇，宣布中国政府承认黑山共和国。默示承认是既存国家采取某种实际行动对新国家的承认，主要是通过既存国家与新国家建立外交关系或领事关系、缔结双边条约等。

一般而言，国际法上的承认制度具有以下几个特点[①]：第一，承认是国家针对新国家或者新政府的出现予以确认的行为；第二，承认是国家单方面自我判断作出的行为，其行为成立本身不需要国家之间的任何谈判，更不需要签订任何条约；第三，承认导致承认国政府确认被承认新国家或新政府的法律、法令具有效力的后果；第四，承认具有追溯效力，即承认的效力及于被承认国或新政府产生或成立的时候；第五，承认对于新产生的国家是否具有国际法主体资格、新产生的政府是否具备代表该国的资格，不具有决定作用，即承认本身只是承认国对新产生的国家予以确认并愿意与之发生国际法上的法律关系的表态，或对新政府予以确认并认可该新政府作为一国国际法上代表的宣示。

> **案例 3-3**
>
> 中华人民共和国对黑山共和国的承认[②]

（二）政府承认

政府承认是指一国通过某种方式表示认可另一国产生的新政府有代表其国家的地位或资格。新政府的出现一般有两种情况：一种是正常的、依据宪法程序进行的政府更迭；另一种是非宪法程序的政权更迭，主要通过社会革命或叛乱的方式产生新政府。对于前一种情况产生的新政府，一般不存在承认问题。众所周知，政府承认的重要意义在于：一个国家承认别国的新政府有代表其国家的资格或法律地位，愿意同其代表的国家建立或保持正常关系[③]。如果新政府所代表的国家的

[①] 朱文奇. 国际法学原理与案例教程[M]. 4版. 北京：中国人民大学出版社，2018：68.
[②] 参见https://baike.baidu.com/item/黑山/14112?fromtitle=黑山共和国&fromid=4600255&fr=aladdin.
[③] 邵津. 国际法[M]. 5版. 北京：北京大学出版社，高等教育出版社，2014：52.

主体资格是连续存在的，未因政府的更迭而受到影响，那么就不存在承认的必要。因为既存国家不需要通过承认新政府，就能继续与其国家进行交往。而对于后一种情况所产生的新政府，则需要通过既存国家的承认，才能继续与该国家进行交往。

政府承认需要满足什么条件呢？现代国际实践一般奉行"有效统治原则"，这一原则也是作为承认新政府的依据和承认理论。所谓"有效统治"，是指新政府实际控制了本国大部分地区，实行了有效统治，并得到人民的拥护和服从。新政府正是因为获得有效统治，才有可能代表国家独立进行国际交往。

政府承认的方式与国家承认的方式一样，主要有明示和默示两种方式。从国际实践上来看，对于新政府的承认，大部分国家趋向于采取默示承认的方式承认新政府，给予新政府法律上或事实上的承认。对新政府作出法律承认，就意味着它承认新政府取代了旧政府代表国家的地位或资格，也是对旧政府的承认的撤销。因为对于承认国来说，对于新政府的承认意味着承认该政府是该国的唯一合法政府，在国际上代表本国，享有一切应有的权利。

三、国家和政府的继承

继承是国际法上的重要规则。国际法上的继承是指由于某种具有国际法意义的事实或情势出现，使国际法上的相关权利和义务从一个承受者转移给另一个承受者，引起的法律关系的改变[①]。这种法律关系的改变会直接影响继承者、被继承者及第三者之间的权益。

(一) 国家的继承

国家继承是指一国对领土的国际关系所负的责任，包括所享有的国际权利和承担的国际义务被别国取代而产生的法律关系的转移。国家继承与国家领土变更有着密切的关系。

1. 国家继承的原因

之所以能够发生国家的继承，在很大程度上与国家的领土变更有关。从国际实践来看，一般能够引起国家领土变更的主要原因有以下几点。

---

① 邵津. 国际法[M]. 5版. 北京：北京大学出版社，高等教育出版社，2014：54。

(1) 转移。这里的转移指的是，或因为交换，或因为割让，或因为并入，使得一国的领土部分或者全部转移给别国。例如，1867年，阿拉斯加因俄国卖给美国而并入美国；1990年，德意志民主共和国并入联邦德国。

(2) 合并，即两个或两个以上国家的领土合并成为一个新国的领土。例如，1958年，埃及和叙利亚合并成为阿拉伯联合共和国。

(3) 分离，即一国领土分离出一部分或若干部分归属一国或若干个新国的领土。

(4) 分立，即一国领土分裂成两个或若干个新国的领土。例如，1992年，南斯拉夫解体为斯洛文尼亚、克罗地亚、马其顿、塞尔维亚等。

(5) 殖民地、附属国或非自治领土获得独立，领土脱离宗主国。

2. 国家继承的内容和规则

国家继承的内容主要包括条约的继承、国家财产的继承、国家档案的继承和国家债务的继承，各项内容中的主要规则如下。

(1) 条约的继承：主要涉及被继承国的条约对继承国是否有效的问题。一般遵循的原则是人身条约不继承、非人身条约继承。对于领土变更问题，分为部分领土的变更、合并、解体和分离等四种情况分别进行条约继承。

在转让或交换领土的情况下，国家领土的一部分成为他国领土的一部分时，条约的继承问题比较简单。自国家继承之日起，被继承国的条约停止对国家继承所涉领土生效，而继承国的条约对国家继承所涉领土生效。两个或两个以上国家合并建立新国家，作为继承国，对被继承国签订的非人身条约应当继承，条约的适用范围由继承国决定。分离和解体的继承情况也是如此，只是分离和解体本质不同，分离是原来的国家仍存在，而解体是原来的国家已消失。

(2) 国家财产的继承：国家财产的继承就是在发生国家继承的情况下，被继承国的国家财产转移给继承国。被继承国的国家财产按照国家国内法的规定，是该国所拥有的财产、权利和利益。

国家财产分成动产和不动产，按照所处位置，可分为位于继承国领土内和处于继承国领土以外的财产，主要遵循以下规定[①]。

第一，当继承国是新独立的国家时，国家财产的继承与条约的继承均遵循和

---

① 朱文奇. 国际法学原理与案例教程[M]. 4版. 北京：中国人民大学出版社，2018：83-84。

其他情形的领土变更不同的特殊规则。

第二，在一个国家将其一部分领土移交给另一个国家的情形下，首先由继承国和被继承国通过协议的方式来解决财产继承问题。这种协议可以发生在继承之日以前，也可发生在继承之日以后。

第三，在分离的情况下，除被继承国与继承国之间另有协议外，位于所涉领土内的不动产转属继承国，与所涉领土活动有关的动产转属继承国，对于其他动产则按照公平的比例转属继承国。

第四，在国家解体的情况下，除非继承国之间另有协议，国家不动产转属不动产所在地的继承国，而位于被继承国领土以外的国家不动产则按照公平的比例转属继承国；至于动产，与所涉领土活动有关的，转属有关的继承国，其他动产则按照公平比例转属各继承国。

第五，在国家合并的情况下，被继承国的财产，包括动产和不动产都转属继承国。

(3) 国家档案的继承：按照1983年《维也纳公约》的第20条规定：国家档案是指被继承国为执行其职能而编纂或收到的且在国家继承之日，按照被继承国国内的规定属于其所有并处于各种目的作为档案被直接保存或控制的各种日期和种类的一切文件。国家档案继承意味着被继承国的国家档案转属继承国，即被继承国对有关档案的权利的丧失，而继承国取得相应的权利。

由于国家档案的完整性和可复制性特征，1983年《维也纳公约》对国家档案的继承做了一些原则性的规定：除有关国家另有协议或有关国际机构另有决定外，国家档案从被继承国转属继承国时不予补偿；位于被继承国领土范围内的第三国的国家档案不受档案继承的影响；被继承国有义务采取一切措施防止应被继承的国家档案的损害或破坏。同时，《维也纳公约》根据领土变化的不同情形分别作出以下规定：在割让或交换领土的情况下，档案继承的问题应当按照两国之间的协议来解决。如无协议，与所涉领土的正常的行政管理相关的那部分档案应当由被继承国移交获得领土的国家继承；其他的国家档案中完全或主要与所涉领土有关的部分也应当转属继承国；如果继承国要求获得与继承所涉领土的利益有关的其他档案的复制本并且愿意承担费用，则被继承国应当满足继承国的要求。此外，被继承国应当从其国家档案中向继承国提供有关继承所涉领土的所有权、疆界或为了澄清有关档案文件含义所需的最为有力的证据①。

(4) 国家债务的继承：国家债务也称公共债务，即被继承国按照国际法对他国、国际组织或任何其他国际法主体所负的财政义务。国家债务的继承也就是被继承国的债务转属继承国，即被继承国终结其所涉的财政义务，而继承国开始这种义务。但国家债务的继承对债权人的权利和义务不发生影响。

1983年，《维也纳公约》对国家债务的继承根据领土变更的不同情况制定了不同的规则：①对于新独立国家，它不必承担被继承国的任何国家债务，除非继承国与被继承国就所涉领土的活动而产生的国家债务同财产继承、权利和利益的转属之间的联系另有协议，但是此类协议不得违反各国人民对其财富和自然资源享有永久主权的原则。②两个或两个以上国家合并成为一个国家时，各被继承国的全部国家债务由继承国承担。③在其他领土变更的情况下，诸如分离、解体、交换领土等，遵循基本一致的继承规则。首先，有关国家之间通过协议来解决国家债务继承问题；其次，如无协议，被继承国的国家债务应当按照公平的比例在有关国家之间进行分配。无论是协议解决还是按照公平的原则分配，都要特别考虑国家债务的转属与有关的财产、权利和义务之间的转属的关系。

(二) 政府的继承

政府继承是指一国被推翻的政府所享有的国际法上的权利和义务转移给取代它的新政府②。政府继承与国家继承有所不同，因为不发生国际法主体的产生或者消失。所以，并非所有的政府变更都会发生政府继承，即国际法上的权利和义务的转移。只有在新政府是通过非宪法程序取得政权并选择了与前政府不同的社会制度时，才会发生政府继承问题。

根据国际实践，政府继承的内容一般涉及条约继承、财产继承和债务继承。

1. 条约继承

对旧政府曾缔结或参加的国际条约，新政府可根据条约的具体内容作出是否继承的决定。一般来说，新政府作出是否继承的决定取决于它的国家利益和国际

---

① 朱文奇. 国际法学原理与案例教程. 4版. 北京：中国人民大学出版社，2018：84.
② 邵津. 国际法[M]. 5版. 北京：北京大学出版社，高等教育出版社，2014：60.

关系的需要。对于平等互利的条约继承,而对于违反国际法基本原则的条约不继承。例如,1917年建立的苏维埃政府废除了沙皇政府和资产阶级临时政府所缔结的不平等条约,同时又继承了在平等基础上缔结的条约。

2. 财产继承

对于旧政府的所有财产,不论是以什么形式,也不论是处于继承国内还是继承国外,新政府都有权继承,因为新政府是该国的唯一合法代表。例如,苏联政府根据1918年1月28日全俄中央执行委员会颁布的法令,继承俄国政府在国外的一切财产和权益。这些财产和权益主要包括俄国在外国的动产及不动产,俄国驻外代表机构的一切财产等。又如,中华人民共和国政府对国民党政府在日本的光华寮产权有继承权。

然而在某些情况下,财产继承或许会存在一定的困难。比如,旧政府还以某种形式或者在某个特殊的地域继续存在;又如,由于叛乱等因素,或多或少地都会影响财产的正常继承。

> 📖 **案例 3-4**
>
> 光华寮案①

3. 债务继承

国家债务是被继承国根据国际法对另一国际法主体所负的任何财政义务。一般来说,国家继承的债务包括两类,一是整个国家所负之债;二是地方化国家之债。此外,还存在违反国际法基本原则而产生的"恶意债务"。根据国际习惯法,"恶意债务"是不予继承的。因此对于债务的继承,有不同的处理方式。比如苏联政府一律不继承沙皇俄国的国家债务。中华人民共和国政府对国民党政府债务的政策是:区别对待,即对于"恶意债务",一概不予继承;对于合法债务,通过有关国家的协议协商解决。例如,对于湖广铁路债券,中国政府拒绝继承。

---

① 参见 https://baike.baidu.com/item/光华寮案/1560900?fr=aladdin。

> **案例 3-5**
>
> 湖广铁路债券案①

第四节 国际法中的个人

国际法中的个人包括本国人、外国人和无国籍人。显然,区别本国人、外国人及无国籍人的唯一标准就是国籍。

一、国籍

一般来说,国籍是指一个人属于某一国家的国民或公民的法律资格。显然,它不仅仅是区别本国人与他国人的根据,而且还是确定属人管辖的依据,同时又是个人与国际法联系的纽带。可见,国籍对国家和个人来说,都具有重要的意义。

(一) 国籍的取得

国籍的取得有以下三种方式。

(1) 原始国籍。原始国籍是指一个人由于出生而具有的国籍。世界上大多数人都是因为出生而取得国籍,这是取得国籍的最主要方式。取得原始国籍的标准一般认为有三个:一是血统主义标准,即父母的任何一方或者以父亲国籍决定出生者的国籍,不论出生在何地;二是出生地主义标准,即出生在一国境内而取得该国国籍,不论其父母的国籍为何;三是混合主义标准,即兼用血统主义标准和出生地主义标准来确定出生者的国籍。

(2) 继有国籍。继有国籍是指一个人因加入某一国家而取得该国国籍,即入籍。入籍的方式主要有以下几种:自愿申请入籍、由于婚姻入籍、由于收养入籍、其他方式,比如因为国家合并、分裂、领土割让或者国家的强迫而导致个人取得新的国籍。但对于自愿申请入籍的方式取得的继有国籍,是否具有国际法上的效力,则视具体情况而定。例如,在诺特鲍姆案中,虽然国际法院并没有否定诺特鲍姆

---

① 参见 https://max.book118.com/html/2018/0914/5303222331001313.shtm。

的列支敦士登国籍，但提出了国籍效力原则。

> **案例 3-6**
>
> 诺特鲍姆案[①]

(3) 因恢复而取得国籍。因恢复而取得国籍是指一个人可能因为加入他国国籍或者其他某种原因而丧失其本国国籍，但在满足某种条件后，该人可以重新获得本国国籍。国籍的恢复与入籍不同，不是取得一个新的国籍，而是恢复了原始的国籍。一般而言，恢复国籍需要当事人的申请，并通过一定的法定程序才能取得国籍。例如，《中华人民共和国国籍法》第十三条规定："曾有过中国国籍的外国人，具有正当理由，可以申请恢复中国国籍；被批准恢复中国国籍的，不得再保留外国国籍。"

（二）国籍的丧失

国籍的丧失是指一个人失去某一特定国家的国民或公民的资格。在性质上，国籍的丧失主要有两种：自愿丧失国籍和非自愿丧失国籍。那么，是什么导致个人国籍的丧失呢？从国际实践来看，个人国籍的丧失主要有以下原因。

(1) 自愿解除国籍。自愿解除国籍是自愿丧失国籍的主要表现方式。国家法律规定允许其国民申请解除国籍，因此国民自愿申请解除国籍获准后丧失该国国籍。例如《中华人民共和国国籍法》第十条规定："中国公民具有下列条件之一的，可以经申请批准退出中国国籍：一、外国人的近亲属；二、定居在外国的；三、有其它正当理由"。此外，在双重国籍的情形下，双重国籍人可依有关国家协议自愿放弃其中一国的国籍，即丧失该国国籍。

(2) 已取得外国国籍。有些国家的国籍法规定其国民由于与外国人结婚，或被外国人收养，或领土变更等原因，已取得外国国籍的，丧失该国国籍。其中因入籍、婚姻、收养等因素而导致国籍丧失是非自愿丧失国籍的主要情形之一。

(3) 剥夺国籍。剥夺国籍是指国家依法取消某人的国籍或国民资格。许多国家的立法都有剥夺国籍的规定，主要涉及的理由包括危害国家安全及国家利益、对

---

① 参见 https://wenku.baidu.com/view/204aa3176edb6f1aff001f78.html。

本国不忠诚、未经本国允许参加外国政府或军队并为其服务、在战争中有叛逃行为等。但是，各国法律关于剥夺国籍的规定不得违反《联合国宪章》的宗旨和其他国际法义务，不得侵犯人权造成无国籍状态。例如《世界人权宣言》第十五条规定："(一)人人有权享有国籍。(二)任何人的国籍不得任意剥夺，亦不得否认其改变国籍的权利。"

(三) 国籍的冲突及其解决方法

国籍的冲突又称国籍的抵触，是指一个人同时具有两个或两个以上的国籍，或者不具有任何国籍的法律状态。由于国籍的取得和丧失都是国内法所规定的，而各国国籍立法的原则和规则又有所不同，这就使得个人的国籍不可避免地产生冲突问题。国籍的冲突有两种情况：积极的冲突和消极的冲突。

1. 积极的冲突及解决方法

积极的冲突是指一个人同时具有两个或两个以上的国籍。有可能是因为出生、入籍、婚姻、收养等情况而造成的结果。当一个人具有双重国籍或者多重国籍时，对他行使属人管辖权时，就会发生冲突，从而造成麻烦。比如根据国籍国的属人管辖权，都要求服兵役，他是无法同时履行两国的兵役义务的。

解决积极冲突的问题，既需要国家之间的合作，也需要各国采取国内措施。在国际上，通常借助多边条约、双边条约等方式来进行。例如1930年《关于国籍法冲突的若干问题的公约》、1997年《欧洲国籍公约》等，都是通过国际条约、多边条约或双边条约的方式来解决国籍积极冲突问题。在国内，主要通过国内立法的方式来解决这类冲突。一般来说，国家在制定国籍法时，尽量避免产生双重国籍的可能或减少双重国籍状态。

2. 消极的冲突及解决方法

消极的国籍冲突也称无国籍状态，是指一个人不具有任何国籍，主要是由于各国法律在出生、婚姻、收养、认领、剥夺国籍等方面存在不同规定而产生冲突的结果。无国籍的人不属于任何国家，所以也就无法与国际法形成联系的纽带，自然不享有任何国家的外交保护，当他们受到损害时，亦无法进行国际求偿。

为解决消极的冲突产生的问题，国际上尽管签订了一系列的国际公约，如1954年《关于无国籍人地位公约》、1961年《减少无国籍状态公约》等，但是并没有产生预期的效果。至此，从效果上来看，解决无国籍问题的基本方法应回归国内立法，在国内立法中避免导致无国籍状态的规定，或者消除无国籍现象。例如《中华人民共和国国籍法》第六条规定："父母无国籍或国籍不明，定居在中国，本人出生在中国，具有中国国籍。"

二、外国人的法律地位

在一个国家，凡不具有该国国籍，但具有他国国籍的人都是外国人。为了便于管辖，一般无国籍的人也归于外国人范围。外国人虽然有自己的国家，但是他们居留在他国，置身于所在国的权利之下，所以必须服从所在国的管辖。

(一) 外国人到他国入境、居留、出境问题

外国人到他国，涉及入境、居留和出境问题。一般情况下，外国人的入境、居留和出境的管理，通常由各国国内法规定。

(1) 入境：各国一般都允许外国人为合法目的进入其领域，若有可能危害国家安全、公共秩序或利益、居民健康的外国人是拒绝入境的。对于入境者，需持有合法、有效的护照和入境签证，并在入境时接受入境国的边防、海关、卫生等查验，方可入境。对于未经允许而入境的外国人属于非法入境者，可以依法予以处罚，如拘留、罚款、驱逐、遣返等。

(2) 居留：外国人获准进入一国后，无论是长期居留还是短暂的逗留，都要遵守该国的法律、法令、规章、有关的国际条约或协定，以及为维护公共秩序所采取的措施，包括一般措施和临时措施。受各国保护的外国人的权利一般包括人身权、财产权、著作权、发明权、劳动权、受教育权、婚姻家庭权、继承权等民事权利及诉讼权利。外国人一般不享有本国人享有的政治权利。

(3) 出境：外国人出境或离境的条件，主要由国内法规定，通常情况下要求办理出境签证、无待偿纳税义务或债务、无未了结的民事、刑事纠纷等。外国人依所在国的法律规定办理出境手续，国家一般不得阻拦或拒绝签发出境签证。但若外国人未履行法律义务，所在国有权依法拒绝签发出境签证或阻拦其出境。在特定情况下，例如对本国实施政治阴谋或侮辱，或危害本国公共秩序、公共安全，或在国内、国外犯罪，或经济上有损该国利益，一个国家的政府有权限令外国人离境或将他驱逐出境等。

(二) 外国人在所在国所受待遇

外国人在所在国受到何种待遇呢？国际法上对于外国人的待遇并没有统一而明确的规定，基本上都由各国自由裁量。外国人的待遇是某一国家给予长期居留该国的外国人的待遇，国家可以自由决定给予其何种待遇。原则上，外国人在所在国没有政治权利，没有服兵役的义务。一般给予外国人的待遇大致有国民待遇、最惠国待遇和差别待遇。

1. 国民待遇

国民待遇是指国家在相同条件下和特定范围内给予外国人与本国人相同的待遇，即在相同条件下，外国人可享有不低于所在国国民的待遇，而外国人也不应要求高于国民的特权。国民待遇的范围一般限定在民事权利和诉讼权利领域，不包括政治权利。

但是，各国在给予外国人国民待遇的原则下，出于保护本国国民利益或本国产业的发展需要，法律通常都对外国人某些权利的形式范围加以限制。一般不允许外国人取得不动产，以及不得谋求某些特别职业或行业。例如，美国多数州的法律规定，外国人不得谋求律师职业。

2. 最惠国待遇

最惠国待遇是指一国给予某个外国人的待遇不低于这个国家现在或将来给予任何第三国国民在该国享有的待遇。1978年7月联合国国际法委员会起草的《关于最惠国条款的规定(草案)》第五条规定："最惠国待遇是指授与国给予受惠国或与之有确定关系的人或事的待遇不低于授与国给予第三国或与之有同于上述关系的人或事的待遇。"

目前，在平等互利的基础上，国际上普遍采用的是互惠的、无条件的、有限制的最惠国待遇。给予最惠国待遇，一般是采取订立双边或多边条约的形式，并确定最惠国待遇的范围，包括特权、优惠、免除、不禁止或不限制等。

3. 差别待遇

差别待遇是指一国给予外国人不同于本国人的待遇，或者给予不同国籍的外国人不同的待遇。这种差别待遇主要是建立在非歧视基础上的，是国际法所允许的，各国也承认这种差别的合理存在。差别待遇一般是在国民待遇和最惠国待遇所限定的范围之外，通常是来自国内法的规定。例如某种企业只能由本国人经营，某种职业只能由本国人从事等。需要强调的是，这种差别待遇不是基于民族、种族、性别、宗教等因素而作出的歧视待遇，否则是违反国际法原则的，是要受到谴责的。

三、外交保护

外交保护是与外国人待遇密切相关的问题，它所涉及的不仅是外国人人身和财产待遇的规则问题，而且包括外国人的合法权益在所在国遭受侵害后，需要满足何种条件才能提出外交保护的诉求的规则。外交保护是指国家对其在外国的国民(包括法人)之合法权益遭到所在国家违反国际法的侵害而得不到救济时，采取外交或其他方法向加害国求偿的行为。① 外交保护是国家的权利，因为国家基于属人管辖，将国民的权利视为国家权益的组成部分，所以对其在国外的国民有保护的权利。

虽然国家有保护的权利，但也要符合国际法规定的条件，具体内容如下。

(1) 保护国的国民或受其保护的其他人遭到所在国的不法行为侵害。这是国家行使外交保护的前提条件。同时，这一条件的前提是必须有所在国不法侵害事实的存在，国家才能进行保护。这样的侵害包括国家直接侵害和国家纵容的私人侵害。

(2) 受害人持续具有保护国的实际国籍或经常居住在该国。这是国际法上的"持续国籍原则"，即个人的国籍必须与其国籍国有真实的联系，可以说国籍是外交保护的纽带。例如在诺特鲍姆案中，国际法院肯定了有效国籍的原则，并确认了真实联系的标准。

此外，当国籍发生冲突时，如何确定一个人的国籍显得十分重要。一般来说，对于双重国籍或多重国籍人与国籍国之间是否行使外交保护，要看受害人是否持续具有保护国的实际国籍。例如梅盖求偿案，美—意调解委员会认为尽管梅盖具有双重国籍，即美国籍和意大利籍，但是她与意大利的联系更为密切，从而一致同意驳回美国的请求。而对于无国籍人和难民的外交保护则不要求国籍条件，具体规定参考《外交保护条款草案》第8条：

"无国籍人和难民

---

① 邵津. 国际法[M]. 5版. 北京：北京大学出版社，高等教育出版社，2014：81.

1. 一国可为无国籍人行使外交保护，但该人须在受到损害之日和正式提出求偿之日在该国具有合法的和惯常的居所。

2. 一国可为被该国根据国际公认的标准承认为难民的人行使外交保护，但该人须在受到损害之日和正式提出求偿之日在该国具有合法的和惯常的居所。

3. 第 2 款不适用于该难民的国籍国之国际不法行为造成损害的情况。"

> **案例 3-7**
>
> 梅盖求偿案①

(3) 用尽当地救济。用尽当地救济是国家行使属地管辖权的结果，是对国籍国提出一种外交保护的限制。一个国家对国民进行外交保护，并不意味着国民遭受侵害就有权行使外交保护权，而是要求受害人用尽当地救济后仍未获得补偿，才能进行外交保护。

用尽当地救济是指国家在进行外交保护前，要求受害人寻求并用完加害国提供的救济办法及它们的所有程序。用尽当地救济有两层含义：一是要求受害人用完加害国法定的全部有效的和可采用的救济办法，包括司法和行政救济，并将各种办法的审级用到最终；二是要求受害人充分、正确地利用加害国法律规定的救济办法中所有程序，否则被视为没有用尽当地救济。例如安巴蒂洛斯案，也称希腊向英国求偿案，仲裁委员会最后作出裁决，认为安巴蒂洛斯未用尽英国法上的救济手段，驳回了希腊提出的赔偿要求。

不过，用尽当地救济也存在排除适用情形。《外交保护条款草案》第 15 条规定："在下列情况下，无需用尽当地救济：

(a) 不存在合理地可得到的能提供有效补救的当地救济，或当地救济不具有提供此种补救的合理可能性；

(b) 救济过程受到不当拖延，且这种不当拖延是由被指称应负责的国家造成的；

(c) 受害人与被指称应负责国家之间在发生损害之日没有相关联系；

(d) 受害人明显的被排除了寻求当地救济的可能性；

(e) 被指称应负责的国家放弃了用尽当地救济的要求。"

---

① 参见 https://max.book118.com/html/2018/0430/163864615.shtm。

案例 3-8

安巴蒂洛斯案（希腊向英国求偿案）①

四、引渡和庇护

（一）引渡

引渡是指国家把当时在其境内的被别国指控为犯罪或判罪的人，应有关国家请求，移交给请求国进行审判或处罚。②它是国家间的一种刑事司法协助行为。依据引渡目的不同，可分为诉讼引渡和执行引渡。若目的是能使请求国对其指控的犯罪嫌疑人进行审判，以追究他的刑事责任，称为诉讼引渡。若目的是对已经依法判为有罪的人执行刑罚，称为执行引渡。

按照国际习惯法，国家没有引渡的义务，所以通常引渡是一种条约义务。国家间通过缔结双边引渡条约、多边引渡条约等，以确定彼此之间的引渡关系。若国家间没有此类条约，可以拒绝其引渡请求。引渡的主体通常是国家，请求引渡的国家可以是犯罪行为发生地国，或犯罪结果发生地国，或犯罪人的国籍国。因为依据属地管辖、属人管辖或国际法上的其他管辖，都有权主张对实施犯罪行为的人实行管辖，所以犯罪行为人在外国，可以请求该国协助引渡此人。例如，墨西哥大毒枭古兹曼被引渡美国，最终被判处终身监禁且不得假释。

引渡是要满足条件的。国家间的引渡通常应符合"双重犯罪原则"，即被请求引渡的人所实施的行为，在请求国与被请求国的法律都被认为是犯罪行为。一般情况下，政治犯和死刑犯不引渡。

案例 3-9

墨西哥大毒枭古兹曼被引渡美国③

（二）庇护

国际法中的庇护的一般意义是指国家对于因政治原因遭到追诉或迫害而请求

---

① 参见 https://max.book118.com/html/2018/0914/5303222331001313.shtm。
② 邵津. 国际法[M]. 5 版. 北京：北京大学出版社，高等教育出版社，2014：86。
③ 参见https://baike.baidu.com/item/华金·古斯曼·洛埃拉/18046887?fr=aladdin。

避难的外国人，准其入境、居留和给予保护。①庇护是以国家的属地优越权为依据。国家对于它所在的领土内的人可行使属地优越权，但是否庇护，由国家自由决定。外国人没有权利向其进入的国家要求给予庇护。尽管《世界人权宣言》第十四条第(一)款宣称："人人有权在其他国家寻求和享受庇护以避免迫害。"但也明确表达了个人有权在外国寻求和享受庇护，而不是取得庇护。1967年联合国大会通过的《领土庇护宣言》第一条第三款申明："庇护之给予有无理由，应由给予庇护之国酌定之。"

在国际实践中，庇护的对象主要是政治犯或因从事政治活动而遭受迫害的人。因此庇护也称"政治避难"。随着国际法的发展，庇护的范围有所扩大，在现代意义上，庇护还适用于因从事科学和文化活动而遭受迫害的人。对于普通的刑事犯罪人，不得予以庇护。

> **案例 3-10**
>
> 庇护权案②

第五节 国家领土

领土与国家存在着密切的关系，领土在国际法中有着非常重要的意义，主要体现在两个方面：一是领土是构成国家的重要要素之一，没有无领土的国家；二是领土是国家行使最高权力，并且通常是排他权的空间范围。那么，什么是国家领土？它的构成有哪些？领土是如何取得与变更的？接下来将一一解答。

一、国家领土的概念和组成部分

在国际法中，领土主要是指一国所领有的土地，是在国家主权支配下的地球的特定部分。领土是国家行使最高权力即领土主权的空间范围，这也意味着在一国内的人和物均受该国最高权力的管辖，该国对其领土具有管辖权或统治权、领土所有权以及领土不可侵犯的权利。

---

① 邵津. 国际法[M]. 5版. 北京：北京大学出版社，高等教育出版社，2014：89。
② 参见https://wenku.baidu.com/view/187fd2b6647d27284a735190.html。

国家领土是完全隶属于国家主权下的地球空间部分，这一部分不仅仅包括地球表面。领土的组成部分包括领陆、领水、领空和底土。

领陆是领土的最基本部分，是确定领水、领空和底土的根基。领陆是一国疆界以内的全部陆地，包括大陆和岛屿。若是岛国或群岛国，则它的领陆就是由全部岛屿或群岛构成。

领水是国家陆地疆界以内的水域和陆地疆界邻接的一带海域，包括内水和领海两部分。内水包括一国境内的河流、湖泊、运河、水库、海港、内海湾、内海峡、河口湾，即领海基线之内的海域。内水的法律地位与领陆相同，完全受一国领土主权支配。领海是受国家主权支配和管辖的海水带。

领空是国家领陆和领水之上一定高度的空间。与领陆和领水一样，都是国家行使主权的空间，具有完全和排他的主权。

底土是领陆和领水之下的空间，包括其中的地下水、水床和资源等。底土完全受国家主权的管辖和支配。

二、领土的取得和变更

国家领土的变更主要是由于自然或人为因素取得或丧失领土，从而使其国家领土面积发生相应的变化。在传统国际法中，西方学者基于罗马法上关于取得私有财产的规则，一般认为国际法中领土取得和变更的传统方式主要有 5 种：先占、添附、时效、割让和征服。

（一）先占

先占是一个国家有意识取得无主地主权的占领行为。先占的主体必须是国家，所以先占行为是一种国家行为。先占的客体必须是无主地，即它不属于任何国家或者是原属国抛弃的土地。这些土地可以是无人居住地或荒岛，或者是虽有土著居住但未形成"文明"国家的土地。在主观要件上，先占国可通过申明、宣告等方式明确表达对无主地占领的意思。在客观要件上，先占国对无主地实施占领和行政管理，即符合有效占领原则，如设立居民点、悬挂国旗、建立行政机构等。一旦先占行为完成，则被占领的土地成为占有国领土的一部分。例如帕尔马斯岛仲裁案中，独任仲裁人胡伯认为"有效占领"的内涵是持续和平稳地行使国家权力，有充分的证据证明荷兰在争端发生前的相当长时期内都占领该岛，并对该岛行使主权。

📖 案例 3-11

帕尔马斯岛仲裁案①

(二) 添附

添附是指一国的领土通过自然作用或人为作用发生增加或扩大。添附的种类有两种：自然添附与人为添附。自然添附是由于自然作用而使得国家领土增加，例如涨滩、三角洲、废河床、新生岛屿等。一般自然添附获得国际社会的普遍承认，1805 年的安娜号案是一个典型的例子。人为添附指通过人为作用使得国家领土增加，主要表现为沿海国的岸外筑堤、围海造田等。例如，荷兰自 13 世纪便开始填海。

(三) 时效

时效是指一国对他国领土占领之后，在合理期内他国没有提出抗议和反对，或曾有过抗议和反对但已经停止，从而使该国取得该土地的领土主权。时效主要是根据有效控制原则来确定领土的归属。例如，一国在已知某地属于别国领土时依然恶意占领，并在很长的时期内保持其占领而不受干扰，原属国停止提出抗议并放弃其权利，那么这种占有就符合国际法上的时效概念。时效与先占有相似之处，但又有不同之处。时效与先占最大的区别在于先占是针对无主地，而时效是针对别国领土，两者的相同之处在于都是对土地进行有效控制。

国际法中的时效概念与国内民法中的时效概念有所不同，主要体现在：一是其占有不以善意为前提；二是其确立所有权的时间无确定年限，需根据具体情况来确定，属于个案情况。

(四) 割让

割让是指一国根据条约将其领土转移给他国。割让的实质是被割让领土的主权转移。割让的形式往往是通过双边条约或多边条约得以实现。割让分强制性割让和非强制性割让两种。

强制性割让通常是战争或战争胁迫的结果，是一国通过使用武力以签订和约

---

① 参见https://wenku.baidu.com/view/5c7f7221a5e9856a56126043.html。

的形式迫使他国将其领土转移给自己。例如，法国在普法战争后，根据1871年《法兰克福和约》将阿尔萨斯和洛林割让给德国。

非强制性割让通常是和平谈判的结果，是有关国家在平等自愿的基础上缔结条约转移部分领土，其主要的类型包括赠与、买卖和交换。例如，1866年，奥地利将威尼斯赠与法国；1803年，法国将路易斯安那卖给美国；1867年，俄国将阿拉斯加卖给美国；1890年，英国将北海中的赫尔戈兰岛与德国的东非保护地交换。

（五）征服

征服是指一国使用武力占领另一国领土的全部或者部分，战后将该部分领土加以兼并的领土取得方式。虽然强制性割让也使用武力，但是征服与强制性割让是两种不同的领土取得方式。强制性割让是以条约为依据，而征服不涉及条约，是战胜国单方面的行为。依据传统国际法，征服是一种有效的领土取得方式。但根据现代国际法规则，征服不是取得领土的合法方式。例如，1990年伊拉克吞并科威特后，联合国安理会通过一系列决议，不仅宣布伊拉克的吞并行为无效，而且授权联合国会员国对伊拉克进行制裁，甚至包括武力制裁以恢复科威特的独立。

上述5种领土变更方式是传统国际法中的领土变更方式，随着国际法实践的发展，一些旧的方式已不再适用，产生了一些新的领土变更方式，最重要的是民族自决方式。现代国际法确立了民族自决原则为国际法的基本原则，据此，在外国奴役和殖民统治下的民族与人民可以决定或经过民族独立斗争来摆脱殖民统治，建立独立主权国家。民族自决既可以通过当地居民的公民投票来实现，也可以通过民族解放斗争来实现。

三、国家的边界

边界是划分国家领土的界限，也是确定国家领土范围的方式。由于国家领土包括领陆、领水、领空和底土四个部分，因此边界可分为陆地边界、水域边界和空中边界。可见，边界不是一条线，而是一个分隔了相邻国家之间的空域、地面、海域及其地下部分的垂直的面。

(一) 边界的形成与划分

从国际实践来看，边界的形成有两种形式：一种是因为历史原因而逐渐形成的边界线，称为传统边界线或历史边界线；另一种是因为国家通过双边或多边条约而形成的边界线，称为条约边界线。目前世界上大多数国家采用的是条约边界线，主要是由于传统边界线往往具有不确定性，因而需要用双边条约加以进一步明确。

通过双边条约划定边界通常经过两个阶段：定界与标界。定界是有关国家通过边界谈判签订边界条约，将双方达成一致意见的两国边界的主要位置和基本走向载入条约中。为了明确起见，边界条约可以附上地图。定界后进入标界阶段。标界是依据边界条约，由缔约国组建边界委员会进行实地勘察，并在边界上树立界碑、界桩等标志，最后制定边界议定书和边界地图。

无论是传统边界线还是条约边界线，在实践中有三种不同的划定方法：地形边界、几何学边界和天文边界。地形边界是指国家利用天然地形来划定边界，如以河流、湖泊、内陆海、领海、山脉、沙漠、森林等为界。例如，瑞士和意大利是以阿尔卑斯山脉为分界线；美国和墨西哥以格兰德河为分界线。几何学边界是认为边界线，即以一个固定点到另一个固定点所画的直线作为边界线，这种边界线多用于偏僻荒芜、地形复杂区域，或用于海上的边界。目前非洲一些国家间采用几何学边界较多。天文边界是以地球上的经纬度作为国家之间的分界线。例如，美国和加拿大基本以北纬49°作为边界。

(二) 边界争端

边界是一个十分复杂的问题，世界上大部分国家和地区都曾存在不同程度的边界问题，或是因为边界未正式划定，有关国家对传统边界线看法不同；或是因为虽然正式划定边界，但还存在疑问或表述不一；或是因为边界被侵占或标志被移动；或是因为自然地形改变；等等，无论是何种原因引起，边界争端都关系国家主权和领土的完整。

如何解决边界争端？现代国际法要求争端当事国依据《联合国宪章》第三十三条所规定的，采用和平的方法来解决边界争端问题，可通过双方谈判、签订边界条约，或将争端提交仲裁或国际司法程序等途径加以解决。拉丁美洲一些国家采取承认现状原则或保持占有原则，即以殖民地时期划定的行政区的法律和地图为依据，目的是避免新独立国家在殖民当局撤出后由于边界问题而发生武装斗争。例如布基纳法索—马里边境争端案，法庭根据保持占有原则，认为两国独立时的殖民地边界虽然只是法国原来划分这两块殖民地的行政界线，但在新国家产生时仍应适用。

> **案例 3-12**
>
> 布基纳法索—马里边境争端案①

（三）边境制度

边境是紧邻国家边界线两侧的一定的区域。边境制度是保障边境地区及其各种活动的一系列法律规章制度，其目的是保护国家安全，维护国家利益。国际上主要通过边境国国内制定相关法律法规和双边条约协定的方式，维护共同边境秩序。边境制度主要包括对边界标志的维护、边境公共服务方面的合作、边境地区资源的利用、边境检查等。

(1) 边界标志的维护。一般边界文件中或边界条约中都规定，双方国家负有保护边界标志，不使其受损或移动的责任，以及各自负责修理或恢复本国一方境内标界的责任。国家边界的日常保卫和维护主要由国家的边防部队负责。边防部队可以采取一切必要的措施防止外来入侵和违反边境制度的行为。

(2) 边境公共服务方面的合作。边境居民的生活与生产不可能因边界线截然分开。为照顾边境居民的日常生活与生产需要，相邻两国政府在平日并不禁止边境居民的友好往来，包括两国居民进行的商业活动、探亲、朝圣、治病等活动，这就使得两国在公共服务方面相互合作，以维护正常的社会秩序。

(3) 边境地区资源的利用。一般来说，两国边界线是界水的，沿岸国对界水的利用及保护就要在边境条约中有所体现，在使用界水时，不得损害邻国利益，即使邻国在边界一侧使用自然资源时，也不应对邻国造成损害。例如，开发资源不得造成污染，狩猎或采伐应遵守相应规则，不得破坏边境地区的动植物、环境等。

---

① 参见https://baike.baidu.com/item/布基纳法索—马里边境争端案/22800561?fr=aladdin。

(4) 边境检查。国家设立海关和边防检查站,对出入境的人和物进行边境检查。无论是出入境人员还是过境人员,都必须按照有关国家法律规定办理一定的出入境手续。

四、南北极地区

尽管南北极是地球上最寒冷的地区,不属于地球上的任何国家,但是南北极存在很大的不同。在地理构成上,南极地区主要由大陆构成,北极地区主要由海洋构成,两者的法律地位和法律制度也是不同的。

(一) 南极地区

南极地区主要包括南极洲大陆、附近岛屿及海域。对南极正式提出领土要求的国家有 7 个:英国、新西兰、挪威、澳大利亚、法国、智利和阿根廷。它们对南极地区提出领土主张的依据尽管不尽相同,归结起来主要是把南极视为"无主地",依据发现、先占、行政管理、继承权利、毗连性、扇形原则而要求领土主权。但是以上 7 个国家对南极的领土要求不为国际社会的绝大多数国家所承认。

1959 年,由阿根廷、澳大利亚、比利时、智利、法国、日本、新西兰、挪威、南非、苏联、英国和美国 12 个国家在美国华盛顿召开南极会议通过《南极条约》,与《南极条约》协商国签订有关保护南极的公约以及历次协商会议通过的各项建议和措施,形成南极条约体系,其主要内容包括:南极专用于和平目的;科学考察自由和国际合作;冻结领土主权要求;缔约国协商会议制度等。

(二) 北极地区

北极地区是指北极圈以北的地区,绝大部分是海洋。北冰洋沿海国美国、加拿大、冰岛、挪威、丹麦、芬兰和俄罗斯已分占完北极地区周围的陆地(包括岛屿)。关于北极地区的领土主权的扇形原则,一直存在争议。在北极海域的管辖权方面,北极国家之间也存在不少争议与分歧。例如美国、苏联都宣布过 200 海里专属经济区,但是由于北冰洋国家分占陆地原本就存在争议,随之主张的海域管辖也就存在分歧。

北极地区的法律制度和南极地区不同,它没有像南极地区一样形成一个条约体系来规定其法律制度,主要包括双边协议和多边协议。例如 1973 年由加拿大、丹麦、挪威、美国和苏联签署的《保护北极熊协定》，目的是保护北极熊的生存环境，禁止捕杀北极熊。1991年，北冰洋国家首脑会议发布了《保护北极环境宣言》，并制定了《北极环境保护战略》。

思 考 题

1. 国际法的基本原则有哪些？
2. 如何认识国际法中继承的含义？
3. 试述用尽当地救济规则在外交保护中的作用。
4. 有效控制原则在解决领土争端中的地位是什么？

第四章

国际海洋法

国际海洋法又称海洋法,是国际法的一部分,为各国所遵行,同时受国际法基本原则的支配。

第一节 国际海洋法的概念、发展历史及编纂

国际海洋法是什么?它主要解决什么样的问题?它是如何演变成文的,又是如何逐渐被各个沿海国所认可的?这一个又一个的问题一定困扰着大家。要想了解国际海洋法,就要从国际海洋法的概念、发展历史及编纂开始。

一、国际海洋法的概念

地球上最广阔的水体是海洋,约占地球表面积的71%,平均水深约3795米。地球上四个主要的大洋为太平洋、大西洋、印度洋、北冰洋,大部分以陆地和海底地形为界。海洋对人类不仅有着极其重要的价值,还与人类社会的发展有着密切的关系。15—17世纪,地理大发现促使人类的生活范围不断扩大至整个地球,海洋上的法律规则亦逐步成为人类海洋活动的主要依据。随着社会的发展,海洋事务被联合国等国际组织列为重要的议程,同时各国亦竞相调整海洋战略,制定海洋政策,逐步形成关于海域的法律地位以及指导国家利用不同海域的原则、规则和制度,海洋法由此形成。

国际海洋法是一部关于各种海域的法律地位和各国在各种海域中的关系的原则、规则与规章、制度的总称,主要涉及航行、资源开发和利用、科学研究、海洋环境保护、海洋争端的解决等方面的内容。目前,国际海洋法包括有关内海、领海、毗连区、专属经济区、大陆架、公海、国际海底区域、用于国际航行的海

峡和群岛水域一系列国际海洋法律制度。

　　国际海洋法既然是国际法的一个分支,那么国际法的一般特征同样适用于国际海洋法。比如国家主权平等原则、不干涉内政原则、不使用武力或武力威胁原则、和平解决国际争端原则等,国际海洋法同样遵循。但由于其调整的国际关系与国际法的其他分支有所不同,所以它具有一些特殊的概念、原则、规则和制度。

　　国际海洋法还具有一定的时代性特征,主要是因为受制于生产力发展水平和受人类社会的发展进程的影响,不同时代的海洋法有着不同的时代特征。不论是哪个时代的海洋法,都体现着那个时代各个国家的共同意志,但由于各个国家的利益与要求不同,也就造成了这所谓的共同意志带有折中妥协的色彩。无论如何,国际海洋法的时代性特征也决定了其目的是维持海上秩序,促进国家间的交往与合作。

二、国际海洋法的发展历史

　　说起对海洋的认识,其实早在古罗马时期就已有了雏形。在古罗马时期,海洋被认为是"共有之物",各国都有利用海洋的权利。但是当时罗马人对海洋的认知仅仅局限在地中海的范围之内,随着帝国的强盛与版图的扩张,整个地中海被罗马帝国所掌控。后因罗马帝国的没落及土崩瓦解,出现了众多小国家,它们从控制贸易路线和保卫国家自身安全的角度考虑,逐步提出对领土和领海的相关主张,譬如威尼斯提出对亚得里亚海的主张,热内亚提出对利古里亚海的主张等。有史料记载,在罗马和迦太基之间曾缔结条约,相互限制对方的船舶在某些海域的航行。直到13—14世纪,法学家们才意识到沿岸国对领海有类似管辖权的要求。

　　15—17世纪,欧洲的船队出现在世界各处的海洋上,在寻找新的贸易路线和贸易伙伴的同时发展着欧洲新生的资本主义,这一时期,历史上称为地理大发现(Age of Exploration),又名探索时代、发现时代或新航路的开辟等。伴随着新航路的开辟,东西方之间在文化、贸易等方面交流加剧,逐步形成西方殖民主义与东方殖民地。特别是在利益的驱使下,海外利益逐步成为殖民主义国家必须考虑的一个因素。随着葡萄牙与西班牙逐步成为海上大国,两国采取"方便主义"的原则来调整自身和非欧洲国家及新发现国度之间的关系,并于1493年5月4日划定亚速尔群岛和佛得角以西100里格的子午线为分界线,史称"教皇子午线",但这条子午线并没有确定东半球边界,导致在后来的30年间发生了两次较大的战争。

1494 年 6 月 7 日，西班牙、葡萄牙两国签订了《托德西拉斯条约》，将分界线再向西移 270 里格，巴西即根据这个条约被划入葡萄牙的势力范围。这条由教皇作保规定的，经西班牙、葡萄牙两国同意的分界线，开近代殖民列强瓜分世界、划分势力范围之先河。当麦哲伦的船队航抵摩鹿加群岛(今马鲁古群岛)以后，西班牙、葡萄牙两国对该群岛的归属问题又发生了争执。1529 年，双方又签订《萨拉戈萨条约》，在摩鹿加群岛以东 17°处再画出一条线，作为两国在东半球的分界线，线西和线东分别为葡萄牙和西班牙的势力范围。西班牙、葡萄牙两国首次瓜分了整个地球，疯狂进行殖民掠夺。16 世纪末，世界格局发生了变化，被称为"海上马车夫"的荷兰几乎垄断了欧洲的海运贸易，成为当时的海上大国。1602 年，荷兰联合东印度公司成立，在其运作的过程中，再次将海洋问题直接摆到各国的面前。

1609 年，荷兰法学家格劳秀斯为了维护荷兰资本主义的利益，发表了著名的《海洋自由论》，主要是为了支持荷兰联合东印度公司而抨击葡萄牙对东印度洋群岛航线和贸易的垄断，并提出"海洋是取之不尽，用之不竭的，是不可占领的；应向所有国家和所有国家的人民开放，供它们自由使用"的观点。1613 年，威尔伍德为了英国在北海的鲱鱼捕鱼权而论著了《海洋法概览》；1618 年，英国学者塞尔登的《闭海论》在反对格劳秀斯的观点的同时，将英国对于海洋的主权要求表达得淋漓尽致，认为英国对其周围的海洋有占有和控制其使用的权利。以上种种都体现出制定海洋法的必要性，特别是对领海与公海界定的必要性。正是因为海洋法有利于海上航行和贸易，代表了资本主义的发展方向，公海自由原则获得越来越多学者的承认，逐渐赢得了国际社会的普遍支持。19 世纪，该原则在理论上和实践上都已获得确认。同时，领海制度也得到发展，18 世纪初，荷兰学者宾刻舒克出版了《论海上主权》一书，提出了"陆地上的控制权终止在武器力量终止之处"的确定领海宽度的"大炮射程论"，将海上管辖权及其他国家权利的行使权均限制在临近海岸线的 3 海里以内。

截至 20 世纪中叶，国际海洋法一直把地球海洋分成两个部分：领海和公海，有"领海之外即公海"之说。第二次世界大战之后，海洋法发生了重大变化，主要是由于第二次世界大战后的世界格局发生了相应的变化：一是"二战"后经济的恢复与增长大大刺激了各国对海洋自然资源的需求；二是科学技术的发展与进步，为控制和利用更为广阔的海洋空间提供了可能；三是发展中国家强烈要求改变现有的海洋法律制度，寻求建立新的海洋法律秩序。至此，海洋法有了新变革，即沿海国的管辖权扩展到了原先实行公海制度的广阔海域。1945年，美国总统杜鲁门宣布了《关于大陆架的底土和海床的自然资源的政策的总统公告》，提出了沿海国对其大陆架权利的主张。虽然美国的这一行动打破了当时的国际海洋法，但是却没有遭到反对，相反许多国家纷纷主张更宽的领海。继美国之后，拉美、中东、北欧、亚洲等地的一些国家也相继提出了自己的大陆架主张。1951年，英国—挪威渔业权案的判决，为海洋法增添了新内容。大批国家开始考虑开发海洋及其资源的经济利益。1958年，第一次联合国海洋法会议召开，会议通过了《领海和毗连区公约》《公海公约》《公海捕鱼和生物资源养护公约》和《大陆架公约》，至此大陆架制度在国际海洋法中得以确立。

大陆架概念出现后不久，发展中的拉丁美洲国家又提出200海里海洋权主张。1947年智利总统发表声明，先提出其大陆架主张，同时宣布200海里的海洋权。随后，秘鲁、萨尔瓦多、尼加拉瓜等国纷纷效仿，在亚洲和非洲的发展中国家得到响应，最终导致专属经济区概念的提出和专属经济区制度的建立。1971年1月的亚非法律协商委员会科伦坡会议上，肯尼亚首次提出了"专属经济区"概念。1972年8月，肯尼亚又向联合国海底委员会提交了"关于专属经济区概念的条款草案"，虽然遭到了美国、苏联和日本的强烈反对，但在第三次联合国海洋会议上通过了对专属经济区制度的全面规定。

国际海洋法的另一大发展是建立国际海底区域制度。1967年，马耳他向联合国第二十二届大会提出"关于各国管辖范围以外的海床洋底及其底土的和平利用及其资源用于谋求人类福利"的提案，建议国家管辖范围以外的海床洋底及其底土以及处于该区域内的资源应由全人类共同继承，并要求缔结条约，以保证这一区域能为全人类的利益而开发。马耳他的建议获得普遍支持。1970年12月17日，联合国第二十五届会议通过《关于各国管辖范围以外海床洋底及其底土的原则宣言》，宣布该区域及其资源"为全人类共同继承之财产"，并决定1973年召开一次海洋法会议，讨论签订国际条约，建立这一区域的国际制度。

1973年12月3日，第三次联合国海洋法会议在纽约开幕，至1982年12月结束，在9年内召开了11期会议。会议通过了《联合国海洋法公约》，决定建立国际海底管理局和国际海洋法法庭筹备委员会。

1993年11月16日，圭亚那作为第60个国家批准了《联合国海洋法公约》。按公约生效条款规定，公约将在第60个国家交存批准书后一年生效。于是《联合国海洋法公约》于 1994 年 11 月 16 日正式生效，标志着新的海洋法律秩序的建立。

三、国际海洋法的编纂

国际海洋法是一门古老的法律。早期有关海洋的原则与规则大多来自习惯。自 19 世纪后半叶，有关海洋法的国际条约日益增多。为了使海洋法原则和规则系统化，国际社会召开多次会议对海洋法进行了编纂。

对海洋法进行编纂的最初尝试是 1930 年国际联盟在海牙召开的国际法编纂会议上。这次会议中对领水问题进行了讨论，提出将一国陆地领土和内水以外邻接的一带海域统一称为领海的建议。由于与会各国在领海宽度问题上未达成一致意见，会议成效不大，只是将关于领海法律地位的规则草案作为附件列入了会议最后文件。

第二次世界大战后，联合国将国际法的发展和编纂作为重要任务之一。在联合国的主持下，国际海洋法的编纂取得很大成就。1949 年，联合国国际法委员会把海洋法列为优先考虑的编纂项目之一，1950 年开始草拟海洋法公约草案，并于 1956 年完成。1958 年，第一次联合国海洋法会议在日内瓦召开，共有 87 个国家参加了会议，会议以海洋法公约草案为基础，讨论了领海与毗连区、公海的一般制度、公海渔业养护和大陆架等问题，最后会议通过了日内瓦海洋法公约，即《领海和毗连区公约》《公海公约》《公海捕鱼和生物资源养护公约》和《大陆架公约》。

由于第一次联合国海洋法会议未能就领海宽度问题达成一致意见，所以这次会议未能解决所有讨论的问题。1956 年，联合国的国家法委员会向大会提交了一份公约草案，建议召开一次国际大会，将领海宽度确定下来。1958 年，国际海洋法大会接到了各种关于领海宽度的提案，但均未能通过。1960 年，联合国又召开了第二次海洋法会议，但由于意见存在重大分歧，这次会议无任何结果。直至 1967 年，马耳他驻联合国大使阿尔维德·帕尔多提出国家管辖区域以外的海床和海底资源是"人类共同遗产"，不为任何国家占有，仅为和平目的而开采利用的建议。这一建议在 1970 年被第二十五届联合国大会所采纳，成为日后国际海洋法条约的基础，这次会议通过了《关于各国管辖范围以外海床洋底及其底土的原则宣言》。

1973 年，第三次联合国海洋会议在纽约开幕，这是国际法历史上参加国家最多，会议历时最长的国际法编纂会议。参加会议的有 167 个国家和地区，历时 9 年的 11 期 16 次会议的讨论，最后以 130 票赞成、4 票反对和 17 票弃权的表决结果，通过了《联合国海洋法公约》和9个附件，于1994年11月16日生效，规定一国可对距其海岸线200海里的海域拥有经济专属权。《联合国海洋法公约》共分17部分，连同9个附件共有446条，主要内容包括领海、毗邻区、专属经济区、大陆架、用于国际航行的海峡、群岛国、岛屿制度、闭海或半闭海、内陆国出入海洋的权益和过境自由、国际海底以及海洋科学研究、海洋环境保护与安全、海洋技术的发展和转让等。其中，有些内容是对旧的法律制度做了进一步的修改、完善，例如对领海宽度的确定、对大陆架边缘的界定等；有些则是新建立起来的制度，如群岛水域、专属经济区、国际海底等。《联合国海洋法公约》是国际上多种势力互相妥协的产物，难免存在一些不足之处甚至严重缺陷，但就总体而言，仍不失为迄今为止最全面、最综合的管理海洋的国际公约，被称为"海洋宪法"。

第二节 基线、内水、领海、毗连区

如何界定沿海国临近的海域是每个沿海国都十分关注的问题，《联合国海洋法公约》中明确界定了基线、内水、领海、毗连区、专属经济区、大陆架等概念，这些概念对更好地区分沿海国彼此之间的区域有着现实而深刻的含义。

一、基线

什么是基线？所谓领海基线，是划分一个国家内水和领海的分界线，也是海洋法中领海、专属经济区、大陆架等的起算线。在《联合国海洋法公约》中，基线不仅仅是测算领海宽度的起算线，也是测算毗连区、专属经济区和大陆架的起算线。根据《联合国海洋法公约》的规定，基线主要分成两种，正常基线和直线基线。在群岛国家情形，还有群岛基线。

（一）正常基线和直线基线

按照1958年《领海和毗连区公约》第三条和1982年《联合国海洋法公约》第5条规定，"测算领海宽度的正常基线是沿海国官方承认的以大比例尺海图标明的沿岸低潮线"，即低潮线为正常基线。如果海岸上有环礁怎么办？《联合国海洋法公约》第6条规定，"在位于环礁上的岛屿或有岸礁环列的岛屿的情形下，测算领海宽度的基线是沿海国官方承认的海图上以适当标记显示的礁石的向海低潮线",这里说明了礁石在确定领海基线中的地位。在实践中,海岸线比较平直的时候大多采用正常基线,而如果海岸线非常曲折或者在沿岸有众多岛屿的情况下,往往采用的是直线基线。那么,什么是直线基线呢?

根据《联合国海洋法公约》第7条,考虑到海岸的实际状况,在海岸线不稳定或者非常复杂的情况下,可以采用某些固定点的连线来确定基线,这种确定基线的方法就是直线基线。直线基线最早是由挪威关于基线的主张发展而来的,因挪威大部分海岸线有峡湾穿过,并且外缘有无数的岛屿、小岛、岩石和礁石,如果按照正常基线的方法划定基线太过烦琐,也难以确定挪威领海的外部界线。于是在19世纪中叶,挪威以其最外部的陆地、岛屿、礁石作为基点,并以拉直线的方式连接最外缘各点作为其基线。但是挪威关于直线基线的做法曾一度受到英国的反对,认为挪威违反了国际法的要求。1951年英国与挪威因捕鱼发生争执,即史上的英国—挪威渔业权案,国际法院在对这一案件的判决中,虽然认为"领海宽度从最低落潮线算起",但鉴于挪威海岸特殊的地理情况,在划定挪威领海界限时应考虑石垒(包括各岛屿、小岛、岩石和礁石等)的外部边界。这种划定领海界限的办法是由地理条件做决定的,因此,挪威所使用的直线基线制度并不违反国际法,此后,直线基线被广泛采用。国际法院这一结论在海洋法会议上得到编纂,成为1958年《领海和毗连区公约》第4条,确立了直线基线在国际法中的效力。该条款在1982年的《联合国海洋法公约》再次得到重申,第7条规定:"在海岸线极为曲折的地方,或者如果紧接海岸有一系列岛屿,测算领海宽度的基线的划定可采用连接各适当点的直线基线法。"但是,在划定直线基线时,不应在任何明显的程度上偏离海岸的一般方向,而且基线内的海域必须充分接近陆地领土,使其受内水制度的支配;同时,一国不得采用直线基线制度,致使另一国的领海与公海或专属经济区隔断。

案例 4-1

英国—挪威渔业权案[①]

---

① 参见 https://wenku.baidu.com/view/1ada650302768e9950e73842.html。

(二) 群岛基线

群岛国是指全部由一个或多个群岛构成的国家。群岛国的基线应如何划定？可以说，群岛国基线的划定与群岛国制度有关。群岛国制度这一概念是由斐济、毛里求斯等群岛国首先提出，并得到第三次联合国海洋法会议的肯定。经过反复协商，《联合国海洋法公约》在其第四部分规定了群岛国制度，规定群岛国可以划定连接群岛最外缘各岛和各干礁最外缘各点的直线群岛基线，从这些基线起量领海，基线以内的水域为群岛水域，属于群岛国的主权。但群岛国划定基线时，受下列条件的限制：①这种基线应包括主要的岛屿和一个区域，在此区域内，水域面积和陆地面积的比例应在1∶1至1∶9范围内；②此种基线长度不得超过100海里，但围绕任何群岛的基线总数中至多3%可超过该长度，最长以125海里为限；③此种基线的划定不应在任何明显程度上偏离群岛的一般轮廓；④群岛国不应采用一种基线制度，致使另一国的领海与公海或专属经济区隔断。显然，群岛基线与直线基线是不同的，主要体现在对于水陆面积比例和基线长度的限制。

二、内水

内水又称国内水域，是指领海基线向陆地一面至海岸线的水域。内水是国家领水的组成部分，通常包括被直线基线所划入的港口、海湾、河口等。在群岛国的情形下，群岛基线所包含的区域不是内水，而是群岛水域。所以群岛国的内水是指有关河口、海湾和海港的规定在其群岛水域内用密封线划定的水域。群岛水域的法律地位与内水和领海都不同。

内水作为国家领土的一部分，它与陆地领土具有相同的法律地位，沿海国对其享有完全的和排他的主权。非经许可，外国船舶和飞机不得进入一国内水并在其中航行或进行捕鱼等其他活动。沿海国对驶入其内水或在其港口内的外国商船和船上人员有刑事管辖权和民事管辖权。实践中，如果船舶的行为不牵涉沿海国的利益或在该船只的范围内，则沿海国通常不行使管辖权，由船旗国负责。内水享有主权且在一般情况下，外国船只在沿海国内水不享有无害通过权，即外国船只不享有进入一国港口或其他内水的权利。但是，如果是采用直线基线确定领海基线，使原来并未被认为是内水的区域被包围在内称为内水，外国船舶在此水域内享有无害通过权。

（一）港口

港口是港口国内水的一部分。在不违反习惯国际法的情况下，一国可以因沿海国的安全、港口的良好秩序、防止海洋污染等缘由而关闭其国际贸易港口，同样，沿海国基于对内水所享有的主权，也可以控制港口的准入权。也就是说，港口对外国船舶是否开放，由港口国自由决定。港口国基于国际交往的需要，通常指定某些港口向外国船舶开放。外国船舶通常需要满足港口国规定的入港条件，方可入港。外国船舶一旦进入港口国的港口或内水，就在港口国的管辖权之下，且须遵守港口国关于港口秩序的法律规章。理论上如此，实践中因各国的法律存有差别，在执行过程中存在较大差异。例如，对比英国、美国与法国：英国与美国采用的是完全管辖权，即认为沿海国对外国船只在港口享有完全的管辖权，如古纳德轮船公司诉梅隆案；而法国采用的是限制管辖权，即沿海国家对于外国船只在港口内发生的纯内部事务没有管辖权。

（二）海湾

海湾也是沿岸国内水的一部分。海湾，一般是海洋伸入陆地形成明显水曲的水域，其海岸可能属于一国也可能属于多国。对于海湾如何确定其是否属于内水水域，《领海和毗连区公约》和《联合国海洋公约》都有规定，如果海湾天然入口两端之间的距离不超过 24 海里，沿岸国可在这两端之间划出一条封口线，线内所包围的水域为该国的内水；如果入口两端之间的距离超过 24 海里，则该 24 海里直线基线应划在海湾内划入该线可能划入的最大水域。

在实践中，有些国家以历史上的理由主张对某些海湾享有领有权。这种海湾湾口宽度超过 24 海里，依据历史性权利被确立为沿岸国内水的海湾，即"历史性海湾"。例如，挪威宣布的瓦兰格尔湾(湾口宽度 32 海里)、澳大利亚宣布的沙克湾(湾口宽度 46 海里)、加拿大宣布的哈德逊湾(湾口宽度 50 海里)、俄罗斯宣布的大彼得湾(湾口宽度 110 海里)等均为历史性海湾。虽然《领海和毗连区公约》和《联合国海洋法公约》均承认历史性海湾的存在，但没有具体规定，而且理论与实践中也不统一。有些国家宣布的历史性海湾没有得到其他国家的承认。一般认为，历史性海湾的标准是沿岸国对该水域在相当长时期内有效行使排他性主权并得到其他国家的默认。

三、领海

领海是指沿海国主权管辖下与其海岸或内水相邻的一定宽度的海域,对于群岛国而言,是指群岛水域以外邻接的、处于群岛国主权之下的一带海域。领海是国家领土的组成部分,受沿海国主权的支配和管辖。沿海国的领海主权包括领海水域、上空、海床及底土。沿海国的领海主权主要表现在以下方面:①自然资源的所有权和专属管辖权;②海上航行和空中飞行管辖权;③海洋科学研究的专属权;④海洋环境保护和保全管辖权;⑤国防保卫权。

(一) 领海宽度

对于领海的宽度,历史上曾有过多种主张。例如 17 世纪的 J. 洛森尼乌斯主张国家管辖的海域宽度为"两日航程"的距离;16—17 世纪的许多条约和法令中规定,国家管辖的海域应达到"视力所及的地平线",这种观点后来被"大炮射程规则"所取代。1782 年,加立安认为沿着整个海岸向海 3 海里的距离作为领海是合理的。至 19 世纪,"3 海里固定距离"理论被大多数海上强国所遵守。20 世纪 60 年代,绝大多数国家在联合国海洋法会议上主张 12 海里的领海宽度。1982 年,《联合国海洋法公约》第 3 条规定领海的最大宽度为 12 海里,从而确立了领海宽度在法律上的地位。

领海的界限分为内部界限和外部界限。领海的内部界限就是领海基线,也就是内水与领海的分界线。领海的外部界限也称为领海线,是一条其每一点同基线最近点的距离等于领海宽度的线。那么,领海的外部界限如何划定?《联合国海洋法公约》对此未做具体规定,目前各国根据实践,划定领海界限通常采用交圆法、共同正切线法和平行法。

(二) 领海的法律制度

领海作为国家领土的组成部分,沿海国有权对其领海内的一切人和事行使支配权和管辖权,主要包括对外国船舶行使管辖权,即刑事管辖权和民事管辖权,以及外国船舶的无害通过权等。

1. 对外国船舶的刑事管辖权和民事管辖权

沿海国之所以能够对其领海内的一切刑事、民事案件有司法管辖权,主要是基于属地原则，但是管辖权的行使受到国际条约或国际习惯的限制。沿海国对通过其领海海域的外国船舶行使的司法管辖权包括刑事管辖权和民事管辖权。

关于刑事管辖权，《联合国海洋法公约》规定，沿海国一般不在通过其领海的外国船舶上行使刑事管辖权，除非："(a)罪行的后果及于沿海国；(b)罪行属于扰乱当地安宁或领海的良好秩序的性质；(c)经船长或船旗国外交代表或领事官员请求地方当局予以协助；或(d)这些措施是取缔违法贩运麻醉药品或精神调理物资所必要的。"此外，对于在驶离内水后通过领海的外国船舶，沿海国有权采取其法律授权的任何步骤进行逮捕或调查。对于是否逮捕或调查，应适当考虑和顾及航行的利益。

关于民事管辖权，《联合国海洋法公约》规定，沿海国不应为外国船舶上某人行使民事管辖权的目的而停止船舶的航行或改变其航向，也不得为任何民事诉讼的目的而对船舶从事执行或逮捕，除非船舶本身在通过沿海国水域的航行中，或为该航行的目的而承担义务或因而负担责任。但若沿海国按其法律为任何民事诉讼的目的，对在领海内停泊或驶离内水后通过领海的外国船舶实施执行或逮捕的权利。例如1974年的英国、德国、冰岛之间的关于渔业管辖权案，表现沿海国对其领海内外国船舶的义务与管辖。

> **案例4-2**
>
> 渔业管辖权案件①

2. 外国船舶的无害通过权

领海作为沿海国的领土，外国船舶在这个区域享有无害通过权。《联合国海洋法公约》规定，所有国家，不论沿海国或内陆国，其船舶均享有无害通过领海的权利，即不损害沿海国的和平、良好秩序并安全地通过的权利。这里有两点值得注意：

(1) "无害"，即不能危害沿海国的安全、公共政策或者经济利益。

(2) "通过权"，只能是连续不停、迅速地通过，而不是在沿海国领海内徘徊。对于潜艇及水下交通工具通过领海时必须浮出水面才可以通过。

---

① 参见 http://www.doc88.com/p-9703781142234.html。

那么，如何判断是否是无害通过？《联合国海洋法公约》给出了答案，第19条第2款规定，"如果外国船舶在领海内进行下列任何一种活动，其通过即应视为损害沿海国的和平、良好秩序或安全：

(a) 对沿海国的主权、领土完整或政治独立进行任何武力威胁或使用武力，或以任何其他违反《联合国宪章》所体现的国际法原则的方式进行武力威胁或使用武力；

(b) 以任何种类的武器进行任何操练或演习；

(c) 任何目的在于收集情报使沿海国的防务或安全受损害的行为；

(d) 任何目的在于影响沿海国防务或安全的宣传行为；

(e) 在船上起落或接载任何飞机；

(f) 在船上发射、降落或接载任何军事装置；

(g) 违反沿海国海关、财政、移民或卫生的法律和规章，上下任何商品、货币或人员；

(h) 违反任何本公约规定的任何故意和严重的污染行为；

(i) 任何捕鱼活动；

(j) 进行研究或测量活动；

(k) 任何目的在于干扰沿海国任何通讯系统或任何其他设施或设备的行为；

(l) 与通过没有直接关系的任何其他活动。"

例如，1983年年底至1984年年初，在尼加拉瓜的内水和领海区域所发生的案件就违反了无害通过原则，侵犯了他国主权。

案例 4-3

针对尼加拉瓜的军事和准备军事活动案①

领海既然作为沿海国主权的一部分，外国船舶可以享有无害通过权，但如果外国船舶在领海区域超出了无害范围，作为主权的沿海国有权驱逐其出海或采取必要措施，以制止其非无害通过。那么，军舰是否也是如此呢？1958年《领海和毗连区公约》和1982年《联合国海洋法公约》都没有规定军舰不享有无害通过权，

---

① 参见 https://wenku.baidu.com/view/af74e0e09b89680203d825f1.html。

但许多国家对军舰在领海通过时，作出一定限制性的规定，如限制每次通过的舰只或吨位，或要求事先通知，或须经事先许可。

四、毗连区

毗连区是指与其领海外缘相毗连一定范围内的海域，在此区域范围内，沿海国对海关、财政、卫生、移民等事项享有立法及执法管辖权。毗连区是伴随领海制度的形成而出现的一项海洋法律制度，源于1736年英国的《游弋法》，其目的是专门对付那些在海岸外一定距离内游弋，以寻找机会卸下违禁品的形迹可疑的船舶。此后，其他国家纷纷开始效仿，并通过制定一系列法律，规定在距岸的一定宽度的区域内执行关税措施或反走私措施等。后来，一些国家主张在毗连其领海的公海部分建立海关区、卫生区或移民区。第一次联合国海洋法会议和第三次联合国海洋法会议讨论了毗连区问题，并在《领海和毗连区公约》和《联合国海洋法公约》中对毗连区制度作了规定。

（一）毗连区的宽度

对于毗连区的宽度，历史上沿海国的规定不一且时常更改。1958年《领海和毗连区法》规定，沿海国可在毗连其领海的毗连区内行使管制权力，毗连区的范围不得延伸到从领海基线起12海里以外。20世纪70年代，世界各国引发了一波主张海域管辖区的浪潮，其中包括主要毗连区，截至1997年，大约有51个国家已主张24海里的毗连区。而后，《联合国海洋法公约》第33条第2款规定，毗连区从测算领海宽度的基线量起，不得超过24海里。

（二）毗连区的法律地位

毗连区的法律地位不同于领海，沿海国对毗连区不享有主权，但是却可以行使某些方面的管制。按照《联合国海洋法公约》第33条第1款规定，"沿海国可在毗连其领海称为毗连区的区域内，行使为下列事项所必要的管制：(a)防止在其领土或领海内违犯其海关、财政、移民或卫生的法律和规章；(b)惩治在其领土或领海内违犯上述法律和规章的行为"。例如，1922年涉嫌违反美国税法、海关法而被扣压的亨利·马歇尔案，就涉及岸上派遣船舶到沿海国海域管辖区行使管辖权。1958年《领海和毗连区公约》第24条和1982年《联合国海洋法公约》第33

条也明确解释了沿海国的执法管辖权。例如,1974年美国法院对日籍渔船太洋丸号(Taiyo Maru)的判决就体现了沿海国的执法管辖权。

第三节 大陆架、专属经济区

在了解了基线、内水、领海、毗连区等基本概念后,接下来主要介绍大陆架和专属经济区。

一、大陆架

大陆架是大陆沿岸土地在海面下向海洋的延伸,可以说是被海水所覆盖的大陆,《联合国海洋法公约》对大陆架是如何规定的?大陆架的法律地位如何?以及相邻或相向国家间大陆架如何划界?接下来一一作答。

(一)大陆架的概念

大陆架的浅海区是海洋植物和海洋动物生长发育的良好场所,全世界的海洋渔场大部分分布在大陆架海区。大陆边缘的很多区域,特别是大陆架区域蕴含着丰富的自然资源,如矿产资源、渔业资源等,这些资源属于沿海国家所有。所以对大陆架的划分和主权的拥有,成为国际上十分重视和争议激烈的问题。在地理学意义上,大陆架指从海岸起在海水下向外延伸的一个地势平缓的海底地区的海床及底土。自1945年美国在法律上提出大陆架的主张后,一些国家相继发表类似的声明,也提出对邻接其海岸线的大陆架及其自然资源的权利主张。

第一次联合国海洋法会议讨论了大陆架问题,并通过了《大陆架公约》。按照这一公约第1条规定,大陆架是:①邻接海岸但在领海以外的海底区域的海床及底土,其上海水深度不超过200米,或虽超过此限度而其上海水深度仍使该区域自然资源有开发的可能性;②邻接岛屿海岸的类似的海底区域的海床和底土。这一定义包含两个标准,即深度标准和开发性标准。

在第三次联合国海洋法会议上,对大陆架的概念再次进行了广泛的讨论。经过反复协商,会议通过《联合国海洋法公约》第76条对大陆架的定义:"沿海国的大陆架包括其领海以外依其陆地领土的全部自然延伸,扩展到大陆边外缘的海底区域的海床和底土。如果从测算领海宽度的基线量起到大陆边的外缘的距离不到200海里,则扩展到200海里的距离。"这一定义包含了确定大陆架的两个原则:自然延伸原则和200海里距离原则。

由于海洋大陆边伸展长短不一,为了防止沿海国的大陆架过宽,《联合国海洋法公约》还规定了大陆架的外部界限。如果大陆架全部自然延伸不到200海里,则扩展到200海里;但如果大陆架全部自然延伸超过200海里,则按照下列两种方式之一确定其外部界限:①以最外各定点为准划定界线,每一定点上沉积岩厚度至少为该点到大陆坡脚最短距离的百分之一;②以离大陆坡脚的距离不超过60海里的各定点为基准划定界线。但是,无论按照上述何种方法划定界线,这一界线均不应超过从领海基线量起350海里,或2500米等深线以外100海里。《联合国海洋法公约》还规定,沿海国开采超过200海里以外的大陆架上的非生物资源,应向国际海底管理局缴付实物或费用,由各缔约国公平分享。

(二) 大陆架的法律地位

沿海国对大陆架享有以勘探大陆架和开发其自然资源为目的的主权权利。这个主权是沿海国专属和固有的,如果沿海国不勘探大陆架或开发其自然资源,任何人未经沿海国同意不得从事这种活动。这里的主权权利是沿海国为勘探和开发大陆架的自然资源所必要的和与这种活动相关的一切权利,包括管辖权以及防止和处罚违反行为的权利。沿海国对大陆架的主权权利主要包括:①勘探、开发自然资源的权利,包括海床和底土的矿物与其他非生物资源,以及属于定居种的生物;②授权和管理为一切目的在大陆架上进行钻探活动的专属权利;③有权建造并授权和管理建造、操作和使用人工岛屿、设施和结构的专属权利,并对它们拥有专属管辖权。此外,沿海国对大陆架的权利,不影响大陆架上覆水域和水域上空作为专属经济区或公海或国籍空域的法律地位。

其他国家对大陆架的权利有哪些?根据《联合国海洋法公约》的规定,其他国家在大陆架的权利包括:①在大陆架上覆水域或水域上空航行飞越的权利;②在大陆架上铺设海底电缆和管道的权利。管道路线的划定须经沿海国同意。

(三) 大陆架的划界

相邻或相向的国家间应依据什么国际法原则进行大陆架的划界,一直以来都有很大的争议。1958年《大陆架公约》第6条第1款和第2款对大陆架的划界做了规定:"①同一大陆架邻接两个以上海岸相向国家之领土时,其分属各该国部分之界线由有关各国以协议定之。倘无协议,除因情形特殊应另定界线外,以每一点均与测算每一国领海宽度之基线上最近各点距离相等之中央线为界线。②同一大陆架邻接两个毗邻国家之领土时,其界线由有关两国以协议定之。倘无协议,除因情形特殊应另定界线外,其界线应适用与测算每一国领海宽度之基线上最近各点距离相等之原则定之。"这就是所谓的"协定和等距离中间线原则"。

在实践中,很少有国家完全按照这一原则来解决彼此之间的大陆架划界问题,有相当一部分大陆架划界考虑了有关情况,对等距离线进行了调整。1969年国际法院对北海大陆架案的判决尤为引人注意,提出了公平原则,在大陆架划界实践中具有重要意义。公平原则,即在大陆架划界中,不管采用何种划界方法,其划界结果能为争议各方所接受。这一原则在1969年以后的大陆架划界实践中得到广泛的使用。尽管《联合国海洋法公约》没有明确规定公平原则,但在第83条规定中却肯定了公平的概念:"海岸相向或相邻国家间大陆架的界限,应在国际法院规约第38条所指国际法的基础上以协定划定,以便得到公平解决。"

> **案例 4-4**
>
> 1969 年北海大陆架案①

二、专属经济区

专属经济区是一个较晚的概念,于1945年提出,主要是为了限制沿海国家海域管辖权的趋势。可以说,专属经济区反映了发展中国家发展经济的愿望,它使得沿海地区的自然资源有效地置于沿海国的管辖之下,也体现出沿海国对其沿海自然资源获得更多控制的要求,尤其是渔业资源方面。据悉,全球海域总面积的1/3划入了专属经济区范围,约有90%以上可供商业开采的渔业资源。

(一)专属经济区的概念

专属经济区又称经济海域,是国际公法中为解决国家或地区之间的因领海争端而提出的一个区域概念。专属经济区是领海以外并邻接领海的一个区域,从领

---

① 参见 https://wenku.baidu.com/view/c1f01532dd3383c4ba4cd22a.html。

海基线向外延伸最多到 200 海里的区域，在此区域内沿海国享有对自然资源的专属权利和相关的管辖权，而其他国家则享有航行、航空器飞越、铺设管道和电缆的自由，并应遵守沿海国按照《联合国海洋法公约》的规定和其他国际法规则所制定的法律与规章。

(二) 专属经济区的法律地位

《联合国海洋法公约》第 56 条明确规定了沿海国享有的主权权利和管辖权。主权权利基本上是与自然资源和经济活动有关的权利，即以勘探和开发、养护和管理海床上覆水域和海床及其底土的自然资源(不论生物资源或非生物资源)为目的的主权权利，以及关于在该区内从事经济性开发和勘探，如利用海水、海流和风力生产能等其他活动的主权权利。这些权利是沿海国的专属权利，未经沿海国同意，非沿海国不得进行开发和勘探。《联合国海洋法公约》还规定了沿海国对下列事项的管辖权：①人工岛屿、设施和结构的建造和使用；②海洋科学研究；③海洋环境的保护和保全。此外，还规定"沿海国在专属经济区内根据本公约行使其权利和履行其义务时，应适当顾及其他国家的权利和义务，并应以符合本公约规定的方式行事"。

沿海国在专属经济区有自己的权利与义务，那么其他国家在专属经济区的权利和义务又有哪些呢？《联合国海洋法公约》第 58 条明确规定：

"1. 在专属经济区内，所有国家，不论为沿海国或内陆国，在本公约有关规定的限制下，享有第 87 条所指的航行和飞越的自由，铺设海底电缆和管道的自由，以及与这些自由有关的海洋其他国际合作用途，诸如同船舶和飞机的操作及海底电缆和管道的使用有关的并符合本公约其他规定的那些用途。

2. 第 88 至第 115 条以及其他国际法有关规则，只要与本部分不相抵触，均适用于专属经济区。

3. 各国在专属经济区内根据本公约行使其权利和履行其义务时，应适当顾及沿海国的权利和义务，并应遵守沿海国按照本公约的规定和其他国际法规则所制定的与本部分不相抵触的法律和规章。"

(三) 专属经济区与大陆架的关系

专属经济区与大陆架的关系问题，曾在第三次联合国海洋法会议上引起争论。

一种意见主张取消大陆架制度，将专属经济区制度与大陆架制度合并为专属经济区制度，管理200海里范围内的生物资源和非生物资源；另一种意见主张在200海里范围内实行专属经济区制度，200海里外实行大陆架制度。最后，多数国家认为，尽管已建立了专属经济区制度，但是大陆架制度应作为一项独立的制度继续存在。因此，《联合国海洋法公约》将专属经济区制度和大陆架制度作为两项独立的制度，分别规定在第五部分和第六部分中。

由于专属经济区和大陆架在200海里内是一个重叠区域，沿海国的权利也有重叠。为了解决这种重叠所带来的问题，《联合国海洋法公约》第56条第3款规定："本条所载的关于海床和底土的权利，应按照第六部分的规定行使。"这里的第六部分就是大陆架部分。

专属经济区与大陆架虽然关系密切，但是两者有很大的不同。首先，沿海国对专属经济区和大陆架的依据是不同的。沿海国对专属经济区的权利是经过宣布的，否则这个区域属于公海；但是沿海国对大陆架的权利是固有的，不是依据其占领或宣布而存在，而是根据事实而存在。其次，专属经济区和大陆架的范围不同。200海里是专属经济区的最大宽度，但却是大陆架的最小宽度。故在200海里专属经济区外，沿海国仍可能有大陆架。最后，沿海国在专属经济区和大陆架的权利与义务不同。沿海国在专属经济区内对所有的资源都有主权权利，这些资源既包括生物资源，也包括非生物资源。但沿海国对大陆架的主权权利仅限于海床和底土的矿物与其他非生物资源。综上所述，专属经济区制度和大陆架制度貌似各自独立，其实彼此又密切联系。

第四节　用于国际航行的海峡、群岛水域

世界上的海峡众多，因其类型不同，法律地位也有所不同。那么用于国际航行的海峡的法律地位如何？沿海国在该海峡享有什么权利？过往船舶与飞机又应遵循什么规则？同样，对于群岛水域又有怎样的规定？接下来让我们一同来学习。

一、用于国际航行的海峡

海峡是指两块陆地之间、两端连接海洋的天然狭窄水道。按照这个概念来划

分的话，世界上的海峡有数千个。就其法律地位来说，海峡分为内水海峡、领海海峡和非领海海峡。这里主要介绍的是用于国际航行的海峡。什么是用于国际航行的海峡？

（一）用于国际航行的海峡的概念

用于国际航行的海峡，理论上也称国际海峡，一般是指经常用于国际航行构成国际航道的海峡。这个概念最初出现在1949年国际法院关于"科孚海峡案"的判决中。国际法院指出，外国军舰在用于国际航行的海峡中享有无害通过的权利，沿岸国不得禁止这种通过。由于越来越多的国家将其领海宽度扩展至12海里，致使许多过去曾被认为是世界主要贸易航线的海峡处于沿海国的领海范围之内。据统计，世界上有116个海峡为领海海峡，其水域为沿岸国或数国所领有，其中有30多个被认为是"用于国际航行的海峡"。在第三次联合国海洋法会议上，形成了新的海峡制度，即《联合国海洋法公约》的第三部分"用于国际航行的海峡"，但公约却没有对用于国际航行的海峡的概念作出定义。根据有关公约条款可知，用于国际航行的海峡主要是指在公海或专属经济区的一个部分和公海或专属经济区的另一部分之间的用于国际航行的海峡，或已全部或部分地长期存在、现行有效的专门国际条约规定的海峡。

> 📖 **案例 4-5**
>
> 科孚海峡案①

（二）用于国际航行的海峡的过境通行制度

随着社会的发展，国与国之间的贸易往来越来越频繁，再者，越来越多的国家将领海宽度扩展至12海里，许多过去曾被认为是世界主要贸易航线一部分的海峡将处于沿海国的领海范围之内，使得海峡所在海域的法律地位及在国际航行中的作用显得尤为重要。

过境通行制度是《联合国海洋法公约》为用于国际航行的海峡确立的一项新的通行制度。《联合国海洋法公约》规定，过境通行是专为在公海或专属经济区的

---

① 参见 https://baike.baidu.com/item/科孚海峡案/3958967?fr=aladdin。

一部分和公海或专属经济区的另一部分之间的海峡继续不停和迅速过境的目的而行使航行和飞越自由。但是，对继续不停和迅速过境的要求，并不排除在一个海峡沿岸国入境条件的限制下，为驶入、驶离该国或自该国返回的目的而通过海峡。

《联合国海洋法公约》还规定船舶和飞机在行使过境通行权时应遵循的规则：①毫不迟延地通过或飞越海峡；②不对海峡沿岸国的主权、领土完整或政治独立进行任何武力威胁或使用武力，或以任何其他违反《联合国宪章》所体现的国际法原则的方式进行武力威胁或使用武力；③除因不可抗力或遇难而有必要外，不从事其继续不停和迅速过境的通常方式所附带发生的活动以外的任何活动；④过境通过的船舶应遵守一般接受的关于海上安全的国际规章、程序和惯例，包括《国际海上避碰规则》与防止、减少和控制来自船舶的污染的国际规章、程序和惯例；⑤外国船舶，包括海洋科学研究和水文测量的船舶在内，在过境通行时，非经海峡沿岸国事前准许，不得进行任何研究或测量活动；⑥过境通行的飞机应遵守国际民用航空组织制定的用于民用飞机的《航空规则》，并在操作时随时适当顾及航行安全，随时监听国际上指定的空中交通管制主管机构所分配的无线电频率或有关的国际呼救无线电频率。

海峡沿岸国为行使其主权和管辖权，可在航行安全、海上交通管理、防污、渔船、海关、财政、移民或卫生等方面制定关于过境通行的法律和规章。海峡沿岸国可于必要时为海峡航行制定海道和规定分道通航制，以促进船舶的安全通过。此外，海峡沿岸国不应妨碍过境通行，并应将其所知的海峡内或海峡上空对航行或飞越有危险的任何情况妥为公布。过境通行不应予以停止。

二、群岛水域

群岛水域包含所有群岛基线内的海洋水域。《联合国海洋法公约》第47条第1款规定："群岛国家可划定连接最外缘各岛和各干礁最外缘各点的直线群岛基线。"《联合国海洋法公约》明确指出，群岛是指一群岛屿，包括若干岛屿的若干部分、相连的水域或其他自然地形，彼此密切相关，以致这种岛屿、水域和其他自然地形在本质上构成一个地理、经济和政治的实体，或在历史上已被视为这种实体。什么样的国家才能称为群岛国呢？《联合国海洋法公约》第46条规定，群岛国家是"全部由一个或多个群岛构成的国家，并可包括其他岛屿"。这一概念直接排除了拥有非沿海群岛的大陆国家，如拥有法罗群岛的丹麦、拥有亚速尔群岛的葡萄牙、拥有加纳利群岛的西班牙等，尽管这些国家拥有群岛，但是都不能称为群岛国家。群岛国的主权及于群岛水域及其上空、海床和底土，以及其中的资源。

群岛水域的概念在国际法上是一个新的概念。这些水域既非内水也非领海，尽管它们与领海有许多相似之处。群岛国应尊重与其他国家间现有的协定，并应承认直接相邻国家在群岛水域的某些区域内的传统捕鱼权利和其他合法活动，以及尊重其他国家所铺设的通过其水域而不靠岸的现有海底电缆。

群岛水域的通过制度有两种，一是无害通过权；二是群岛海道通过权。无害通过权是指所有国家的船舶在通过群岛国内水界限以外的群岛水域所享有的权利。群岛海道通过权是指群岛国可指定适当的海道和其上的空中航道，以便外国船舶和飞机继续不停和迅速通过或飞越其群岛水域和邻接的领海。所有国家的船舶和飞机均享有在这种海道和空中航道内的群岛海道通过权。

《联合国海洋法公约》规定，群岛海道通过是专为公海或专属经济区的一部分和公海或专属经济区的另一部分之间继续不停、迅速和无障碍地过境的目的，行使以正常方式航行和飞越的权利。群岛海道和空中航道应穿过群岛水域和邻接的领海，并应包括用做通过群岛水域或其上空的国籍航行或飞越的航道的所有正常通道，并且在这种航道内，就船舶而言，包括所有正常航行的水道，但无须在相同的进出点之间另设同样方便的其他航道。群岛海道和空中航道应以通道进出点之间的一系列连续不断的中心线划定，通过群岛海道和空中航道的船舶和飞机在通过时不应偏离这种中心线25海里以外，但这种船舶和飞机在航行时与海岸的距离不应小于海道边缘各岛最近各点之间等距离的10%。

为了使船舶安全通过群岛海道内的狭窄水道，群岛国还可以规定分道通航制，也可以于情况需要时，经妥为公布后，以其他的海道或分道通航制替换任何其原先制定或规定的海道或分道通航制。这种海道或分道通航制应符合一般接受的国际规章。群岛国在指定或替换海道，或在规定或替换分道通航制时，应向主管国际组织提出建议，以期得到采纳。国际组织仅可采纳同群岛国议定的通道和分道通航制；在此以后，群岛国可对这些海道和分道通航制予以指定、规定或替换。

如果群岛国没有指定海道或空中航道，外国船舶和飞机可通过正常用于国际航行的航道，行使群岛海道通过权。但是群岛海道通过制度不应在其他方面影响包括海道在内的群岛水域的地位，或影响群岛国对这种水域及其上空、海床和底土以及其中所含的资源行使其主权。

第五节 公海、国际海底区域

在地球海洋中，公海和国际海底区域不是任何国家领土的组成部分，不处于任何国家的主权之下，但却又是所有国家平等、共同使用的区域。那么，各国在公海和国际海底区域有什么权利呢？

一、公海

公海的概念出现在 17 世纪，但是在 19 世纪才得到普遍承认。1958 年《公海公约》第 1 条规定指出，公海是"不包括在一国领域或内水内的全部海域"。随着第三次联合国海洋法会议确立了新的专属经济区制度和群岛国制度，公海的概念也随之发生了变化。《联合国海洋法公约》第 86 条规定，公海是指"不包括在国家的专属经济区、领海或内水，或群岛国的群岛水域内的全部海域"。也就是说，公海是各国内水、领海、群岛水域和专属经济区外不受任何国家主权管辖和支配的海洋部分。

在古代和中世纪的前半叶，公海航行是完全自由的。但到了中世纪后半叶，出现对公海某些主张主权的要求，而且这些主张存在并影响了几百年。1609 年，格劳秀斯的"海洋自由论"认为，既然海洋无边无界，和空气一样，它就不能成为任何国家的财物。也就是说，海洋不能成为国家的财产，不受任何国家主权的控制。格劳秀斯的"海洋自由论"在当时引起巨大争议，后逐渐被承认，公海自由原则也得到确立。可以说，格劳秀斯的理论为公海制度的建立奠定了理论基础，对于公海法律地位的确定产生了巨大影响。

《联合国海洋法公约》第 89 条规定："任何国家不得有效地声称将公海的任何部分置于其主权之下。"也就是说，公海对所有国家开放，为全世界各国人民的共同利益而利用，但公海只应用于和平的目的。公海对所有国家开放，任何国家不能有效地声称其对公海的任何部分享有主权，即任何国家不得对公海主张管辖权。那么，公海制度有哪些？这就涉及公海自由原则。

（一）公海自由

公海自由是公认的国际法原则，是公海制度的核心和基础，即公海对所有国家开放，无论是沿海国还是内陆国，都有在公海上从事国际法所不禁止的活动和自由。公海自由并不意味着公海处于无法律状态。早期公海自由只限于船舶航行自由和捕鱼自由两项，随着社会的发展，国家对公海的利用逐渐增多，公海自由的内容也随之而扩大。《联合国海洋法公约》第 87 条规定了公海自由的内容，主要包括航海自由、飞越自由、铺设海底电缆和管道的自由、建造国际法所容许的人工岛屿和其他设施的自由、捕鱼自由、科学研究的自由。

1. 航海自由

一切国家，不论是沿海国或内陆国，其船舶无论军舰或商船，均有在公海任何部分完全无阻碍地航行的自由。值得注意的是，在公海上航行的船舶应各有其国籍，即在公海上行使船舶应仅悬挂一国旗帜，旗帜是它的国籍的证据。船舶取得船旗国的国籍，就受船旗国法律的管辖和保护，而无国籍船舶不享受任何保护。

2. 飞越自由

公海上空如公海一样，所有国家的航空器都有飞越公海上空的自由。在公海上空飞行的航空器受其登记国管辖，其他国家不得加以干预和阻碍。

3. 铺设海底电缆和管道的自由

《联合国海洋法公约》规定，所有国家均有权在大陆架以外的公海海底上铺设海底电缆和管道，同时也规定每个国家均应制定必要的法律和规章。例如，规定悬挂该国旗帜的船舶或受其管辖的人故意或因重大疏忽而破坏或损害公海海底电缆，以及类似的破坏或损害海底管道或高压电缆的行为，均应予以处罚。如果受其管辖的公海海底电缆或管道的所有人在铺设或修理该项电缆或管道时使另一电缆或管道遭受破坏或损害的，应负担修理的费用。

4. 建造国际法所容许的人工岛屿和其他设施的自由

《联合国海洋法公约》虽然规定所有国家有权建造国际法所容许的人工岛屿和其他设施的自由，但也指出其限制。《联合国海洋法公约》第 80 条"大陆架上的人工岛屿、设施和结构"中明确指出，"第 60 条比照适用于大陆架上的人工岛屿、设施和结构"，而第 60 条是关于"专属经济区内的人工岛屿、设施和结构"的规定，也就是说这项自由是受《联合国海洋法公约》第六部分(大陆架部分)的限制。即国家可于必要时在这些人工岛屿、设施和结构的周围设置合理的安全地带，并在该地带中采取适当措施以确保航行以及人工岛屿、设施和结构的安全。公海上行驶的一切船舶都必须尊重这些安全地带,并应遵守关于在人工岛屿、设施、结构和安全地带附近航行的一般接受的国际标准。

5. 捕鱼自由

捕鱼自由是最早的公海自由之一,即所有国家均有权在公海上捕鱼。最初这一自由不受限制,但随着世界海洋渔捞强度的增大,海洋渔业资源日渐衰竭,捕鱼自由受到了限制。第一次联合国海洋法会议通过的《公海捕鱼和生物资源养护公约》,要求各国在行使公海捕鱼权的同时,须遵守各国所承担的条约义务和公约所规定的沿海国的利益与权利,以及关于养护公海生物资源的规定。《联合国海洋法公约》在重申了上述条件外,还增加了新规定,包括:①捕捞同时出现在公海和专属经济区内的鱼种时应与沿岸国进行协商达成协议;②在邻接水域捕捞一些特殊鱼群时,应与有关沿岸国直接或间接通过国际组织进行合作;③各国有为其国民采取养护公海生物资源措施的义务。

6. 科学研究的自由

科学研究的自由是指各国均享有在公海上进行科学研究的自由。但各国在进行海洋科学研究时,同时还受《联合国海洋法公约》第六部分(大陆架部分)和第十三部分(海洋科学研究部分)的限制。《联合国海洋法公约》第240条"进行海洋科学研究的一般原则"明确指出,进行海洋科学研究时应适用下列原则:①应专为和平目的而进行;②应以适合本公约的适当科学方法和工具进行;③不应对符合本公约的海洋其他正当用途有不当干扰,而这种研究在上述用途过程中应适当地受到尊重;④海洋科学研究的进行应遵守依照本公约制定的一切有关规章,包括关于保护和保全海洋环境的规章。

(二) 公海上的管辖

公海上的管辖不是对公海的管辖,而是对公海上的人和物的管辖,目的是设定管辖的准据并解决准据之间的冲突,避免出现管理罅隙、重叠和失据。目前,公海上最基本的管辖准据和原则主要包括船旗国管辖、普遍管辖、登临权、紧追权等。

1. 船旗国管辖

从原则上来说,船旗国对公海上的船舶享有专属的立法及执法管辖权。船旗国的管辖权也包含一定的责任。例如《联合国海洋法公约》第 92 条明确规定,船旗国对其在公海上航行的船舶具有专属的管辖权;第 94 条指出,每个国家应对悬挂该国旗帜的船舶有效地行使行政、技术及社会事项上的管辖和控制。在公海上的军舰及由一国所有或经营并专用于政府非商业性服务的船舶,在公海上应有不受船旗国以外任何其他国家管辖的完全豁免权。

船旗国管辖还包括对船舶上的人和事的司法和行政管辖。例如关于碰撞事项或任何其他航行事故的刑事管辖权,《联合国海洋法公约》第 97 条是这样规定的:

"1. 遇有船舶在公海上碰撞或任何其他航行事故涉及船长或任何其他为船舶服务的人员的刑事或纪律责任时,对此种人员的任何刑事诉讼或纪律程序,仅可向船旗国或此种人员所属国的司法或行政当局提出。

2. 在纪律事项上,只有发给船长证书或驾驶资格证书或执照的国家,才有权在经过适当的法律程序后宣告撤销该证书,即使证书持有人不是发给证书的国家的国民也不例外。

3. 船旗国当局以外的任何当局,即使作为一种调查措施,也不应命令逮捕或扣留船舶。"

船旗国在对悬挂其旗帜的船舶行使管辖权的同时,也承担一定的义务。《联合国海洋法公约》第 94 条明确指出,船旗国对船舶除了有效行使行政、技术及社会事项上的管辖和控制,并应按照一般接受的国家规章、程序和惯例,采取为保证海上安全所必要的措施。

2. 普遍管辖

公海上的普遍管辖权是指各国对发生在公海的、被国际法认为是普遍管辖权对象的特定国际罪行或违反国际法的行为行使管辖权。这类罪行或不法行为包括海盗行为、非法广播、贩卖奴隶和贩运毒品等。

3. 登临权

为了维护公海正常的法律秩序,军舰对公海上的外国船舶有登临权。《联合国海洋法公约》第 110 条规定:

"1. 除条约授权的干涉行为外,军舰在公海上遇到按照第 95 条和第 96 条享有完全豁免权的船舶以外的外国船舶,非有合理根据认为有下列嫌疑,不得登临该船:

(a) 该船从事海盗行为;

(b) 该船从事奴隶贩卖；

(c) 该船从事未经许可的广播而且军舰的船旗国依据第 109 条有管辖权；

(d) 该船没有国籍；或

(e) 该船虽悬挂外国旗帜或拒不展示其旗帜，而事实上却与该军舰属同一国籍。
……

3. 如果嫌疑经证明为无根据，而且被登临的船舶并未从事嫌疑的任何行为，对该船舶可能遭受的任何损失或损害应予赔偿。"

在上述规定的情形下，军舰可查核该船悬挂其旗帜的权利。为此目的，军舰可派一艘由一名军官指挥的小艇到该嫌疑船舶。但如果嫌疑经证明为无证据，而且被登临的船舶并未从事嫌疑的任何行为，应对该船舶可能遭受的任何损失或损害予以赔偿。军舰的登临与搜索权力比照适用于军用飞机，而且是适用于经正式授权并有清楚标志可以识别的为政府服务的任何其他船舶或飞机。

4. 紧追权

紧追权是为沿海国在公海上行使的一项特殊权利。紧追权是指沿海国有权对违反该国法律的外国船舶进行紧追的权利。《联合国海洋法公约》第 111 条规定，沿海国主管当局有充分理由认为外国船舶违反该国法律和规章时，可对该外国船舶进行紧追。此项追逐须在外国船舶或其小艇之一在追逐国的内水、群岛水域、领域或毗连区内时开始，而且只有追逐未曾中断，才可在领海或毗连区外继续进行。当外国船舶在领海或毗连区内接获停驶命令时，发出命令的船舶并无必要也在领海或毗连区内。如果外国船舶是在毗连区内，追逐只有在设立该区所保护的权利遭到侵犯的情形下才可进行。若被追逐的船舶进入其本国领海或第三国领海时，紧追应立即中止。紧追权只能由军舰、军用飞机或其他经特别授权的政府船舶或飞机行使。进行紧追的军舰或军用飞机，可以在公海上逮捕被紧追的船舶，并押送到该国海港。如果在不应行使紧追权的情况下，在公海上命令外国船舶停驶或逮捕外国船舶，由此造成的任何损失或损害应予赔偿。

二、国际海底区域

国际海底区域简称"区域"，是《联合国海洋法公约》确立的一个新概念。那么，什么是国际海底区域？它的法律地位是什么？

(一) 国际海底区域的概念和法律地位

国际海底区域是指国家管辖范围以外的海床、洋底及其底土，也就是各国大陆架或专属经济区以外的深海洋底及其底土。

《联合国海洋法公约》明确规定，国际海底区域及其资源是人类的共同继承财产，第137条明确表述了国际海底区域及其资源的法律地位：

"1. 任何国家不应对区域的任何部分或其资源主张或行使主权或主权权利，任何国家或自然人或法人，也不应将'区域'或其资源的任何部分据为己有。任何这种主权和主权权利的主张或行使，或这种据为己有的行为，均应不予承认。

2. 对'区域'内资源的一切权利属于全人类，由管理局代表全人类行使。这种资源不得让渡。但从'区域'内回收的矿物，只可按照本部分和管理局的规则、规章和程序予以让渡。

3. 任何国家或自然人或法人，除按照本部分外，不应对'区域'矿物主张、取得或行使权力。否则，对于任何这种权利的主张、取得或行使，应不予承认。"

"区域"内的活动应为全人类的利益而进行。"区域"开放给所有国家，不论是沿海国或内陆国，专为和平目的利用，不加歧视。

(二) 国际海底区域的勘探和开发制度

国际海底区域的勘探和开发必须遵守公约和国际海底管理局规定的规则、规章和程序，主要内容如下。

1. 平行开发制

《联合国海洋法公约》第153条第2款明确规定，"区域"的勘探和开发，既可以由管理局企业部进行，也可以由缔约国及其公私企业，包括缔约国的国营企业，或在其担保下具有其国籍，或受缔约国或其国民有效控制的自然人和法人，或他们的任何组合，与管理局以协作方式进行。

缔约国及其公私企业为了进行这种活动，应当向管理局提出请求核准其勘探和开发工作计划的申请并获得核准。申请者在提出申请时，除应承诺履行公约和管理局的规则、规章和程序，管理局各机关的决定，以及与管理局订立的合同而产生的义务外，还必须提出足够大，并有足够的估计商业价值，可供从事两起采矿作业的总区域，并将这一区域分成估计商业价值相等的两个部分，供管理局指定其中一部分保留给管理局活动。缔约国及其公私企业的申请，由管理局理事会核准。核准采取管理局与申请者订立合同的形式。管理局企业部可独立地或以其他实体组成联合企业的方式从事区域的勘探和开发活动,但是,在初期,它只能以联合企业的方式进行。企业部应向管理局提出勘探工作计划,经理事会以由管理局和企业部订立合同的方式予以核准后,才能付诸实施。①

2. 申请者和合同承包者的财政义务

按照《联合国海洋法公约》附件三《探矿、勘探和开发的基本条件》的规定,为了勘探和开发"区域"资源,缔约国及其公私企业,需要向管理局缴付一定的费用,包括申请核准的规费和在工作计划得到核准后及开始商业生产后分别缴付的固定年费和生产费。后因出于减轻申请者和承包者的负担的考虑,1994年关于执行第十一部分的协定取消了生产费,并改变了规费和固定年费的缴付办法。此外,承包者还需向企业部或发展中国家提供进行区域内活动时所使用的技术和义务。

(三) 国际海底管理局

国际海底管理局是缔约国按照《联合国海洋法公约》第十一部分组织和控制"区域"内活动,特别是管理"区域"资源的专门机构。《联合国海洋法公约》第157条规定了管理局的性质和基本原则,指出管理局是缔约国组织和控制"区域"活动,特别是管理"区域"资源的组织。管理局成员由所有缔约国的当然成员组成。管理局所有成员主权平等,即不论大小、强弱,成员国在法律上都是平等的,有共同参与"区域"管理和分享来自"区域"活动的利益,同时承担义务,履行公约规定的各种义务。

管理局为执行其权力和职务,其主要机关有大会、理事会和秘书处,分别负责行使授予它们的权力和职务。管理局下设企业部,是直接进行"区域"内活动以及从事运输、加工和销售从"区域"回收的矿物的机关。

思 考 题

1. 国际海洋法是怎么发展的?
2. 领土主权包含了哪些法律意义?
3. 沿海国在其领海内有哪些权利和义务?

---

① 邵津. 国际法[M]. 5版. 北京:北京大学出版社,高等教育出版社,2014:154。

第五章

国 际 私 法

国际关系主要体现在三个层面：一是国际政治关系；二是国际经济关系；三是国际民商事关系。可以说，国际政治关系和国际经济关系主要是公法的调整对象，而国际民商事关系则是私法的调整对象。在当今全球化时代的背景下，国与国之间的交流日渐频繁，国际民商生活已成为最基本的生活关系，鉴于此，国际私法在国际体系中也体现出其重要地位与作用。

第一节　国际私法概述

国际私法是以涉外民事关系为调整对象，以解决法律冲突为中心任务，以冲突规范为最基本的规范，同时包括规定外国人民事法律地位的规范以及国际民事诉讼与仲裁程序规范在内的一个独立的法律部门[①]。接下来简单地介绍国际私法。

一、国际私法的调整对象

国际私法是调整国际民商事关系的法律部门。什么是国际民商事关系？或者说国际民商事关系主要包括哪些内容呢？总体来说，国际民商事关系主要涉及国际货物买卖、运输、保险、支付、代理关系、国际工程承包、跨国旅游、留学、服务等关系，跨国婚姻、继承关系、产品责任、跨国交通事故、跨国侵权及国际民事诉讼与商事仲裁等。比如两个不同国籍的人在一方国籍所在国结婚，或者不在任何一方国籍所在国结婚，那么他们的婚姻应办理何种手续，是否是有效婚姻等问题，都涉及实实在在的国际民商事关系。可以说，国际民商事关系有个突出

---

① 李双元，欧福永. 国际私法[M]. 5版. 北京：北京大学出版社，2018：15。

的特征，那就是国际性，无论是民事主体、民事客体、法律事实还是争议解决地点等均需具有国际因素，这样才构成国际民商事关系。接下来看一个案例。

A国女子在B国嫁给C国男子，婚后定居C国并生儿育女。该女子去世后，未留下任何遗嘱，但在A国和C国均留下了价值可观的动产和不动产。其丈夫、子女及父母因析产不均发生争议，其父母诉诸A国法院。A国法院将用哪国的法律条文来审理案件？

对于这个案件来说，法院首先要确定它是一个国际私法案件还是国内民事案件。从案件的事实来看，无论是继承关系的主体、客体还是继承关系发生的事实都与C国男子有关，即带有C国因素，因而可以判定这是一个典型的涉外继承关系，也可以说是一个典型的国际私法案件。

国际私法的调整对象，即国际私法所调整的社会关系，是通过国际私法规范调整的超越一国范围的民商事关系的总称。总体说来，国际私法的调整对象具有以下特点。

(1) 国际私法调整国际民商事关系，但并不意味着所有的国际民商事关系都由国际私法调整。换句话说，除了国际私法外，还有其他法律部门参与对国际私法的调整，如国际经济法。

(2) 国际私法的民商事关系主要是通过国际私法规范来调整的那一部分国际民商事关系。例如，冲突规范、规定外国人民商事法律地位的规范、国际民商事诉讼程序规范和仲裁程序规范等。据此，国际私法的对象主要是通过规定外国人民事法律地位的规范、冲突规范、国际民商事诉讼程序规范和仲裁程序规范所调整的国际民商事关系。

二、国际私法的调整方法

国际私法在不断完善的过程中，曾发展出几种不同的调整方法，形成了自己独特的规范体系。最为典型的就是冲突规范，这也是国际私法区别于其他任何法律部门的主要标志，它的特点是：冲突规范本身并不直接规定当事人的实体权利和义务，而仅指明某一特定的法律问题适用什么样的法律解决。冲突规范是在处理涉外民事关系时，在有两个或两个以上的国家的民法根据有关的连结因素都可能或竞相适用于该民事关系的情况下，指定适用其中哪一国法律作为准据法的规范。一般有两种形式：一是间接调整方法，即通过冲突法来调整的方法；二是直接调整方法，即通过实体法来调整的方法。

(一) 间接调整方法

间接调整就是通过冲突法来进行调整。通常情况下，间接调整的方法有两种：一是通过国内冲突规范进行间接调整；二是通过国际统一的冲突规范进行间接调整。

早期的国际私法基本上都是通过国内冲突规范来实现对涉外民事关系的调整，但是这种调整的方法也导致了一些后果，即同一涉外民事关系，因在不同国家诉讼，使用不同的冲突规范，其适用的实体法律不同，导致最后产生不同的判决结果。这种适用国内冲突规范的调整方法使得涉外民事关系处于一种不稳定的状态，也给当事人留下"择地行诉"的机会。为了克服这种局限性，19世纪末，在意大利法学家孟西尼等的倡导下，开始了冲突规范统一化的运动，从而产生了通过国际统一的冲突规范进行间接调整的方法。

有了国际统一的冲突规范之后，缔约国之间处理相同的涉外民事问题时，都会采用同一个冲突规范，自然会得出一致的判决结果，也就避免了"择地行诉"现象的发生。但依然存有问题，如被指定适用的实体法终究是各国自己的立法，其适用本国国内因素的法律关系，显然并不一定适用解决含有外国因素的争议。

(二) 直接调整方法

正是因为运用冲突规范进行间接调整的方法有其固有的局限性，自19世纪末以来，人们同时也开始寻找解决法律冲突的其他途径，由此产生了新的解决方法，即直接调整方法——国际统一实体规范。

国际统一实体规范主要是通过双边或多边的国际条约或国际惯例确定的统一实体方法，来调整各国涉外民事关系当事人的权利、义务的关系，从而消除法律冲突，避免法律选择。可以说，统一实体法实现了对涉外民事关系的直接调整，更符合涉外民事关系的本质要求。但这种方法的适用领域有限，特别是在继承、婚姻的法律制度方面还未能制定出统一实体法，主要是因为继承、婚姻的法律制度与该民族、国家的历史传统和风俗习惯紧密相关，并已渗透到法律条文之中。此外，在已经制定并适用统一实体法规范的涉外民事关系领域，冲突规范的作用依旧存在。一是因为国际条约只对缔约国有约束力，二是因为有些统一实体法公约的适用是任择性的,即当事人有选择适用法律的权利。随着国际交往的日渐频繁,统一实体法规范将不断增多,涉外关系也将越来越多地得到统一实体法的直接调整。

直接调整方法除了有国际统一实体规范的方法外,还有国内直接适用的法律的方法。这一概念是法国国际私法学家弗朗西斯卡基斯在1958年首次提出。他认为,国家可以制定一系列具有强制力的法律规范,在调整涉外民事关系中,可以撇开传统冲突规范的援引,直接解决争议。这种被直接适用的法律规范,就是直接适用的法律。目前,直接适用的法律在外国呈现放宽趋势,当代国际私法的强制性规范不仅包括法院地国的强制性规范,还包括准据法所属国与第三国的强制性规范。

三、国际私法的渊源

国际私法的渊源是指国际私法作为有效的法律规范的外在表现形式,是在发展的进程中逐渐产生的国际统一规范。国际私法的主要渊源有国内立法、国际立法两类。

(一)国内立法

国内立法是国际私法最主要的渊源,是指各国立法机关制定的主要是为了调整国际民商事关系的规定外国人民事法律地位的规范、冲突规范、国际民商事诉讼程序规范和仲裁程序规范的法律、法规、条例、规定等规范性文件。

就各国国际私法的表现形式而言,通常可以分为以下两种情况。

一是体现为各国制定专门的法律适用法或者国际私法。例如,2006年日本制定的《法律适用通则法》、1929年泰国制定的《泰国国际私法》、1987年瑞士制定的《瑞士联邦国际私法》、1998年委内瑞拉制定的《委内瑞拉国际私法》等。

二是体现在各国相关的民事、商事、民事诉讼与仲裁法中。也就是说,多数国家即便制定了相关的国际私法,国际私法规范也还可以体现在这些相关国家的国内有关民事和商事立法及有关民事诉讼与仲裁的法律之中。

(二)国际立法

通常而言,国际立法是由一些国家通过签署双边或多边国际公约来确立和约束双方或多方的行为准则,然后各国批准这些准则与条约并使之具有公认的法律效用，其主要表现形式有国际公约、国际商事惯例、示范法等。

1. 国际公约

国际公约适用于调整国际民商事关系，主要包括规定外国人民事法律地位、法律冲突与法律适用、民事诉讼程序和商事仲裁等方面的国际立法。

(1) 关于外国人民事法律地位的公约。例如，1928 年《关于外国人地位的公约》、1951 年《难民地位公约》、1954 年《关于无国籍人地位的公约》等。这类公约主要规定了特定的群体的法律地位，在缔约国之间具有国际法上的拘束力。

(2) 关于法律冲突与法律适用的公约。例如，财产权方面，1958 年《国际有体动产买卖所有权移转法律适用公约》、1985 年《关于信托的法律适用及其承认的公约》等；关于婚姻、家庭和继承方面，1993 年《跨国收养方面保护儿童及合作公约》、1996 年《关于父母责任和保护儿童措施的管辖权、法律适用、承认、执行和合作公约》、1961 年《遗嘱处分方式法律冲突公约》、1973 年《遗嘱国际惯例公约》等；关于国际投资和贸易方面，1965 年《关于解决国家与他国国民之间投资争端公约》、1974 年《联合国国际货物买卖时效期限公约》等。

(3) 关于民事诉讼程序和商事仲裁的公约。例如，1968 年布鲁塞尔《关于民商事件管辖权及判决承认与执行的公约》、1927 年日内瓦《关于执行外国仲裁裁决的公约》、1958 年纽约《承认与执行外国仲裁裁决公约》等。

2. 国际商事惯例

国际商事惯例是在长期的国际商事交往中逐步形成的一般做法，这些做法经国际组织或学术团体加以整理后，具有固定的形式。很显然，这些惯例在国际民商事交往中是普遍遵守的行为规则，而且得到各国国内法的普遍认可。存在以下情形，在一些国际私法领域内的国际惯例，可以允许当事人自愿选择原则，但是这种惯例受到各国国内法的制约，若法律上不允许当事人选择适用外国法，那么当事人已经选择的适用法律可被认定为无效。

3. 示范法

示范法与国际公约不同，虽然它也是由国际组织起草的供各国立法机关采纳的行为规则，但是它不需要由各国共同签署，也不需要履行特定的审批程序。示范法也是为了协调和统一各国有关法律，以减少各国间的法律冲突。通常是由各主权国家自行决定是否采纳，若被采纳，各国还可依据本国具体情况进行修订。

四、国际私法的基本原则

随着社会的发展，全球化已成为未来趋势，在此背景下，各国遵循国际私法的基本原则尤为重要，它也是指导国际民商事务交往的规则和制度中的法律规范体现的基本原则。

一般来说，在国际民商事交易中，涉及的主要法律问题有：一国法律上的强制性法规如何适用于当事人之间订立的国际合同？或者应当适用什么样的法律来认定当事人的权利与义务？其实，这些问题都涉及国际私法的基本原则。只有各国依据基本原则行事，才能更好地解决国际民商事交易中的问题。国际私法的基本原则主要包括尊重国家主权和法律原则、诚实信用与公平交易原则、当事人意思自治原则。

（一）尊重国家主权和法律原则

尊重国家主权原则是进行国际民商事交往的基础。在国际经济关系中，各主权国家的法律地位都是平等的。也就是说，不管各国的社会制度如何、经济发展水平高低，在参与国际贸易和其他形式的经济合作中，它们都有平等的权利。根据这一原则，任何主权国家在遵守国际法的一些基本限制的前提下，有权通过国内立法或参与国际立法的方式，规定本国的国际私法制度。

此外，外国国民在内国从事民商事活动，要遵守和服从东道国的法律，这也是尊重国家主权在国际民商事领域中的体现。

（二）诚实信用与公平交易原则

无论是诚实信用原则还是公平交易原则，自古以来就是从事商事交易的基本原则。这两个原则无论在一国范围内，还是在跨国交易中均得到各国法律的普遍认可。特别是在订立合同时，诚实信用和公平交易都是当事人双方要遵循的原则。

（三）当事人意思自治原则

当事人意思自治原则是各国合同法上的基本原则。所谓的意思自治是指在法律允许的范围内，当事人可以自由地选择其交易伙伴，自由地约定合同中的各项条款,自由地决定对合同条款的修订,自由地选择解决合同争议的方法等。在国际商事交易中,这一原则作为一条基本原则,已经得到各国法律的认可,在一些专门的国际公约中均有所体现。国际实践中,当事人意思自治原则不仅广泛适用于国际商事合同,在国际侵权行为、婚姻、继承等方面,许多国家的法律和判例也允许当事人在合理的范围内做出选择。

第二节 冲突规范与准据法

因各国法律的制定是基于本国民族、文化、生活习俗、社会制度而制定的,至此各国法律解决同一民事关系时,有可能因国内因素而存在差异性。随着社会经济的发展,国家与国家之间的联系越来越密切,如何更好地解决涉外民事法律关系被提到日程上来。本节内容的学习有助于在处理国际民商事案件过程中,正确地适用冲突规范,合理地处理好识别问题,最终确定适用案件的准据法。

一、冲突规范及其类型

冲突规范是指处理涉外民事关系时,在有两个或两个以上的国家的民法根据有关的连结因素都可能或竞相适用于该民事关系(或均对该民事关系主张"立法管辖权")的情况下,指定应该适用其中哪一国法律作为准据法的规范[1]。

之所以会存在这样的冲突,主要是因为各国的国内法都是根据本国的政治、经济制度、法律传统、道德观念等来制定的,因此,对同样的问题所做的法律规定往往不同。以合法的结婚年龄为例,各个国家界定的合法结婚年龄是不同的。例如,日本法定结婚年龄为男 18 岁、女 16 岁;阿根廷法定男女结婚年龄分别为男 14 岁、女 12 岁。那么问题来了,如果一个 15 岁的阿根廷女孩与一个 20 岁的日本男子在日本结婚,他们的婚姻是否是合法的?是否受到法律的保护?这些问题成为婚姻当事人极为关注且重要的问题。这就涉及冲突规范。

可以说,冲突规范的法律作用决定了冲突规范本身的结构分前后两部分:前一部分为"范围",规定每一条冲突规范所适用的法律关系或所要解决的法律问题;后一部分为"系属",指明该法律关系应适用何国法律。系属中又包含了一个把特定法律关系和某国法律联系在一起的标志,称为连结点,也称为连接因素,起到

---

[1] 李双元,欧福永. 国际私法[M]. 5 版. 北京:北京大学出版社,2018:79。

桥梁和媒介的作用。

根据冲突规范对应适用法律的指定的不同，可以把它们划分为四种基本类型：单边冲突规范、双边冲突规范、重叠性冲突规范与选择性冲突规范。

(一) 单边冲突规范

单边冲突规范指的是直接规定某种涉外民事法律关系只适用内国法或只适用外国法的冲突规范。例如，1896年《德国民法施行法》第24条第1款规定："德国人之继承，虽于外国有住所，依德国法。"1804年《法国民法典》第3条第2款规定："不动产，即使属于外国人所有，仍适用法国法律。"《中华人民共和国合同法》第一百二十六条第二款规定，在中国境内履行的中外合资经营企业合同、中外合作经营企业合同、中外合作勘探开发自然资源合同，适用中华人民共和国法律。这些都属于单边冲突规范。可见，单边冲突规范的特点是其"系属"直接指明应适用哪国法来解决冲突问题，或者是外国法，或者是内国法。当然指明外国法时，不适用内国法；指明内国法时，不适用外国法，即两者取其一。

(二) 双边冲突规范

与单边冲突规范不同，双边冲突规范的系属并不直接规定适用内国法还是外国法，"系属"只规定一个适用法律的标志，按这个标志结合具体情况进行推导，可能在某些情况下应当适用内国法，而在另一些情况下则应当适用外国法。例如，1939年3月10日制定的《泰国国际私法》第16条规定："动产及不动产，依物之所在地法。"按照这个冲突规范，动产及不动产适用哪国法，完全取决于动产及不动产在哪国。另外，还有一种附条件或有限制的双边规范，例如，《中华人民共和国涉外民事关系法律适用法》第二十一条规定："没有共同国籍，在一方当事人经常居所地或者国籍国缔结婚姻的，适用婚姻缔结地法律。"

(三) 重叠性冲突规范

重叠性冲突规范是指对范围所指的法律关系或法律问题必须同时适用两个或两个以上连结点所指向国家的法律的冲突规范。例如，1902年的海牙《关于夫妻离婚及法院宣告别居公约》第2条规定："离婚的请求，若非依夫妇的本国法与法院地法皆许离婚时，不得离婚。关于别居者亦同。"也就是说，按照这条冲突规范，离婚必须满足本国离婚条件与法院地法的离婚条件，方可离婚。

(四)选择性冲突规范

选择性冲突规范是指其系属有两个或两个以上,但只选择其中之一来调整范围中规定的有关涉外的民事法律关系。选择性冲突规范一般分为以下两种方式。

(1) 有条件选择的冲突规范。例如,《日本法例》第 20 条规定:"亲子间的法律关系,依父之本国法;若无父时,依母之本国法。"这一冲突规范中要求在解决亲子间的法律关系时,首先应该适用父亲的本国法,只有在父亲不在时,才适用母亲的本国法。

(2) 无条件选择的冲突规范。例如,《瑞士联邦国际私法法规》第 43 条第 1 款规定:"在国外缔结的婚姻,如果婚姻缔结地国家认为有效,或者当事人其中一方的住所地国家、习惯居所地国家或国籍所属国家认为有效的,瑞士也承认其有效。"这表明,在瑞士境外缔结的婚姻,只要符合婚姻缔结地、当事人其中一方的住所地、习惯居所地或国籍所属国这四种法律中的任何一种,该婚姻都属有效。

二、准据法及其基本类型

(一) 准据法的概念

所谓准据法,是指经冲突规范的指引而援用来具体确定国际民商事法律关系当事人的权利与义务的特定国家的法律。例如,2010 年 10 月颁布,次年 4 月 1 日生效的《中华人民共和国涉外民事关系法律适用法》第五章第三十六条明确规定:"不动产物权,适用不动产所在地法律。"若不动产在中国境内,依中国法解决,那么中国法就是该法律关系的准据法;若不动产在美国,就依美国法解决,那么美国法就是该法律关系的准据法。也就是说,在这条冲突规范中,不动产所在地的实体法就是有关不动产所有权关系的准据法。

(二) 准据法表述公式的基本类型

单边冲突规范以外的其他冲突规范中,通常通过一些含有特定内容的公式来表述指定的准据法,这种表述被称为系属公式或冲突法原则,本书称为表述公式。一般来说,准据法表述公式的基本类型主要有以下几种。

(1) 属人法。属人法是指与民事关系主体有关的国家法律。常用于解决人的身份、能力、婚姻、亲属和继承等领域的法律冲突的一项原则。由于各国对属人法连结点的理解不同,通常有住所地和国籍两种,故属人法有住所地法和本国法之分。例如,大陆法系国家多以当事人的本国法为当事人的属人法,而英美法系国家多以当事人的住所地法为当事人的属人法。属人法中还有法人属人法,主要是以法人的国籍国法或住所地法来解决法人的成立、解散及权利能力与行为能力方面的问题。

(2) 物之所在地法。物之所在地法是作为涉外民事法律关系的客体的物所在的国家的法律,是国际私法中的一项表述公式。它常用于解决有关物权方面,特别是不动产物权方面的法律冲突。最早是在意大利形成的,现代许多国家把这一系属作为解决不动产、动产物权法律冲突的原则。但是美国1971年的《第二次冲突法重述》则除采用"物之所在地法"这一表述公式之外,还会用"物之所在地法院将予以适用的法律"取代"物之所在地法"。

(3) 行为地法。行为地法是指法律行为发生地(或行为的损害结果发生地)所属地域的法律,源于法则区别说时代的"场所支配行为"的古老谚语。行为地法主要可以分为合同缔结地法、合同履行地法、侵权行为地法、婚姻缔结地法、立遗嘱地法。

(4) 法院地法。法院地法是指审理涉外民商案件的法院所在地的法律,多用于解决涉外诉讼程序方面的法律冲突问题,也用于解决部分实体问题。

(5) 旗国法。旗国法是指船舶所悬挂的旗帜所属国家的法律,常用于解决船舶、航空器在运输过程中发生涉外民商事纠纷时的法律冲突。

(6) 当事人合意选择的法律。当事人合意选择的法律是指当事人双方合意选择的那个国家和地区的法律或者国际条约、国际惯例,又称意思自治原则,是多数国家涉外合同准据法的首要原则,可以说当事人合意选择是一种主观性连结点。

三、识别问题的解决

识别并非国际私法所特有的概念,任何国家的法院在处理案件时,都要对案件的事实进行识别。

(一) 识别的概念

识别也称定性或分类,在国际私法中,特指法院在适用冲突规范时,依据一定的法律观念,对有关的事实构成或问题作出定性或分类,将其归入特定的法律范畴,以便具体确定应予适用的冲突规范及其所援引的某一准据法,并对有关冲突规范所使用的名词进行解释的认识活动过程①。例如,1908 年的英国奥格登案件,最终英国法院根据英国法的观点将法国法中"须经父母同意的要件"识别为"婚姻形式要件",从而援引"结婚形式依婚姻举行地法"这一冲突规范,确定英国法为准据法来判定结婚是否需要父母同意的问题,而英国法中并没有法国法中的上述限制性规定,因此该英国女子与法国男子的婚姻是有效的。由此可见,识别在国际私法中是非常重要且关键的问题。

📖 案例 5-1

1908 年英国奥格登案②

(二) 识别冲突及其原因

在国际私法案件中,法官还会面临依据哪个与案件相关的国家的法律概念来进行识别的问题,这样有可能造成识别冲突。因为法院地国与有关外国的法律对冲突规范的法律概念的内涵或分类不同,故采用不同国家的法律观念识别就会导致适用不同的冲突规范和准据法的结果。那么,什么是识别冲突呢?识别冲突是依据不同国家的法律观点或法律概念对有关事实进行定性或归类所产生的抵触或差异。

之所以能够产生识别冲突,归纳起来,主要有以下原因:一是由于不同国家对同一事实赋予不同的法律性质,因此有可能援引不同的冲突规范,从而得出不同的判决结果。二是由于不同国家对同一冲突规范中所包含的概念的内涵和外延理解不一致,导致适用不同的法律。三是由于不同国家的法律往往把同一内容的法律问题归入不同的法律部门。例如时效问题,有些国家归入实体法部门,而有些国家归入程序法部门。四是由于社会制度或法律历史传统的不同,不同国家有不同的法律理解,不同的法律概念,或者一国有的法律概念,而另一国则不存在。例如,各国法律都主张"不动产依不动产所在地法",但是对于不动产的理解却有不同,蜂房在法国被认为是动产,但是在荷兰却被认为是不动产。

---

① 赵秀文. 国际私法学原理与案例教程[M]. 4 版. 北京:中国人民大学出版社,2016:90.
② 参见 https://baike.baidu.com/item/奥格登诉奥格登案/22800424?fr=aladdin.

(三) 识别冲突的解决

当出现识别冲突时，该如何解决问题呢？或者说依据什么原则或方法来确定依何国法律进行识别？有关这个问题，历史上众多学者提出了种种关于识别依据的主张。

1. 法院地法说

法院地法说最早由德国学者卡恩和法国学者巴丹提出，后被众多学者赞同，目前多数国家都采用这一主张。此说法的理由是，首先，法院国所制定的冲突规范是它的国内法，因而其冲突规范中所使用的名词或概念的含义，均只能依照受理案件的法院所属国家的国内法的同一概念或观点进行识别，否则便有损法院国的立法和司法主权。其次，法官依据自己最熟悉的本国法进行识别，依法院地法简便易行。最后，识别既然是援引适用冲突规范的前提，在未进行识别前，除适用法院地法外，并没有其他的法律可供适用。

但反对此主张的人认为，如果只依法院地法进行识别，有时会导致错误适用外国法的不合理结果，或者本不适用外国法却适用了外国法的结果。为了克服上述弊端，有人提出依法院地国的国际私法进行识别，并称之为"新法院地法"。这一主张有一定的合理性并得到很多学者的拥护。英国学者戚希尔和诺斯认为，识别应依法院地的国际私法，不能单纯地依照内国法来识别，毕竟国际私法与内国法的调整对象有区别。

2. 准据法说

准据法说由法国的德帕涅和德国的沃尔夫所倡导。他们认为，用来解决争议问题的准据法也应当是解决识别冲突的依据。因为准据法是支配具体法律关系的法律，如果不依据它进行识别，其结果等于准据法没有被适用。但识别又是决定准据法的前提，由此准据法说本身就存在逻辑矛盾，因而支持这一主张的人不多。

3. 分析法学与比较法学说

分析法学与比较法学说由德国的拉贝尔和英国的贝克特所提出。他们认为，应在比较法研究的基础上形成"一般法律原则"或"普遍性概念"，作为识别的标准。但这一主张被反对者认为太过于理想化，因此，在现实中，采用这种主张识别的例子并不多。

4. 个案识别说

个案识别说由苏联的隆茨和联邦德国的克格尔提出。他们认为,对不同的案件,采用不同的法律进行识别,不存在统一的识别,所以不能采用统一的方法进行识别。这种主张遭到匈牙利学者萨瑟的反对,认为这是一种相对主义,不可知论。

5. 功能识别说

功能识别说由德国纽豪斯提出。他认为,上述学说都是基于"法律结构定性",若能用"功能定性"取代"结构定性",就可以解决很多识别上的问题。

第三节 与冲突规范适用相关的制度

第二节介绍了冲突规范与准据法,也研究了识别在援用冲突规范中的重要作用,但在实际运用冲突规范确定准据法的过程中还会遇到一些问题,本节对反致、法律规避、外国法的查明和公共秩序保留等基本制度进行介绍,以更好地平衡适用本国法与外国法之间的关系。

一、反致

反致有广义和狭义之分,广义的反致包括直接反致、转矩反致、间接反致。其中直接反致即狭义的反致。

(一) 直接反致

直接反致是指对于某一涉外民事关系,甲国(法院国)根据本国的冲突规范指引乙国的法律做准据法时,认为应包括乙国的冲突规范,而依乙国冲突规范的规定却应适用甲国的实体法做准据法,结果甲国法院根据本国的实体法判决案件的制度[1]。直接反致的过程如下:甲国的冲突规范→乙国的冲突规范→甲国的实体法。

例如,福尔果继承案中,对于福尔果在法国的动产遗产,根据法国冲突法,动产继承应当适用被继承人的原始住所地法,因此,应当适用巴伐利亚法。根据

---

[1] 李双元,欧福永. 国际私法[M]. 5 版. 北京:北京大学出版社,2018:113.

巴伐利亚法，非婚生子的旁系亲属就可以继承福尔果留在法国的遗产。但是巴伐利亚冲突法规定，无遗嘱的动产继承应依被继承人住所地法，而且巴伐利亚法承认事实住所的法律效力。据此，福尔果的事实住所在法国，应反致适用法国法。法国最高法院接受了这种反致，依法国法的规定，认定福尔果作为非婚生子，其旁系亲属对其遗产没有继承权，本案遗产为无人继承的财产，最后判决收归法国国库所有。本案件用到的就是直接反致，原本应根据冲突规范适用外国法的涉外案件，最后却用了本国法。

> 📖 **案例 5-2**
>
> 福尔果继承案①

（二）转矩反致

转矩反致也称转致，是指对于某一涉外民事关系，依甲国(法院国)的冲突规范本应适用乙国法，但甲国的冲突规范规定其指定的乙国法应包括乙国的冲突规范，而乙国的冲突规范又规定此种民事关系应适用丙国实体法，最后甲国法院适用丙国实体法作出判决。转矩反致的过程如下：甲国的冲突规范→乙国的冲突规范→丙国实体法。

例如，特鲁福特案中，对于瑞士人特鲁福特在英国的遗产继承，根据英国冲突法的规定，动产的继承依被继承人的住所地法，因而指向法国法；而法国的冲突规范规定，动产的继承依被继承人的本国法，因而指向了瑞士法。最后，英国法院适用瑞士的法律判决此案，使特鲁福特的独生子的要求得到满足。

> 📖 **案例 5-3**
>
> 特鲁福特案②

---

① 参见 https://www.docin.com/p-438047044.html。
② 参见 https://wenku.baidu.com/view/f4e765c576eeaeaad1f33035.html。

(三) 间接反致

间接反致是指对于某一涉外民事关系，甲国(法院国)冲突规范制定适用乙国法，但乙国冲突规范又制定适用(包括冲突法在内)丙国法，丙国冲突规范却制定适用甲国实体法做准据法，最后甲国法院适用本国的实体法判决案件[1]。间接反致的过程如下：甲国冲突规范→乙国冲突规范→丙国冲突规范→甲国的实体法。

例如，一个阿根廷人死在英国，并在英国有住所，而在日本留有不动产，继承人在日本法院要求继承该不动产。按照 2006 年日本《法律适用通则法》第 36 条的规定，"继承，依被继承人本国法"，即阿根廷法，但按照《阿根廷民法典》第 3282 条的规定，应"依被继承人最后住所地法"，也就是英国法。然而，按照英国判例法"不动产继承依不动产所在地法"，即日本法。最后，日本法院适用了本国实体法。这个过程就是间接反致。

二、法律规避

法律规避又称法律欺诈，是指国际民商事法律关系的当事人通过改变某一冲突规范的连结点，以避开本应该适用于他们之间民商事关系的某国实体法，而适用了对他们有利的法律的一种逃法或脱法行为。例如，1878 年法国最高法院对鲍富莱蒙王子妃离婚案的判决，就是关于法律规避问题的典型案例。

> **案例 5-4**
>
> 鲍富莱蒙王子妃离婚案[2]

(一) 法律规避的构成

从鲍富莱蒙王子妃离婚案可以归纳出，法律规避行为的构成需要以下要件：①从主观上看，法律规避是当事人自己所为的行为，是当事人有目的、故意的规避某种法律的行为；②从规避对象上看，当事人规避的法律是本应适用的强行法

---

[1] 李双元，欧福永. 国际私法[M]. 5 版. 北京：北京大学出版社，2018：114。
[2] 参见 https://wenku.baidu.com/view/de240bd76529647d27285288.html。

或禁止性的法律，而不是任意性法律；③从行为方式上看，当事人通过人为地制造或改变连结点来实现法律规避的目的，如改变国籍、住所、行为地、物质所在地等；④从客观结果上看，当事人的规避行为已经完成，并达到了对自己适用有利的法律的目的。例如鲍富莱蒙王子妃离婚案，当事人在法律上已经违反了本应遵守的实体法，而适用了对其有利的另一国的实体法。

(二) 法律规避的效力

法律规避现象的发生，对各国的法律尊严造成冲击。从国内民法上，法律规避行为自然是非法的，并应受到制裁。那么，法律规避的效力到底如何？是有效还是无效呢？对于这个问题，各国在立法、理论和司法实践方面都存在较大的分歧，大致分成以下三种情况。

一是法律规避行为无效。持这一观点的学者认为，法律规避行为是一种欺骗行为，其目的是逃避内国实体法的强制性规定或禁止性规定，因而在发生法律规避的情况下，应排除适用当事人希望援用的法律，而适用本应适用的法律。其理论根据是"欺诈使一切归于无效"。

二是法律规避行为部分无效。许多国家对于规避外国法行为的效力认定应根据不同情况区别对待。其中一些国家认为法律规避是规避内国法的行为，对于规避外国法的行为不属于违法行为；另外一些国家认为规避内国法的行为属于不生效力的违法行为，对于规避外国法的行为是否有效，取决于规避的是外国法中的正当规定还是不合理的规定，若是正当规定，则规避无效；若是不合理的规定，则规避有效。

三是法律规避行为有效。英美国家的国际私法理论认为，法律规避行为是一种法律允许的合法行为，无论这种行为规避的是内国法还是外国法，均属有效。

三、外国法的查明

外国法的查明也称外国法的证明，是一国法院在审理国际民商事案件时，根据本国的冲突规范制定应适用外国法时，如何查明外国法的存在和确定其内容的过程。例如，冲突规范"侵权行为依侵权行为地法"援引出甲国法为侵权行为地法，那么甲国法中哪些法律能适用于该侵权行为？其具体规定如何？由谁提供甲国法的有关规定及其内容，便是外国法的查明所需要解决的问题。也就是说，外国法查明的首要问题是要确定外国法的内容及其性质,这对外国法准确认定和外国法的适用具有重要的意义。

(一) 外国法查明的方法

从各国对外国法查明的理论和实践来看,大致可以分成三类。

1. 当事人举证证明

当事人举证证明是英国、美国等普通法系国家及部分拉丁美洲国家采取的方法。在他们看来,依本国冲突规范而适用的外国法是事实,而非法律,因此适用的外国法的内容就须由当事人举证证明,法官没有依职权查明外国法内容的义务。

2. 法官依职权查明

法官依职权查明,无须当事人举证,是欧洲的一些大陆法系国家如奥地利、意大利等国家采取的做法。在他们看来,外国法与内国法一样是法律,并认为法官应该知道法律,所以应由法官负责查明外国法的内容。

3. 法官依职权查明,当事人亦有协助义务

法官依职权查明,当事人有协助义务,是德国、瑞士等国家采取的方法。这些国家认为在查明外国法律内容时,既不同于确定单纯事实的程序,也不同于确定法律的程序。主要由法院法官调查认定,必要和需要时也可以由当事人提出有关证明。

(二) 外国法不能查明时的处理方法

如果采取了一切可能的办法,仍不能查明外国法的内容时,应如何解决法律适用的问题呢?在各国立法和司法实践中,有以下不同的解决办法。

1. 以法院地法替代

以法院地法替代是大多数国家采用的做法。当外国法不能查明事实,那么既可以推定为该外国法内容与内国法相同,也可以推定为当事人放弃了适用外国法的权利。此时,用法官最熟悉的法院地法替代是可行的。

2. 类推适用内国法

英美法系的国家在普通法系国家之间采用"类推"办法,"推定"适用发源地法。

3. 驳回当事人的诉讼请求或抗辩

当外国法不能查明时,法院有权拒绝受理当事人的诉讼请求或抗辩请求,作为无法查明外国法的解决办法或辅助解决办法。采取这种做法的国家主要是美国和德国。

4. 适用同本应适用的外国法相似或类似的法律

德国和日本曾有采取此种做法的判例。例如,第一次世界大战后,德国法院无法得到本应适用的《厄瓜多尔民法典》。但是,法院知道《厄瓜多尔民法典》是以《智利民法典》为模本的,因此认为适用与《厄瓜多尔民法典》相似的《智利民法典》比适用法院地法更适合。

5. 适用最密切联系国家的法律

这一方法实际上是对"适用辅助性连结点再次选择准据法"的具体运用。例如 1995 年通过,1998 年修正的《朝鲜涉外民事关系法》第 12 条规定:"根据本法被规定为准据法的外国法律不能证实其内容的,适用与当事人关系最密切的国家的法律。若无与当事人关系最密切的国家的法律时,适用朝鲜民主主义人民共和国法律。"

四、公共秩序保留

国际私法上的公共秩序主要是指法院在依自己的冲突规范本应适用某一外国法做准据法,或者在请求提供国际民事司法协助时,如果外国法适用的结果或者提供司法协助与法院国的重大利益、基本政策、基本道德观念或法律的基本原则相抵触,则可以拒绝或排除适用该外国法,或者拒绝提供司法协助的一种保留制度。[①]显然,公共秩序保留在外国适用与本国公共秩序相抵触时,起到了"安全阀"的作用。

---

① 李双元,欧福永. 国际私法[M]. 5 版. 北京:北京大学出版社,2018:139.

(一) 公共秩序保留的立法

公共秩序保留具有积极的一面,也有消极的一面。各国有关公共秩序保留的立法方式主要有三种:直接限制的立法方式、间接限制的立法方式和合并限制的立法方式。

1. 直接限制的立法方式

直接限制的立法方式是大多数国家立法采用的形式。在国际私法中明确规定,外国法的适用不得违背内国公共秩序,如果有违背,不得适用。例如,1948年《埃及民法典》第28条规定:"如果外国法的适用与埃及的公共秩序或善良风俗相抵触,则将排除依上述条款而适用的外国法。"

2. 间接限制的立法方式

间接限制的立法方式是立法明确规定内国某些法律规则为绝对强制性规范,且必须直接适用,从而表明它具有当然排除外国法适用的效力。例如,1999年修订的《法国民法典》第3条第1款规定:"有关警察与公共治安的法律,对于居住在法国境内的居民有强行力。"

3. 合并限制的立法方式

合并限制的立法方式是直接限制的立法方式与间接限制的立法方式的兼并,即在同一法典中,一方面直接规定某些法律条款具有绝对强行性,另一方面又规定有害公共秩序的外国法不予适用。例如,1978年《意大利民法典》第28条规定:"刑法以及警察和治安法拘束所有在意大利领土上的人。"第31条又规定:"尽管有前述各条的规定,外国国家的法律和法规、任何机构或实体的规则和规定或私人间的规定和协议,如果违背公共秩序或道德,在意大利领土上均无效力。"

(二) 公共秩序保留的运作

公共秩序保留是一个弹性条款,其最大特征是具有不确定性,主要取决于法官的自由裁量。因此在实际运作过程中,应注意以下问题:一是要注意区分国内公共秩序和国际公共秩序;二是援引公共秩序保留不应与他国主权相抵触,也不应与外国法的适用相混淆;三是应当慎用公共秩序保留条款来限制国际条约中的冲突规范的效力；四是排除外国法后的法律适用，可适用法院地法、密切联系国家的法律和拒绝审判。

第四节 国际民事诉讼

国际民事诉讼是由一国国内法院来审理涉外民事案件，但对于国际民事诉讼程序的调整不仅只依赖国内立法，也依赖一国参加或缔结的有关国际条约。

一、国际民事诉讼概述

国际民事诉讼程序也称涉外民事诉讼程序，是指一国法院在审理涉外民事案件时，法院、当事人和其他诉讼参与人所必需遵守的专门程序。为什么在审理国际民商事件或涉外民事案件时，要遵守国际民事诉讼程序呢？主要是因为：一国法院在审理涉外民商事件时，总是能遇到审理自己本国国内民商事件时所不会遇到的一些问题。例如，外国人在内国的民事诉讼地位如何、内国法院对涉外案件是否享有管辖权、向外国送达的法律文书在国外如何调查与取证、内国法院作出的判决外国是否承认与执行等。为妥善解决以上问题，顺利开展国际民事诉讼活动，一国法院进行民事诉讼程序一般要遵循以下四个基本原则。

(1) 国家主权原则。这是国际公法的首要原则，也是国际民事诉讼程序中最根本的原则，主要体现在四个方面：一是司法管辖权，即国家对其领域内的一切人和事，除国际法公认可以享有的豁免权外，都有权行使司法管辖权；二是司法豁免权，即根据国际法原则，国家行为及财产享有司法豁免权；三是诉讼程序依法院地法，即一国在其领域内审理涉外民事案件，除其缔结或参与的国际条约另有规定外，只适用本国的民事诉讼程序规范；四是任何外国法院的判决未经本国法院承认，在本国领域内不发生法律效力，得不到执行。

(2) 平等互惠原则。平等互惠原则是指在本国公民和法人在外国享受某种民事诉讼权利的条件下，给予该外国公民和法人以同等的民事诉讼权利；若外国对本国公民和法人的民事诉讼权利予以限制，则本国对该外国公民和法人在本国的民事诉讼权利予以对等的限制。这一原则的主要目的在于保证本国公民和法人在外国享有同等的民事诉讼权利，防止本国公民和法人在外国境内遭受歧视，同时也防止外国公民和法人在本国境内享有特权。

(3) 国民待遇原则。这一原则是外国人民事法律地位的一个重要组成部分，不仅广泛规定在各国的国内法中，也在有关的国际条约中得到普遍认可。在国际民事诉讼程序中，通常体现在外国人民事诉讼地位上。国民待遇原则是指一个国家把给予本国公民和法人的民事诉讼权利，也给予在本国境内的外国公民和法人。国民待遇原则与平等互惠原则密切相关。在实践中，各国为确保国人在外国能享受到国民待遇，一般都是在有条约规定和互惠的条件下给予外国人以国民待遇。

(4) 信守国际条约和参照国际惯例原则。这一原则主要是指一国法院在审理涉外民事案件时，无论其规定与国内法的规定是否相同，都应当尊重和信守国际条约的规定。对于国际惯例，只要不危害本国主权和安全、不违背本国的公共秩序，为增进国际交往起见，亦可考虑参照适用。

二、外国人的民事诉讼地位

外国人的民事诉讼地位是外国人在内国进行国际民事诉讼的前提，也是外国人民事法律地位的重要组成部分。

(一) 外国人的民事诉讼地位的概述

外国人的民事诉讼地位是指外国人在内国境内享有何种民事诉讼权利、承担何种民事诉讼义务。这里的外国人，主要包括外国自然人，也包括外国法人以及无国籍的人。外国人民事诉讼地位，世界各国普遍实行的是国民待遇原则，即外国人在内国，享有与内国人同等的民事诉讼地位。

外国人的民事诉讼地位在国际民商交往中有着十分重要的意义。首先，赋予外国人的民事诉讼地位是对外国人民商事主体给予司法保护的前提，若未赋予外国人一定的民事诉讼地位，则不存在司法保护之说；其次，赋予外国人民事诉讼地位是内国法院受理案件的前提，若未赋予外国人一定的民事诉讼地位，则内国法院无法受理案件；最后，赋予外国人民事诉讼地位是保障内国人在外国的民事诉讼权利的需要，这主要是基于对等原则，一国承认外国人在国内享有一定的民事诉讼地位和权利，内国人在外国法院诉讼时，其诉讼地位和权利也相应得到承认和保障。

(二) 外国人的民事诉讼能力

外国人的民事诉讼能力是外国人民事诉讼地位的重要组成部分，它直接关系到一个外国人是否有资格在内国开展或参与国际民事诉讼活动，能否作为民事诉讼当事人在内国法院起诉或应诉等问题。通常情况下，外国人的民事诉讼能力包括外国人的民事诉讼权利能力和外国人的民事诉讼行为能力。

外国人的民事诉讼权利能力是外国人在内国依法行使民事诉讼权利和承担民事诉讼义务的身份或资格。目前，大多数国家采用属人法原则来确定其是否具有民事权利能力。据此，若外国人依据其本国法不享有民事诉讼权利能力，那么他不能根据国民待遇原则要求在法院地国享有民事诉讼权利能力。

外国人的诉讼行为能力是外国人以自己的行为行使民事诉讼权利和承担诉讼义务的能力。对于这一能力的确定，各国一般采用属人法兼行为地法。可以说，民事诉讼行为能力与民事行为能力是相对应的，分为有诉讼行为能力和无诉讼行为能力。一般来说，有完全民事实体行为能力的人具有民事诉讼行为能力。

(三) 诉讼费用担保制度

诉讼费用担保制度，一般是指外国人或在内国未设有住所的人在内国法院提起诉讼时，法院依法责令其预先缴纳一定金额，以防止原告滥用其诉讼权利或败诉后拒不支付诉讼费用的义务。

之所以设立这样的制度，主要是因为国际民事诉讼的复杂性，为防止外国原告在法院判定应由其承担诉讼费用时不支付这笔费用，造成法院地国经济上的损失和诉讼资源上的浪费。这种制度主要针对的是具有外国国籍或住所在外国的原告，因此造成的后果是外国人在诉讼地位上与内国人的不平等的不利地位，是对外国人诉讼权利的一种限制。

(四) 诉讼代理制度

民事诉讼代理是指代理人基于法律的规定、法院的指定或诉讼当事人及其法定代理人的委托，以当事人本人的名义代为进行诉讼活动的一种制度。一般有委托代理和领事代理两种形式。

委托代理主要是律师代理。在各国的实践中，都允许参与国际民事诉讼的外国当事人委托律师代为进行诉讼。但基于一些考虑，往往只允许委托法院地国的律师而非外国律师，主要原因有两个：一是因为法院地国律师比外国律师更熟悉与精通法院地国的法律，从而能够更好地为当事人提供法律服务；二是因为诉讼是国家行使司法主权的活动，允许外国律师出庭，相当于让外国律师干预本国的司法活动，不利于维护内国私法主权。

领事代理是国际民事诉讼中的一种特殊代理制度，是指一国的领事可以根据驻在国的国内法和有关国际条约的规定，在驻在国法律规定的范围内，代表本国国民参与国际民事诉讼，以保护本国国民在驻在国的合法权益。领事代理与律师代理有所不同，主要区别如下：一是领事代理是领事官员的一种职权，既是他的权利，也是他的义务；二是这种委托无须当事人的特别委托；三是领事代理具有临时性，一旦当事人委托代理人或亲自参加诉讼，领事代理即告终止。

三、国际民事诉讼管辖权

国际民事诉讼管辖权不仅为各国立法者和司法者所关注，也为当事人所重视。确定国际民事诉讼管辖权的法律依据是国际条约和国内立法。也就是说，为确保国际民商秩序的正常运作，需要国家通过立法或缔结国际条约的方式来合理解决管辖权问题。

(一) 国际民事诉讼管辖权的概念与意义

国际民事诉讼管辖权，是指一国法院或具有审判权的其他司法机关受理、审判具有国际因素的民商事案件的权限。[①]

涉外民事案件通常会涉及两个或两个以上的国家或地区，那么涉外民事诉讼就会面临该案件应由哪一个国家或地区的法院管辖的问题。无论是在国际私法还是国际公法中，国际民事管辖权都具有十分重要的意义。首先，国际民事管辖权是国家主权的体现。根据国际公法的国家主权原则，国家对国际民事诉讼管辖权的调整是一国主权范围内的事情，换言之，国际民事管辖权是国家主权在国际民事诉讼领域的延伸和体现。其次，管辖权的确定是一国法院受理和审判案件的前提。最后，对国际民事管辖权的确定直接影响案件审理的结果。各国的实体法、程序法和冲突法不同，根据不同法院地国家的冲突规范可能导致适用不同的实体法，从而影响当事人的实体权利义务关系。

---

① 李双元，欧福永. 国际私法[M]. 5版. 北京：北京大学出版社，2018：361。

(二) 国际民事诉讼管辖权的分类

国际民事诉讼管辖权可以按照不同的标准从不同的角度进行分类。

1. 以领土为标准或以国籍为标准分类

以领土为标准或以国籍为标准,可以分为属地管辖权和属人管辖权。

属地管辖权侧重于法律事实或法律行为的地域性质或属地性质,强调涉外民事案件的一切人和物、法律事件和行为位于一国领域内,除享有私法豁免权外,该国对该案享有管辖权。

属人管辖权侧重于诉讼当事人的国籍,强调一国法院对于其本国国民参与的诉讼,无论是原告还是被告,无论地处国内还是国外,都行使管辖权。

2. 根据管辖权的性质和适用范围分类

根据管辖权的性质和适用范围,可以分为一般管辖权和特殊管辖权。

一般管辖权是对一般国际民商事案件都适用的管辖原则。特殊管辖权是根据国际民商事案件的特殊性质确定管辖权的规则。

3. 根据管辖权的强制性分类

根据管辖权的强制性,可以分为专属管辖权和任意管辖权。

专属管辖权是有关国家对一定的国际民商事案件无条件地保留受理和裁判的权利,排除其他国家的法院对这类案件行使管辖权。专属管辖权是一种独占和排他的管辖权。一般来说,各国也尊重他国的专属管辖权。

任意管辖权是对一国重大政治经济利益关系并不密切的国际民商事案件,各国规定既可由内国法院管辖,又可由外国法院管辖。也就是说,在任意管辖的情况下,原告可依法选择管辖法院。

4. 根据管辖权的产生分类

根据管辖权的产生,可以分为法定管辖权和协议管辖权。

法定管辖权是以国内立法或国际条约中的规定为根据行使管辖权。显然,法定管辖权是以法律为依据的一种管辖权。

协议管辖权是根据当事人的选择或默示同意将他们之间的争议交给某国法院

管辖而行使的管辖权。协议管辖原则的理论基础是当事人意思自治原则。

四、国际民事司法协助

国际民事司法协助是各国为克服国际民事管辖权的障碍，实现司法领域的协调与合作，保障国际民事诉讼活动的顺利进行及有效解决国际民商事争议的一项重要制度。

(一) 国际民事司法协助的概念与依据

国际民事司法协助，一般是指在国际民事诉讼中，一国司法机关应另一国司法机关的请求代为进行某些诉讼行为。但是对于司法协助包含哪些内容，国际上的理解并不一致，主要有狭义和广义之分。狭义的理解认为司法协助仅仅是送达司法文书、询问证人和收集证据。日本、德国、英国和美国等国的学者多持此观点。广义的理解认为，除了狭义所包括的司法协助外，还包括对外国法院的判决和外国仲裁裁决的承认和执行。意大利、法国等国的学者多持此观点。

从各国的立法和实践来看，国际民事司法协助一般都是以国际条约和互惠原则为依据而进行的。国际条约包括双边条约和多边条约，主要是有关国际民事司法协助的国际条约，它是各国相互间提供国际民事司法协助最为明确和可靠的依据。在没有相关国际条约的情况下，国与国之间开展国际民事司法协助主要依靠的是互惠原则。通过彼此互惠，以保证彼此能够真正在平等互利的基础上有效地相互提供国际民事司法协助。

(二) 国际民事司法协助的途径

目前，国际社会主要通过以下几个途径传递国际民事司法协助请求书，实施国际民事司法协助[①]：①请求法院和被请求法院之间通过外交途径，并在各自国家司法部参与的情况下进行联系，其程序是：请求法院—本国司法部—本国外交部—被请求国外交部—被请求国司法部—被请求法院；②通过领事渠道来实施，其程序是：请求法院—请求法院国在被请求国的领事—被请求法院；③通过司法部与有关国家的司法机构直接联系，其程序是：请求法院—请求国司法部—被请求法院；④通过有关国家司法部之间的直接联系；⑤通过中央机关之间的直接联系；

---

① 李双元，欧福永. 国际私法[M]. 5版. 北京：北京大学出版社，2018：393。

⑥提出请求的法院与接受请求国的中央机关之间的直接联系；⑦有关国家法院之间的直接联系。

(三) 国际民事司法协助的履行

根据一般的国际实践和国内法的规定，履行外国法院委托的程序适用履行地国家的法律规定。例如，1995 年《意大利国际私法制度改革法》第 71 条第 3 款规定，送达文书应遵循意大利法。尽管国际社会确立了国际民事司法协助适用被请求国法律的一般原则，但一国法律若请求某种特殊方式履行委托的，其请求的特殊方式不得与被请求国法律或公共秩序相抵触。

此外，被请求国若遇有以下情况之一，可以拒绝履行：①委托送达违反国内法或有关国际条约所规定的必要程序；②对委托文件的真实性有怀疑的；③委托履行行为根据被请求国的法律，不属于内国司法机关的职权范围；④委托履行的行为与被履行地国家的主权和安全不相容；⑤委托履行的行为是履行地国家法律所禁止的诉讼行为；⑥两国间不存在互惠关系。

第五节 国际商事仲裁

虽然许多国家都把通过诉讼解决民事争议作为最具有效力的一种程序，但还有一些可供选择的民事争议解决方法，比如国际商事仲裁法。本节将对国际商事仲裁法的概论、仲裁庭的组成及管辖权限、仲裁程序、裁决与执行做简单的介绍。

一、国际商事仲裁法概论

调整国际商事关系的法律规范的总称就是国际商事仲裁法。那么，什么是国际商事仲裁？它有什么特征？它的性质是什么？有什么协议？

(一) 国际商事仲裁的概念、特征和种类

国际商事仲裁，一般是指当事人通过合意、自愿将有关的国际商事争议提交给第三者，即仲裁员或公断人进行审理并依据法律或公平原则作出对双方当事人均有拘束力的裁决的一种争议解决制度。①

---

① 李双元，欧福永. 国际私法[M]. 5 版. 北京：北京大学出版社，2018：452。

国际商事仲裁与国际民事诉讼有本质的区别，它主要具有以下几个特征：①国际商事仲裁是一种解决国际商事争议的法律制度；②国际商事仲裁是本着自愿或合意的态度解决争议；③仲裁解决有较强的自主性和灵活性；④国际商事仲裁是由第三方来解决争议，从而区别于当事人双方直接和解；⑤仲裁具有法院判决相同的法律效力。

依据不同的标准，国际商事仲裁可以做不同的划分。例如，按照协议主体的法律地位的不同，国际商事仲裁可以分为不同国家的国民之间的商事争议仲裁、不同国家之间的商事争议仲裁和国家与不同国民之间的商事争议仲裁；按照仲裁机构的组成形式，可分为临时仲裁和机构仲裁；按照仲裁是否以法律做出裁决为标准，可分为依法仲裁和友好仲裁。

(二) 国际商事仲裁协议

国际商事仲裁协议是指当事人双方合意将他们之间已经发生或将来可能发生的国际商事争议提交仲裁解决的一种协议。国际商事仲裁协议通常有两种表现形式：仲裁条款和仲裁协议书。仲裁条款往往体现在双方当事人签订的条约或合同中，即双方当事人签订的合同或条约载有将来可能发生的争议提交仲裁解决的条款。仲裁协议书是当事人订立已经发生的争议提交仲裁解决的协议。仲裁协议书往往是争议发生后，双方当事人无法自行协商解决时，为寻求仲裁解决而共同协商签订专门协议。

国际商事仲裁协议一般包括提交仲裁的合意和事项、仲裁地点、仲裁机构、仲裁规则、裁决的效力五个方面的内容。除此以外，仲裁协议还可以视具体情况规定其他内容，如仲裁的提起、仲裁员的任命、仲裁庭的权限、仲裁费用的承担等。

二、仲裁庭的组成及管辖权限

国际商事仲裁离不开仲裁庭，那么仲裁庭是如何组成的？它的组成是否适当？

(一) 仲裁庭的组成

根据组成仲裁庭的仲裁员人数的不同，可以组成不同的仲裁庭。仲裁庭成员人数允许有一位，或两位，或三位及三位以上人员组成。其中一位仲裁员的称为独任仲裁庭；两位仲裁员的称为二人仲裁庭；三人或三人以上的仲裁员的称为仲裁庭。在国际商事仲裁实践中，常见的仲裁庭是独任仲裁庭和仲裁庭。那么，什么样的人可以做仲裁庭的成员呢？对于这一点，法律本身并没有严格的限制，通常情况下，凡是具有完全行为能力的人，包括本国人和外国人，都可以被指定为仲裁员。

（二）仲裁庭的自裁管辖原则

仲裁庭的自裁管辖原则是仲裁庭有权对仲裁协议的有效性及管辖权作出决定的原则。在国际商事仲裁实践中，仲裁管辖的主要依据是当事人之间存在着将他们业已发生的争议通过仲裁解决的有效的仲裁协议。因此，从某种意义上说，仲裁管辖与仲裁协议的有效性问题是一个问题的两个方面。也就是说，如果是有效的仲裁协议，仲裁庭就可以获得管辖权；相反，如果是无效的仲裁协议，那么仲裁庭就不能获得相应的管辖权。那么仲裁协议的效力如何界定？

一般情况下，有效的仲裁协议涉及以下四个方面：一是仲裁协议形式是合法的，仲裁协议必须采用书面形式；二是双方当事人确定提交的仲裁协议是一致的意思表示，而不是一方当事人通过欺诈、强迫等方式迫使另一方当事人接受此项协议；三是双方当事人具备合法的资格和能力，即具备相关的行为能力，若当事人是无行为能力者，那么仲裁协议无效；四是争议事项具有可仲裁性，即争议事项必须是按照有关国家的法律通过仲裁方式可解决的事项。

认定国际商事仲裁协议有效性的机构，按照国际上的规则，大致有两种：一是仲裁机构，二是法院或被请求承认的和执行裁决的主管机关。

三、仲裁程序的内容

仲裁程序是指在国际商事发生争议的时候，一方当事人申请仲裁时起到作出终局裁决的这一过程中，当事人、仲裁机构、仲裁员和其他仲裁参与人应遵循的程序。仲裁程序一般包括以下内容：仲裁申请与受理、仲裁庭的组成、仲裁审理、仲裁裁决。

（一）仲裁申请与受理

当事人就其仲裁协议项下的事项发生争议，若无法自行解决，可将该争议提交仲裁解决。率先提出仲裁的一方为仲裁申请人。它是开始仲裁程序最初的法律步骤。一般而言，仲裁申请书应包括以下内容：①申请人与被申请人的姓名和地址；②仲裁要求及其所依据的仲裁协议；③仲裁请求所依据的事实和理由等。

仲裁机关在收到申请人提交的仲裁申请书及相关材料后，进入初步审查并决定是否立案审理。一般来说，审查事项包括以下内容：①仲裁条款或仲裁协议是否有效，该仲裁机构是否享有管辖权；②请求仲裁事项是否属于仲裁协议的范围之内或是否能进行仲裁；③是否超过仲裁时效；④仲裁申请人和被申请人的名称是否和仲裁协议上的当事人名称相一致等。若审查合格，则正式受理，否则会将材料退回申请人并说明不予受理的理由。

（二）仲裁庭的组成

仲裁机构仲裁案件不是仲裁委员会直接进行仲裁，而是通过仲裁庭实现的。仲裁庭行使仲裁权基于当事人的授权。仲裁庭由仲裁员组成，所以仲裁员的选定或指定在仲裁程序中是很关键的部分。仲裁员应具备完全的行为能力，且不得与一方当事人有亲属或利害关系。

仲裁庭的组成有两种形式。一是合议仲裁庭，即由三名仲裁员组成的仲裁庭。当事人约定由三名仲裁员组成仲裁庭时，应当由争议各方各指定一名仲裁员，第三名仲裁员为首席仲裁员，由当事人共同选定或共同约定的第三者指定。二是独任仲裁庭，即由一名仲裁员组成的仲裁庭，是由当事人共同选定或共同委托仲裁机构指定。

（三）仲裁审理

国际商事仲裁的审理方式主要有两种：一是口头审理；二是书面审理。

按照一般仲裁规则的规定，仲裁审理通常采用口头审理即开庭审理的方式进行，让双方当事人对案件的事实情况进行面对面审理，给予充分的机会陈述其各自的意见。对于案情比较简单的案件或者双方当事人要求不开庭审理的情形，仲裁庭也可以采用不开庭的方式，即书面审理方式来进行，仲裁庭根据当事人提交的有关书面材料和证据，对案件的事实情况进行审理。无论是口头审理还是书面审理，都应当给当事人充分表达其各自意见的机会。

（四）仲裁裁决

仲裁裁决是国际商事仲裁庭在仲裁或审理的最后，对事项或当事人交付仲裁的争议事项所作出的结论性意见。根据多数仲裁规则的规定，仲裁裁决是根据多数仲裁员的意见作出，采用书面形式，并应当附具理由。经仲裁员签字后向当事人双方送达。裁决一经作出即发生法律效力。

四、仲裁裁决及其承认与执行

在国际商事仲裁中，大多数裁决都会得到当事人的自觉履行，但也存在败诉方拒绝履行的情况。这种情况下，胜诉方可申请法院承认与执行。国际商事仲裁裁决的承认与执行一般分两种情况：一是内国仲裁裁决的承认与执行；二是外国仲裁裁决的承认与执行。

（一）仲裁裁决的类型

仲裁裁决是仲裁庭就双方当事人所争议的事项作出的裁断。一份比较完整且规范的仲裁裁决书应当包括以下内容：首先是仲裁申请人向仲裁机构提交仲裁申请及其仲裁协议，并应当说明适用的仲裁规则、仲裁庭组成的基本情况、申请书和答辩书的送达情况、开庭审理时间地点、双方参庭情况等；其次是完整的裁决书，包括基本案情的描述、仲裁庭意见的阐述、仲裁裁决的结果、仲裁员的签名及仲裁机构的盖章。

根据仲裁庭作出裁决时间的不同，可以分成先决裁决、中间裁决或部分裁决、终局裁决、追加裁决、和解裁决这几种类型。

（二）内国仲裁裁决的承认与执行

内国仲裁裁决既包括国内非涉外仲裁裁决，也包括内国的国际商事仲裁裁决。大多数国家对内国的国际商事仲裁裁决在内国的承认与执行的条件和程序，与国内非涉外仲裁裁决适用完全相同。

从各国仲裁立法和实践来看，申请承认与执行内国仲裁裁决的程序如下：由一方当事人申请，法院收到申请书后开始进行审查，经审查后裁定承认其效力，而后对需要执行的发送执行令，由内国法院予以强制执行。

那么，仲裁裁决可以撤销吗？回答是肯定的。若仲裁裁决所依据的仲裁协议无效，或者由于仲裁程序不当，或者仲裁庭越权，或者仲裁庭的组成与当事人约定或应当适用的法律不符时，只要申请人提供的证据可以证明这些情形，法院是可以撤销仲裁裁决的。

(三) 外国仲裁裁决的承认与执行

外国仲裁裁决的承认与执行是含有涉外因素的民商仲裁裁决在国际上的相互承认与执行。由于仲裁裁决须经法院承认和执行，各国一般都将外国仲裁裁决的承认与执行纳入了国际民商司法协助的范围。由此，承认与执行外国仲裁裁决的依据是执行地国缔结或参加的双边或多边国际公约。目前，最具影响力的主要是1958年的《纽约公约》。

《纽约公约》第4条规定了承认与执行外国仲裁裁决应提交的条件，即申请人只要向执行地国的法院提交仲裁协议公证的裁决书的正本或经认证的副本，以及仲裁协议的正本或经公证的副本。如果裁决书或协定所用文字非援引裁决地所在国的正式文字，则申请人应提供译文，该译文应由公设或宣誓的翻译员或外交或领事人员认证。

《纽约公约》的第5条规定了拒绝承认与执行外国仲裁裁决的理由，主要包括以下两大类：①申请人提出证据证明以下情况：仲裁协议当事人依对其适用的法律为无行为能力者，或该项协议依当事人作为协议准据的法律系属无效，或未指明以何种法律为准时，依裁决地所在国法律系属无效；被申请人未能得到关于指定仲裁员或进行仲裁程序的适当通知，或者由于其他缘故未能陈述其案情的；裁决事项超出仲裁协议规定范围，但如果关于仲裁协议范围内事项的决定可以同关于仲裁协议范围外事项的决定分开，则该部分决定仍可予以承认与执行；仲裁庭的组成或仲裁程序与当事人的协议不符，或无此约定，与仲裁地国的法律不符；裁决对当事人尚无约束力，或已由裁决作出地国或裁决所依据法律所属国的主管机关撤销或停止执行。②若争议事项不具有可仲裁性，或承认与执行此项裁决和法院地国的公共政策相抵触，那么法院依职权主动拒绝承认与执行该仲裁裁决。

思 考 题

1. 国际私法的基本原则是什么？
2. 什么是法律冲突？冲突法解决方法是什么？
3. 涉外民事关系法律适用的原则有哪些？
4. 管辖权的确定在国际民事诉讼中有什么意义？

第六章

当代中国法制

　　法治与人治的问题,并不是新鲜的时代问题。早在古希腊时期,亚里士多德就说过"法律之治优于一人之治",但在古代世界中,人治国家却是更普遍的政治存在。人类社会发展到今天,现代文明社会已经形成共识,几乎所有的国家都选择了法治,可以说,从人治走向法治是法律文明演进的历史必然规律。

第一节　法治原理

　　法治就是"法的统治",是一种贯彻法律至上、严格依法办事的治国原则和方式。它要求作为反映社会主体共同意志和根本利益的法律具有至高无上的权威,并在全社会得到有效的实施、普遍的遵守和有力的贯彻。法治作为一种先进的治国方式,要求整个国家及社会均依法而治,即管理国家、治理社会,是凭借法律这种公共权威而不是靠任何人格权威,不是靠掌权者的威严甚至特权,不依个人意志为转移。

一、法治释义

　　在西方,法治思想有很悠久的历史渊源,古希腊的柏拉图和亚里士多德已经提出"法治"概念并阐述其思想,之后历代思想家都未曾停止对这一命题的阐述和探讨。由于法治思想内涵的博大精深,许多论著都没有直接、简单地对"法治"进行定义,对法治的核心意义也存在巨大分歧。近代以来,随着法治思想的逐渐成熟和法治制度的逐步建立、完善,人们对法治有了更深的认识和理解。

　　从中世纪中后期开始,英国就形成了"法的统治"或者"法律主治",即"the Rule of Law"的概念。而在近代德国,则逐渐形成了"the Rule by Law"的概念,意为"依法施政"或者"依法而治",也即法治国的概念。从某种意义上说,"法的统治"是一种实质法治的理念,强调法律至上,即无论是"治者"还是"被治者"都必须遵从法律,因而有"法大于国家"的内在取向;"法治国"则是一种形式法治的理念,强调"依法而治",即通过依法治理来维护社会秩序,因而具有"国家大于法"的内在取向。

在古代中国,先秦法家曾在与儒家进行论争时,阐发过"法治"思想,主要是针对儒家的"礼治"和"德治"思想而言的,强调国家的治理活动主要靠法律,而不能主要靠礼制和道德,但这种"法治"是君在法上的,与主要是约束"统治者"的近代法治是不可同日而语的。

法治与"善"的观念相类似,可以是一种治国方略,可以是一种理性的办事原则,可以是一种民主法制模式,也可以是一种法律精神。总之,法治是以制约权力,保障自由和权利为核心的价值取向,以法律制度为主导的调控形式,以普遍法律规则为根本行为尺度及生活准则的国家—社会治理方式、运行机制和秩序形态。它旨在强调权力制约、权利保障、"良法至上"和司法独立,特别是强调无论是国家元首还是普通民众,都必须受法律的同等约束,因此它必然是以民主体制为前提的,是与人治相对立的。

二、法治国家的形成与发展

人类很早就进行了法治的理论思考,但是法治作为一种现实制度,作为一种生活方式却是在近代出现的。经过17、18世纪资产阶级"市民社会"革命,英美和欧洲大陆国家相继建立起了近代法治,表现模式包括以英国"法的统治"为代表的社会优位型法治模式和以德国"法治国"为代表的国家优位型法治模式。

社会优位型法治模式意味着国家和社会事务及人们的活动都必须接受且只接受理性、正义之法的统治,但进行统治的法律必须是正义的、优良的,这样的法律才能获得遵守。"法的统治"就是"良法之治",这就形成了注重法律价值和实质要件的实质意义上的法治。"法治国"的理论主张国家依法进行统治或依法施政,主要强调法律的实施,并不过多考虑法律是良还是恶,认为只要是法律就应该遵守、执行,实施了法律就是依法治国,因而形成了注重法律的形式要件,很少追问法律价值的"形式意义上的法治"。这两种模式从19世纪末20世纪初开始出现相互接近的倾向,今天我们所讲的"法治国家"简单地说就是指主要依靠正义之法来管理国家与管理社会，从而使权力与权利得以合理配置的社会状态。法治国家的实质标志也就是法治国家的实质要件，是依据法治的精神所形成的法治原则以及由这些原则所组成的法律制度，具体地说就是法律对待公共权力、国家责任、个人权利、公民义务的原则和制度。

三、建设社会主义法治国家

人类历史既有普遍的演进规律，又有各自的多元化发展进程，以西欧为代表的西方国家与中国等东方国家具有明显的不同。中国是一个具有五千年文明史的古国，中华法系源远流长，早在公元前21世纪，中国就已经产生了奴隶制的习惯法。春秋战国时期(公元前770—公元前221年)，中国开始制定成文法，出现了自成体系的成文法典。唐朝(618—907年)时，中国形成了较为完备的封建法典，并为以后历代封建王朝所传承和发展。中华法系成为世界独树一帜的法系，古老的中国为人类法制文明作出了重要贡献。在封建专制时代，中国并没有严格意义上的近代法治思想和社会实践。晚清以来，梁启超等进步思想家和改革家才开始从西方引入法治观念，认为"法治主义，为今日救时唯一之主义"，此后的戊戌变法、清末改制等也曾提出过法治主张。中华民国时期，中国曾在"三民主义"精神指导下探索过法治之路，但是由于受到当时政治、经济、文化、国际环境等因素的制约和局限，未能取得成功。

中华人民共和国成立后，中国开始了大规模法制化建设进程，大致经历了四个阶段：

(1) 第一阶段是法制的创始奠基时期(1949—1957年)。中华人民共和国成立后，中国政府相继颁布了一系列法律、法令，从此拉开了中国法制建设的序幕。这时的主要任务是废旧立新，仿照苏联法制模式，探索中国社会主义法制建设道路，并为巩固政权、管理经济和社会服务。

(2) 第二阶段是曲折探索时期(1957—1976年)。这一阶段，政治思维取代了法律思维，中国的法制建设经历曲折和反复。

(3) 第三阶段是恢复和重建阶段(1977—1997年)。这一阶段，中国政府颁布了大量基本的、重要的法律法规，初步建立起社会主义市场经济法律体系，政治生活日益民主化、制度化，司法制度不断健全和完善，法制观念也不断强化和传播，为社会主义法治国家建设奠定了良好基础。

(4) 第四阶段是深入发展阶段(1997年至今)。1997年9月，中国政府把"依法治国，建设社会主义法治国家"确定为治理国家的基本方略；1999年，把"实行依法治国，建设社会主义法治国家"写入宪法。从此，中国的法制建设进入了深入发展阶段。

(一) 建设法治国家的现实基础条件

改革开放后，中国政府一直致力于建设法治国家，目前已经具备了法治国家建设的现实基础条件。

(1) 市场经济是法治国家的经济基础。商品经济、市场经济的特点是商品交换、社会分工和利益分化程度高，不仅产生较多的法律需求，也产生自由、平等、正义和权利等价值追求，这些价值追求就构成了法治精神和理念的核心与源泉，进而成为法治生成的重要推动力，成为法治国家的经济基础。

(2) 民主政治是法治国家的政治基础。民主政治是现代社会文明的重要标志，它消除了专制统治，把国家权力交还给人民，并服从服务于社会公众的自由和权利。民主政治所产生的分权制约、自由和权利保障、民主参与、合宪性审查，都是推动法治的重要动力和基础，没有民主政治就会重蹈人治覆辙，法治就难以建立起来。

(3) 理性文化是法治国家的文化基础。人类社会既有非理性的成分，也有理性的发展，人类社会的发展历史是不断地从野蛮、愚昧、无知、迷信走向文明、开化、知识、科学，从神治、人治、德治走向民主和法治，在这个过程中，非理性文化逐渐被理性精神和文化所取代，理性文化倡导科学民主、自由平等观念和人权信念、规则秩序，从而成法治国家的精神源动力。

(二) 社会主义法治国家的建设成就

从改革开放至今，中国的法治国家建设取得了非常大的成就，具体表现在以下几个方面。

(1) 确立了依法治国基本方略。实行依法治国，建设社会主义法治国家，成为国家基本方略和全社会共识。以依法治国为核心内容、以执法为民为本质要求、以公平正义为价值追求的社会主义法治理念逐步确立，全社会法律意识和法治观念普遍增强，自觉学法、守法、用法的社会氛围正在形成。

(2) 以宪法为核心的中国特色社会主义法律体系基本形成。在现行的由全国人民代表大会表决通过的《中华人民共和国宪法》的基础上，制定并完善了一大批法律、行政法规、地方性法规、自治条例和单行条例，法律体系日趋完备，国家经济、政治、文化和社会生活的各个方面基本实现了有法可依。立法的科学化、民主化水平和立法质量不断提高，法律在促进经济社会发展、维护社会公平正义、保障人民各项权利、确保国家权力正确行使等方面的作用不断增强。

(3) 人权得到可靠的法制保障。在通过经济社会发展改善人民的生存权和发展权的同时，中国政府高度重视通过宪法和法律保障公民的基本权利与自由，依法保证全体社会成员平等参与、平等发展的权利。

(4) 促进经济发展与社会和谐的法治环境不断改善。中国建立健全了一系列促进经济发展、维护市场秩序、实现社会公平正义的法律和制度，初步建立了社会主义市场经济的法律制度，以社会保险、社会救助、社会福利为基础，以基本养老、基本医疗、最低生活保障制度为重点，以慈善事业、商业保险为补充的社会保障体系不断完善。

(5) 依法行政和公正司法水平不断提高。通过建立健全行政执法和司法的组织法制和工作机制，保证了行政和司法机关按照法定权限和程序行使权力、履行职责。行政立法和制度建设进一步加强，各类公开办事制度不断完善，法治政府建设不断推进。

(6) 对权力的制约和监督得到加强。不断建立健全决策权、执行权、监督权，建立既相互制约又相互协调的权力结构和运行机制。目前，已建立起比较完善的监督体系和监督制度，监督合力和实效不断增强。中国各级人民代表大会及其常委会依法对本级人民政府和人民法院、人民检察院、监察委员会进行监督。人民政协充分发挥民主监督作用，监督行为逐步制度化、规范化。公众和新闻舆论对政府及司法工作的监督渠道不断拓宽。质询、问责、经济责任审计、引咎辞职、罢免等制度的日益健全，保证了对国家公务人员的监督有力、有效。

(三) 中国社会主义法治国家的建设目标

中国还在努力建设法治国家，这不是一个简单的、一蹴而就的过程，而是要立足中国本土的实际需要，借鉴世界各国法制建设的基本经验，进行更多的努力、探索和创新，才能有效地逐步实现法治国家的建设目标。总体来说，中国法治国家的建设目标包括：建立和完善权力制约、权利保障的民主制度与运行机制；建立和完善公众的立法参与、法律的正义价值取向和理性化的法律体系；建立和健全公正的执法司法体系和运行机制；确立普遍有效的法治精神和信念；建立多样化的规范秩序和纠纷解决机制。

总之，建设社会主义法治国家是一项困难而长期的历史任务，也是一项涉及众多复杂问题的系统工程，只有实现了这些目标，法治国家才能真正建立起来。

第二节 法律体系

在成文法国家，法律是由各种具体的法律性文件组成的，每个法律性文件都包含若干法律条款。每个国家的法律性文件和法律条款有多少？这是一个很难精确统计的数字。以中国为例，尽管中国的各类法律性文件还算不上是世界各国中最完备、最丰富的，但也有两万件以上，其中所包含的条款有几十万条之多。数量如此巨大的法律性文件和条款如果是杂乱无章地聚集在一起的，法律的实施和适用就会成为极其困难的事情。因此，各个国家都特别注重法律的体系化，法律的体系化包括许多方面的工作，法律门类或法律部门的划分就是其中重要的内容。

一、法律体系概述

在法学文献中，实证法学意义上的法律体系有以下两种常见的使用方式。

第一，是指称某一类法律规范的体系，如英国的判例法体系、衡平法体系和制定法体系，中国的民事法律体系、行政法律体系等。

第二，是指称某一国度或区域所实施的法律规范的总和，此种意义上的法律体系可以定义为存在于一个法域中的由各种现行有效的法律规范所组成的有机整体，是以各种法律渊源表现出来的法律规范体系，其纵向结构表现为法律层级，横向结构表现为法律门类。本书即在此种意义上使用法律体系的概念，在法律体系的定义中，使用了法域、法律渊源、法律层级和法律门类等概念。

法域是一个多义词，较为常见的使用方法是指称法律适用的地域范围，这又包括两类情况：法律规范的法域和法律体系的法域。大致而言，法律规范的法域与法律制定机关所管辖的地域范围是一致的，在没有特殊限定或特别授权的情况下，国家中央机关制定的法律规范适用于国家全境，而地方国家机关制定的法律规范则只能适用于该地方区域,超出特定区域者便不再具有法律约束力。考虑到这一点,本书在此只讨论中国内地的中国特色社会主义法律体系。

法律体系是由一个国家或者社会的全部现行有效的法律规范和法律原则依照其所调整的社会关系与社会行为类别的特殊性质所产生的内在逻辑联系,分类组合为不同的法律部门,从而使法律表现为具有内在联系的统一整体的结构形式。法律体系的内容是一个国家的全部现行法律规范,应当是法律部门有机整合而形成的结构性体系。法律体系应当门类齐全、结构严密、内在协调。

二、法律部门

(一) 法律部门的基本含义

法律部门又称部门法,是根据一定的原则和标准划分的同类法律规范的总称,它是法律体系的构成单位。例如,民法就是一个国家中所有调整民事关系的法律规范的集合,刑法就是所有规定犯罪与刑罚问题的法律规范的集合。概括而言,法律部门与法律体系是局部与整体的关系,法律体系是一个国家法律的整体,法律部门是这一整体的构成单位。在这个意义上,法律体系就是法律部门体系,法律部门在法律体系中居于基础与核心地位。

(二) 法律部门的特征

法律部门的特征如下。

(1) 一个法律体系的所有部门法是统一的,各个部门法之间是协调的。每个部门法都统一于整个国家的宪法基础之上,它们之间相互协调,相互配合,共同构成一个国家和谐有序的法律体系。

(2) 各个部门法又是相对独立的,它们之间的内容是相异的。一个国家的各个法律部门是各不相同的,相对自成一体。与其他法律部门相比,它们之间在内容上是相异的。

(3) 各个法律部门的结构和内容基本上是确定的,但又是相对的和变动的。因为人们对其划分的原则和标准不会完全相同,社会关系和法律规范又只是相对稳定的,那么部门法及其结构和内容的变动就是不可避免的。

(三) 划分法律部门的标准

(1) 法律所调整的社会关系种类应该是划分部门法的首要的、第一位标准。众所周知，法律是调整社会关系的，每个法律规范的制定都是对于某一社会关系的规定，就要按照法律调整的社会关系的性质和种类不同来划分法律部门。例如，调整财产关系和人身关系的划归民法，调整行政关系的划归行政法，调整商业关系的划归商法，调整劳动关系的划归劳动法等。

(2) 社会关系的法律调整的机制是划分部门法的第二位标准。仅仅利用法律调整的社会关系的种类和领域来划分法律部门，不能解决法律部门划分的全部问题，也就是说对于一些法律很难按社会关系予以划分，例如按照社会关系类别，对于刑事法律，就无法将它列入哪一个法律部门，还需要利用法律调整机制来对法律进行划分。法律调整机制是指整个法律调整系统的结构、功能、各个组成部分之间的关系，以及发生作用的过程和方式。

划分法律部门时，仅利用一个标准是不够的，利用两个标准有时也是不够的，比如利用法律调整社会关系领域和法律调整方法，就无法区分开作为都是经济关系的民法和经济法部门，这时就需要加入一个法律所调整的法律关系主体之间的地位和关系，就是说如果法律关系主体之间是平等主体之间的财产关系的，就划归为民法部门；非平等关系，即有某种在国民经济系统中有着管理和被管理关系的，就划归为经济法。这是由于同一个对象(社会关系)可以用不同方法予以调整，而不同的对象可以用同一个方法调整(例如，刑法就是利用刑罚的方法对许多社会关系进行法律调整)。

三、当代中国的法律部门

中国近现代意义上的法律体系和法律部门是从清末产生的。1840年鸦片战争之后，中国的社会性质发生了很大变化，清政府的司法主权受到破坏，随着西方思想和文化的渗入，清政府在内外压力下被迫进行自上而下的修律变革，历史上称"清末修律"。1900—1911年分别制定、颁行或起草了有关宪法、刑法、民法等方面的法典和法规，形成近代中国法律体系的雏形。至中华民国国民政府成立时期，形成了包括宪法、民法、商法、刑法、民事诉讼法和刑事诉讼法在内的较为齐备的法律部门体系，即"六法全书"。1929年之后，中国立法采用"民商合一"原则,"六法"有宪法、民法、刑法、民事诉讼法、刑事诉讼法、行政法。1949年中华人民共和国成立后,废止了"六法全书",发展至今初步形成了具有中国特色的社会主义法律体系。当代中国法律体系以宪法为核心的各法律部门如下。

(一) 宪法部门

宪法部门是法律体系中最重要的法律部门,是法律体系的主导和基础。宪法是规定国家和社会的根本制度,公民的基本权利和义务,各主要国家机关的地位、组织和活动原则等重大社会关系的同类法律规范的总称。宪法作为一个法律部门,在一国法律体系中处于特殊的地位,起着特殊的作用。

中国的宪法部门,由 1982 年 12 月 4 日第五届全国人大常委会第五次会议通过的《中华人民共和国宪法》(后经 1988 年、1993 年、1999 年、2004 年、2018 年五次修正)和其他宪法性文件构成,包括国家机关组织法,选举法和代表法,国籍法,特别行政区基本法,民族区域自治法,公民基本权利和义务法,法官法,检察官法,立法法和授权法,村民、居民自治法,其他宪法性法律等。

(二) 行政法部门

行政法部门是指关于规范和调整国家行政管理活动的法律规范的总称。它由调整行政管理活动中国家机关之间,国家机关同企事业单位、社会团体和公民之间发生的行政关系的规范性法律文件组成。行政法主要包括关于行政管理体制,行政管理基本原则,行政机关活动的方式、方法、程序,以及有关国家机关工作人员的法律规范,如行政组织法、公务员法、行政处罚法、行政程序法、教师法、高等教育法等。

(三) 民商法部门

民商法由民法和商法两部分构成。民法是指调整平等主体的自然人之间、法人和非法人组织之间的财产关系和人身关系的法律规范的总称。中国已有统一的民法典,民事立法采取法典的形式。

根据概念可知,适用于民事法律规范的法律关系主体的地位是平等的,财产关系是指包括以财产所有权为主的物权、债权、继承权、知识产权关系;人身关系是指无直接财产内容,但可以成为取得财产权利的前提,与人身不可分离的一种社会关系，包括人格权和婚姻家庭关系、收养关系、继承关系等。

商法是指调整商事法律关系主体和商事关系的法律规范的总称。商法的调整对象是商事关系或商事行为。商事关系是发生在平等的商事交易主体之间，基于经营而建立起来的社会关系，或者说是平等商事主体的盈利性行为所引起的经济关系。不属于商事关系和商事行为的，不予调整。一般认为，中国没有单独的叫作商法的独立的规范性法律文件，商法是民法的组成部分，服从民法的一般原理，两者构成统一的民商法部门。中国商法的主要法律规范有公司法、海商法、票据法、合伙企业法、保险法、破产法、证券法等。

（四）经济法部门

经济法部门是国家对经济实行宏观调控的各种法律规范的总称。与民商法相对应，经济法调整的是经济领域中的纵向关系。在中国，经济法是改革开放以后兴起的一个法律部门。社会经济关系的多样性和复杂性以及经济关系之间的互相交错和融合，决定了法律规范之间的某种关联和渗透，因此，法学界对经济法在法律体系中的地位以及其与民商法、行政法、环境法、劳动法的关系等问题存在分歧和争论。

经济法调整的是国民经济运行中的经济关系，涉及的范围十分广泛，包括：有关预算法、审计法、基本建设法、财政法、税法、银行法、投资法、信贷法、外汇管理法等方面的法律规范；有关各类企业管理的法律规范；有关规范市场行为、维护市场秩序的法律规范，如物价管理法、产品质量法、反不正当竞争法、消费者权益保护法等；有关涉外经济管理的法律规范；有关电力、交通、邮电、城市建设、农业、水利发展方面的法律规范；关于经济体制改革的原则、方针和政策的法律等。注意，中国经济体制改革正在进行，社会经济关系变动较大，涉及经济关系的各个部门法的划分只能是相对的。

（五）刑法部门

刑法部门是规定犯罪、刑事责任与刑罚的法律规范的总和，是中国最基本的法律部门之一。刑法调整多种社会关系，严重侵害其他法律部门所保护的社会关系的行为都有可能构成犯罪。刑法具有独特的调整社会关系的手段，即刑罚——最严厉的法律调整手段。

中国在 1979 年颁布了第一部比较系统的刑法，在 1997 年进行修订并成为现行刑法，修订时吸收了部分单行刑事条例、决定的内容。修改后的刑法由总则和分则构成，总则规定了刑法的指导思想、任务和适用范围，以及犯罪、刑罚、刑罚的具体运用和其他规定，分则规定了各种犯罪的构成要件和法定刑。修改后的刑法较之以前有了很大的进步，如将刑法的基本原则明确规定为罪刑法定、适用平等和罪刑相当三原则，罪名设定更为具体、明确。这是一部符合法治原则的、统一的、较完备的刑法典，针对社会上发生的新情况、新问题，中国政府又颁布了新刑法的十条修正案，使中国的刑法部门更为完善。

（六）程序法部门

程序法部门包括诉讼程序法和非诉讼程序法。诉讼程序法的任务是从诉讼程序方面保证实体法的正确实施，确使违法行为受到惩罚，保障合法权益得到有效的法律保护。

诉讼程序法的内容主要包括：关于司法机关与诉讼参与人进行诉讼活动的原则、程序、方式和方法的规定；诉讼参与人权利、义务的规定；检察与监督诉讼活动，特别是侦查、司法活动是否合法，以及纠正错误的原则、程序、方式和方法的规定；执行程序的规定等。中国的诉讼程序法主要由刑事诉讼法、民事诉讼法、行政诉讼法、海事诉讼特别程序法等基本法律组成。非诉讼程序法一般指在诉讼程序法之外，与预防或解决纠纷有关的程序性法律，主要包括仲裁法、人民调解法等。需要指出的是，一般认为立法程序法属于宪法部门，而行政程序法属于行政法部门。

（七）劳动与社会保障法部门

劳动法是指调整关于劳动关系以及由劳动关系产生的其他关系的法律规范的总称，旨在保障社会特殊群体与弱势群体的权利。劳动法调整的范围包括：一般的劳动关系，如劳动就业、劳动合同、劳动时间、劳动报酬、劳动安全、劳动卫生、职业培训、劳动纪律和奖惩办法、劳动保险和福利、劳动争议的解决；特殊的劳动关系，如女工和未成年工的保护；职工参加国有企业的管理；工会组织的建立及活动；对于年老、体弱、残疾等丧失劳动能力者以及待业者的社会保障制度；等等。

劳动法部门的主要规范性法律文件有劳动法、劳动合同法、矿山安全法、工会法、女职工劳动保护规定、禁止使用童工规定、关于职工工作时间的规定、企业职工奖惩条例、国务院关于建立统一的企业职工基本养老保险制度的决定、国有企业职工待业保险规定等。

社会保障法是指调整关于社会保险和社会福利关系的法律规范的总称，主要是对于年老、患病、残疾、待业等丧失劳动能力者的物质帮助的各种措施，包括劳动保险、职工待业保险、职工生活困难补助，以及农村中的"五保"等社会保险和对于社会成员福利的法律规定。

(八) 环境法部门

环境法部门是关于保护环境和自然资源、防治污染和其他公害的法律规范的总称，是中国法律体系中的新兴部门。人类生存环境的保护与自然资源的合理开发、利用和保护，以及防治污染和其他公害，已经越来越成为摆在人类面前的极为迫切的重要命题。因此，这一法律部门由密切相关的两部分法律规范组成——自然资源法和环境保护法。

自然资源保护是指对各种自然资源(包括土地、水、森林、草原、矿藏等)的规划、开发、利用、治理和保护。自然资源法的主要规范性法律文件有森林法、草原法、水法、矿产资源法、渔业法、水土保持法、野生动物保护法等。环境保护是指保护环境，防治污染和其他公害，比如防治水、大气和噪声污染。环境保护法的规范性法律文件主要有环境保护法、海洋环境保护法、水污染防治法、大气污染防治法、固体废物污染环境防治法、环境噪声污染防治法等。

(九) 军事法部门

军事法是调整军事管理、国防建设的法律规范的总称。军事法调整的对象是军事社会关系，主要包括国家在国防建设方面的军事社会关系，武装力量内部之间的军事社会关系，武装力量与国家机关、企事业单位、社会团体及公民之间的军事社会关系等。因此，作为部门法的军事法主要包括调整国防领域各种社会关系的法律规范、调整武装力量建设领域的法律规范，以及调整国防军事交往和武装冲突等领域的各种社会关系的法律规范等。中国制定的军事法律主要包括国防法、国防教育法、兵役法、预备役军官法、现役军官服役法等。

除上述法律部门外，中国签订和加入的国际条约越来越多，国际法的很多规范也成为中国的法律渊源。一般意义上的国际法不是中国法律体系的组成部分，但是，国际法中的特殊部分，即中国同外国缔结的双边和多边条约、协定与其他具有条约或协定性质的国际法文件，以及符合中国社会公共利益的、被中国适用的国际惯例，也成为中国国内法的组成部分。

第三节 法律效力

法律效力是法律所蕴含的相对于一定对象的作用力，所有的法律规范都有其特定的对象和适用范围，具有时间和空间上的约束性。

一、法律效力的概念和影响因素

法律效力，即法律的约束力，指人们应当按照法律规定的那样行为，必须服从。一般而言，法律的效力来自于制定它的合法程序和国家强制力。法律有效力，意味着人们应当遵守、执行和适用法律，不得违反。通常法律效力可以分为规范性法律文件的效力和非规范性法律文件的效力：规范性法律文件的效力，也叫狭义的法律效力，指法律的生效范围或适用范围，即法律对什么人、什么事、在什么地方和什么时间有约束力，本章所讲的法律效力，即狭义的法律效力。非规范性法律文件的效力，指判决书、裁定书、逮捕证、许可证、合同等的法律效力。这些文件在经过法定程序之后也具有约束力，任何人不得违反。但是，非规范性法律文件是适用法律的结果而不是法律本身，因此不具有普遍约束力。

影响法律效力的因素包括以下几方面。

(1) 制定主体。法律制定主体的地位高低影响法律的效力高低，在中国，宪法是根本大法，具有最高的法律效力，全国人民代表大会和全国人民代表大会常务委员会是国家的最高立法机关，其所制定的法律效力就要高于国家最高行政机关国务院制定的行政法规，依次类推。

(2) 适用范围。根据法律适用范围的不同，可将法律分为一般法与特别法。一般法是指对一般人、一般事和在全国范围内均有效的法律，比如《中华人民共和国民法典》。特别法是指对特定的人、特定的事以及特定的地域有效的法律，比如《中华人民共和国惩治军人违反职责罪暂行条例》《北京市未成年人保护条例》等。

因此，法律规范在适用时就应当区别一般法律规范和特别法律规范。

(3) 制定时间。法律规范的时间效力是指法律规范何时生效、何时终止效力，以及该规范对它生效以前的行为和事件是否具有溯及力的问题。法律规范的产生时间往往影响法律规范在适用时的效力，比如我们通常讲的"后法优于前法"就是说新制定的规范的效力高于它之前的规范的效力。

狭义的"法律效力"通常包含四个效力范围：对人的效力、对事的效力、空间效力、时间效力。在这四个效力范围中，对人和对事的效力范围先于空间与时间的效力范围。另外，法律效力还包含对生效范围和效力等级的规定。生效范围，是指规范性法律文件的生效范围或适用范围，也就是约束力的时空范围，又分为对人的效力、对空间的效力以及对时间的效力。效力等级，是指规范性法律文件的效力的不同级别，比如我们说法律的效力低于宪法，行政法规的效力低于法律，特别法的效力优于一般法，等等。

二、法律效力的生效范围

(一) 法律对象效力范围

法律对象效力范围即法律对人(自然人和组织)的效力，指法律对谁有效力，适用于哪些人。世界各国的法律实践中先后采用过四种对人的效力原则：

(1) 属人主义，即法律只适用于本国公民，凡是本国人，不论在国内还是在国外都受本国法律约束，而对在本国的外国人则不适用。

(2) 属地主义，法律适用于该国管辖地区内的所有人，即一国法律对它所管辖的领土区域内的一切人有约束力，而不论他是本国人还是外国人，本国人在外国则不受本国法律约束。

(3) 保护主义，即以维护本国利益作为是否适用本国法律的依据，只要损害本国利益，不论行为人的国籍与所在地域，都受到本国法律约束。

(4) 以属地主义为主，与属人主义、保护主义相结合。这是近代以来多数国家所采用的原则，中国也是如此。采用这种原则的原因是：既要维护本国利益，坚持本国主权，又要尊重他国主权，照顾法律适用中的实际可能性。

根据中国法律规定，对人的效力包括两个方面：

(1) 对中国公民和中国组织的法律效力。凡是具有中国国籍的人，都是中国公民。中国公民在中国领域内一律适用中国法律，中国公民在国外的法律适用，则是十分复杂的问题。

原则上讲，中国公民在国外仍适用中国法律，但是可能与所在国的法律发生法律冲突，这时要区别不同情况来确定适用中国法律还是适用外国法律。比如，中国民法规定中国公民定居国外的，其民事行为能力可以适用居住国的法律。对中国组织的法律适用也与中国公民一样。

（2）对外国人的法律效力。中国法律对外国人的适用包括两种情况：一是对在中国境内的外国人适用问题；二是对在中国境外的外国人的适用问题。外国人在中国境内，除法律另有规定外，一般适用中国法律。中国法律既保护他们在中国的法定权利与合法利益，又依法处理其违法问题，这是国家主权原则的必然要求。所谓另有规定，一般是指法律上明确规定不适用中国法律的情形。比如，享有外交特权和豁免权的外国人，需要通过外交途径解决。关于外国人在中国境外对中国国家或中国公民的犯罪，按《中华人民共和国刑法》规定的最低刑为 3 年以上有期徒刑的，可以适用《中华人民共和国刑法》，但是按照犯罪地的刑法不构成犯罪的除外。

📖 **案例 6-1**

陈某某、小某出售假币案①

（二）法律空间效力范围

法律空间效力范围，是指法律在哪些地域范围内发生效力，适用于哪些地区。法律的空间效力是根据法律的制定主体不同来区分的，一般来讲，有三种情况。

（1）全国性法律的空间效力。全国性法律的空间效力范围就是国家主权范围，包括陆地、水域及其底土和上空，还包括延伸意义上的领土，即驻外使馆和在领域外的本国交通工具，如船舶、飞机等。

（2）地区性法规的空间效力。如地方性法规、民族区域自治条例等，只适用于其特定地区。

（3）在特殊情况下，某些法律不但在国内有效，还在本国境外有效，如《中华

---

① 参见 http://www.66law.cn/goodcase/21806.aspx。

人民共和国刑法》规定的伪造国家货币罪、泄露国家机密罪等条款,适用于中国境外。

(三) 法律时间效力范围

法律时间效力范围,指法律何时生效、何时终止效力,以及法律对其生效以前的事件和行为有无溯及力。

(1) 法律生效时间,一般根据法律的具体性质和实际需要来决定。主要有:自法律颁布之日起生效;由该法律规定具体生效时间;规定法律公布后到达一定期限开始生效。

(2) 法律终止效力,指法律效力的消灭,一般分为明示的废止和默示的废止两类:明示的废止,即在新法或其他法律文件中明文规定废止旧法;默示的废止,即在适用法律中,出现新法与旧法冲突时,适用新法而使旧法事实上被废止。

从理论上讲,立法机关有意废止某项法律时,应当是清楚而明确的。如果出现立法机关所立新法与旧法发生矛盾的情况,应当按照"新法优于旧法""后法优于前法"的办法解决矛盾,旧法应被新法"默示的废止"。

(3) 法律溯及力,也称法律溯及既往的效力,是指法律对其生效以前的事件和行为是否适用。如果适用,就具有溯及力;如果不适用,就没有溯及力。

法律是否具有溯及力,不同法律规范之间的情况是不同的。法律一般只适用于其生效后发生的事件与行为,这一原理或原则已成为各国通行的法律原则。这是因为:法律应当具有普遍性和可预测性,人们根据法律从事一定的行为,并对自己的行为承担责任。如果法律溯及既往,就是以今天的规则要求昨天的行为,破坏了法律的普遍性和可预测性,也是不公正的。但是法律不溯既往并非绝对,特别是在现代刑法中,目前各国采用的通例是"从旧兼从轻"的原则,即新法原则上不溯既往,但是新法不认为犯罪或者处刑较轻的,适用新法。

(四) 法律效力差别

法律效力差别是指效力等级相同的两个或多个法律规范之间因优先适用而产生效力差别。作为法律适用者必须明确这些规则,否则无法正确适用法律规范。常见的法律的效力规则如下。

(1) 效力层次规则。法律效力层次,又称效力等级、效力层级或效力位阶。不同系统和级别的主体制定的法律有不同的法律效力,并由此而形成不同的法律层级。根据《中华人民共和国立法法》规定,中国的法律层次可分为宪法、法律、行政法规、部门规章、地方性法规、自治条例和单行条例,它们由不同级别的主体制定,因而具有不同的效力,在适用时,就要严格把握和考虑它们的关系,实行"上位法优于下位法"的原则。

(2) 特别法效力规则。该规则原则上只是在特别法与一般法处在同等效力渊源的情况下采用,通常我们以"特别法优于一般法"为原则。比如对于保险合同,在《中华人民共和国民法典》和《保险法》均有规定的问题上,优先适用于《保险法》的规定而不适用于《中华人民共和国民法典》的规定。

> **案例 6-2**
>
> 正确理解和适用特别法优于一般法的原则①

第四节　宪法规定的基本制度

宪法是一个国家的根本大法,是特定社会政治经济和思想文化条件综合作用的产物,集中反映各种政治力量的实际对比关系,确认政治成果和现实的民主政治,规定国家的根本任务和根本制度,即社会制度、国家制度的原则和国家政权的组织,以及公民的基本权利、义务等内容。可以将宪法定义为:调整国家—公民关系并以人权保障为终极价值追求的国家根本法。其中"国家—公民关系"和"国家根本法"揭示了宪法在法律形式和内容上的根本属性,"人权保障"则是宪法在价值层面的根本特征。

近代宪法是资产阶级革命的产物。17—18世纪,英国资产阶级在与封建阶级的斗争和妥协中,逐渐形成了一些宪法性文件和宪法惯例;1787年,美国制定联邦宪法,是世界上第一部成文宪法,现代意义上的"宪法"概念得以完全确立;法国从1789年革命开始到1799年十年间一共颁布了一部《人权宣言》和四部宪法;1918年制定的苏俄宪法,是第一部社会主义国家的宪法。中国第一部带有"宪

---

① 参见 https://www.360kuai.com/pc/99d0bd5696da082ce?cota。

法"字样的法律文件是清朝末年形成的《钦定宪法大纲》。

中华人民共和国成立以来，先后于 1954 年、1975 年、1978 年、1982 年颁布了四部宪法，中国现行宪法是 1982 年颁布，并于 1988 年、1993 年、1999 年、2004 年和 2018 年做了修正。

宪法是法律的组成部分，具有法律的共性。但是，宪法不同于普通法，与其他法律之间存在本质区别，它在法律体系中居于核心地位，起统率作用，是一个国家法制的基础和核心。

一、宪法的特征

在中国现行法律体系中，宪法作为国家的根本大法，具有自己鲜明的特征。具体表现在三个方面。

(1) 在内容上，宪法集中规定了国家最根本、最重要的制度。宪法以政治社会中最根本的社会关系"国家和公民的关系"为调整对象，规定的都是最根本、最重大的内容。诸如国家的性质、国家的政权组织形式和国家的结构形式、国家的基本国策、公民的基本权利和义务、国家机构的组织及其职权等，都在宪法中做了明确规定。这些规定不仅反映了中国政治、经济、文化和社会生活等各方面的主要内容及其发展方向，而且从社会制度和国家制度的根本原则上规范着整个国家的活动。

(2) 宪法是国家立法活动的法律基础，具有最高的法律效力。宪法在中国的法律体系中具有最高的法律地位。宪法的最高法律效力，既体现为宪法是制定普通法律的依据，任何普通法律、法规都不得与宪法的原则和精神相抵触，又体现为宪法是一切国家机关、社会团体和全体公民必须遵循的最高行为准则。

> 案例 6-3
>
> 医科大学拒绝招收吸烟学生违反宪法无效案①

(3) 制宪和修宪均须遵循严格的程序和满足特定的要求。一方面，制定和修改宪法的机关，往往是依法特别成立的，而并非普通的立法机关；另一方面，通过、批准宪法或者其修正案的程序，往往严于普通法律。例如，中国宪法的修改由全

---

① 参见 http://www.360doc.com/content/17/0103/17/39275998_619799354.shtml。

国人民代表大会常务委员会或者五分之一以上的全国人民代表大会代表提议，并由全国人民代表大会以全体代表的三分之二以上的多数通过，而普通法律则只需要全国人民代表大会以全体代表的过半数通过。

二、宪法的基本原则

宪法的基本原则是指通过宪法规范所体现的宪法内容的基本标准、基本准则或者基本界限。宪法应当具有哪些基本原则，取决于人类对制宪的共同认识，以及一个国家需要通过宪法解决的这个国家最基本的问题。每一个国家具有不同的国情，宪法除要体现基本的、共同的制宪理念外，还要解决本国的最基本问题。据此，中国宪法的基本原则包括以下几个方面。

（一）人民主权原则

人民主权原则又称主权在民原则，是指国家的权力属于人民，为人民所有，来源于人民。人民主权原则在作为民意代表机关的议会处于相对优越地位的国家，表现为议会主权。

人民主权原则是社会主义民主政治的本质和核心，自1954年宪法以来中国的历部宪法都明确规定"中华人民共和国的一切权力属于人民"，而且这一表述始终没有变化过。同时，宪法关于国家性质的规定也反映了人民主权原则。《中华人民共和国宪法》第一条规定："中华人民共和国是工人阶级领导的、以工农联盟为基础的人民民主专政的社会主义国家。"宪法中虽然没有出现"人民主权"的概念，但人民主权原则的含义已经非常明确。《中华人民共和国宪法》第二条规定："中华人民共和国的一切权力属于人民。人民行使国家权力的机关是全国人民代表大会和地方各级人民代表大会。"强调国家的一切权力属于人民。

实现人民主权原则，需要健全民主制度，丰富民主形式，拓宽民主渠道，依法实行民主选举、民主决策、民主管理、民主监督，保障人民的知情权、参与权、表达权、监督权。这一原则在中国宪法中的表现是多方面的。

宪法通过确认中国人民民主专政的国体，通过确认以公有制为主体、多种所有制经济共同发展的基本经济制度，通过确认人民代表大会制度的政体，为人民主权提供了政治基础、经济基础和组织保障；通过确认广大人民依照法律规定，通过各种途径和形式，管理国家事务，管理经济和文化事业，管理社会事务的权利，把人民主权贯彻于国家和社会生活各个领域。

(二) 基本人权原则

人权是指人之为人的权利，人作为人维持其生存、形成独立人格和发展、完善自己的权利。一般"实然意义上的人权"即人作为人在一个具体的国家中所能够实际得以实现的权利通常由一个国家的宪法进行确认和保障，将其法定化。

以宪法和法律保障公民基本权利，是社会主义民主与法制发展的重要标志。宪法确认和保护的公民权利，也就是人权保障在国家根本法中的体现。中国1954年的宪法和现行宪法对公民的基本权利和义务的规定较为具体，并明确规定了具体的保障措施。

《中华人民共和国宪法》明确规定："国家尊重和保障人权。"并规定公民享有广泛的权利与自由，包括公民的生命权、知情权、迁徙自由、隐私权、生存权，公民有参与国家政治生活的权利和自由，公民的人身自由和信仰自由，公民社会经济文化方面的权利等。

(三) 法治原则

《中华人民共和国宪法》明确规定实行依法治国，建设社会主义法治国家。依法治国的根本要求是"有法可依、有法必依、执法必严、违法必究"。依法治国，首先是依宪治国，同时国家的法律法规也应获得普遍的服从。要推进国家各项工作法治化，维护社会公平正义，维护社会主义法制的统一、尊严、权威。任何组织和个人都要在宪法和法律范围内活动，一切违法行为都应受到法律的追究，法律面前人人平等。

(四) 民主集中制原则

民主集中制与分权制相对应。它是一种民主和集中相结合的制度，是在民主基础上的集中，在集中指导下的民主，是中国国家机关的组织与活动原则。

《中华人民共和国宪法》规定，中华人民共和国的国家机构实行民主集中制的原则。国家权力统一由全国人民代表大会和地方各级人民代表大会行使，全国人民代表大会和地方各级人民代表大会由民主选举产生，对人民负责，受人民监督。广大人民的共同意志通过这种民主形式集中起来，并通过各种法定程序上升为国家意志。国家行政机关、审判机关、检察机关都由人民代表大会产生,对它负责,受它监督。

(五) 单一制原则

单一制是国家结构形式的一种。国家结构形式是指国家整体与其组成部分之间、中央政权与地方政权之间的相互关系。所谓单一制,是指国家由若干不具有独立性的行政单位或自治单位组成,各组成单位都是国家不可分割的一部分的国家结构形式。现代多数国家采用这种国家结构形式。

单一制的基本标志如下。

(1) 全国只有一部宪法,只有一个中央国家机关体系(包括立法机关、行政机关和司法机关)。

(2) 每个公民只有一个统一的国籍。

(3) 各行政单位或自治单位均受中央政府的统一领导,不能脱离中央而独立;各行政单位或自治单位所拥有的权力通常都是由中央以法律的形式授予的;国家整体是代表国家进行国际交往的唯一主体。一个国家采用何种国家结构形式,主要由民族因素、经济因素、地理因素和历史因素决定。

《中华人民共和国宪法》规定,中华人民共和国是全国各族人民共同缔造的统一的多民族国家,中央和地方的国家机构职权的划分,遵循在中央的统一领导下,充分发挥地方的主动性、积极性的原则。各少数民族自治区、特别行政区都是地方行政区域,分别实行民族区域自治制度和"一国两制"制度。

📖 案例 6-4

无证儿童居港权案①

三、中国的国家制度

国家制度是一个国家的统治阶级通过宪法、法律规定的有关国家性质和国家形式方面的制度的总称。国家制度主要指国体,即各阶级在国家中的地位,反映国家的本质和国家的阶级属性,除此之外还为国家政权的运转、国家职能的实现

---

① 参见 http://www.calaw.cn/article/default.asp?id=3856。

提供保障。中国的国家制度主要包括人民民主专政制度、人民代表大会制度、中国共产党领导的多党合作和政治协商制度、民族区域自治制度、基层群众自治制度和基本经济制度等。

(一) 人民民主专政制度

人民民主专政是中国的国体。国体即国家性质，是国家的阶级本质，是指社会各界在国家生活中的地位和作用。

《中华人民共和国宪法》第一条规定："中华人民共和国是工人阶级领导的、以工农联盟为基础的人民民主专政的社会主义国家。"人民民主专政是无产阶级专政在中国具体历史条件下的表现方式。人民民主专政中的民主与专政是辩证统一的关系，两者紧密相联、相辅相成、缺一不可。其内容包括：强调工人阶级是领导阶级，农民始终是工人阶级最可靠的同盟军，工农联盟表现了人民民主专政国体的充分的民主性和广泛的代表性；强调对人民实行民主和对敌人实行专政的辩证统一，在人民内部实行民主是实现对敌人专政的前提和基础，而对敌人实行专政又是人民民主的有力保障。

爱国统一战线是人民民主专政的重要保障。壮大爱国统一战线，促进政党关系、民族关系、宗教关系、阶层关系、海内外同胞关系的和谐，对于增进团结、凝聚力量具有不可替代的作用。

《中华人民共和国宪法》规定："社会主义的建设事业必须依靠工人、农民和知识分子，团结一切可以团结的力量。在长期的革命、建设和改革过程中，已经结成由中国共产党领导的，有各民主党派和各人民团体参加的，包括全体社会主义劳动者、社会主义事业的建设者、拥护社会主义的爱国者、拥护祖国统一和致力于中华民族伟大复兴的爱国者的广泛的爱国统一战线，这个统一战线将继续巩固和发展。"

这个统一战线具体包括以下两个范围的联盟。

(1) 中国大陆范围内，由全体社会主义劳动者、社会主义事业的建设者、拥护社会主义的爱国者所组成的政治联盟，这个联盟必须坚持四项基本原则。

(2) 广泛地团结台湾同胞、港澳同胞和国外侨胞，以拥护祖国统一为基础的政治联盟，这个联盟只要是赞成祖国统一，或者致力于中华民族伟大复兴，就是爱国统一战线的对象。目前中国爱国统一战线的任务是：为社会主义现代化建设服务，为实现祖国统一大业服务，为维护世界和平服务。

(二) 人民代表大会制度

人民代表大会制是中国的政体。政体，一般指国家政权的构成形式，主要是指最高国家权力机关的组织形式，它是一个国家的根本政治制度，表现为国家权力机关尤其是最高国家权力机关的组成方式、组织状况、权力分配和权力运行的原则与程序等，以及它与其他国家机关、公民的关系。

人民代表大会制度是一种人民民主共和政体，是中国社会主义民主政治最鲜明的特点，是人民主权的重要途径和最高实现形式，是社会主义政治文明的重要制度载体，是中国的根本政治制度。《中华人民共和国宪法》第二条明确规定："中华人民共和国的一切权力属于人民。人民行使国家权力的机关是全国人民代表大会和地方各级人民代表大会。人民依照法律规定，通过各种途径和形式，管理国家事务，管理经济和文化事业，管理社会事务。"这段话可以在理论上分解为四个环节：国家的一切权力属于人民；人民在民主普选的基础上选派代表，组成全国人民代表大会和地方各级人民代表大会，作为人民行使国家权力的机关；其他国家机关由人民代表大会产生，受它监督，向它负责；人民代表大会常务委员会向本级人民代表大会负责，人民代表大会向人民代表负责。

全国人民代表大会是最高国家权力机关，地方各级人民代表大会是地方国家权力机关。全国人民代表大会由省、自治区、直辖市和军队选出的代表组成，行使下列职权：

(1) 修改宪法。宪法的修改由全国人民代表大会常务委员会或者五分之一以上的全国人民代表大会代表提议，并由全国人民代表大会以全体代表的三分之二以上的多数通过。

(2) 监督宪法的实施。

(3) 制定和修改刑事、民事、国家机构的法律和其他的基本法律。

(4) 选举中华人民共和国主席、副主席。

(5) 根据中华人民共和国主席的提名，决定国务院总理的人选；根据国务院总理的提名，决定国务院副总理、国务委员、各部部长、各委员会主任、审计长、秘书长的人选。

(6) 选举中央军事委员会主席，根据中央军事委员会主席的提名，决定中央军事委员会其他组成人员的人选。

(7) 选举最高人民法院院长。

(8) 选举最高人民检察院检察长。

(9) 选举国家监察委主任。

(10) 审查和批准国民经济和社会发展计划，以及计划执行情况的报告。

(11) 审查和批准国家的预算和预算执行情况的报告。

(12) 改变或者撤销全国人民代表大会常务委员会不适当的决定。

(13) 批准省、自治区和直辖市的建制。

(14) 决定特别行政区的设立及其制度。

(15) 决定战争和和平的问题。

(16) 应当由最高国家权力机关行使的其他职权。

全国人大常委会在全国人大会议闭会期间，行使最高国家权力，对全国人民代表大会负责并报告工作，但职权范围小于全国人民代表大会。

人民代表大会制度的重要意义体现在以下方面。

(1) 人民代表大会制度是中国的根本政治制度，是建立中国其他国家管理制度的基础。它是人民主权、国家权力体现人民意志的保证。人民通过普遍的民主选举产生自己的代表，组成各级人民代表大会。各级人民代表大会都对人民负责、受人民监督，有力地保证了全国各族人民依法实行民主选举、民主决策、民主管理、民主监督，享有宪法和法律规定的广泛的民主、自由和权利。人民不仅有权选择自己的代表，随时向代表反映自己的要求和意见，而且对代表有权监督，有权依法撤换或罢免那些不称职的代表。

(2) 人民代表大会制度有利于保证中央和地方的国家权力的统一。在国家事务中，凡属全国性的、需要在全国范围内做出统一决定的重大问题，都由中央决定；属于地方性问题，则由地方根据中央的方针因地制宜的处理。这既保证了中央集中统一的领导，又发挥了地方的积极性和创造性，使中央和地方形成坚强的统一整体。另外，人民代表大会作为国家权力机关统一行使国家权力，实行民主集中制，集体行使职权，集体决定问题；国家行政机关、审判机关、检察机关由人民代表大会产生，对它负责，受它监督，合理分工、协调一致地工作，有利于保证国家统一有效地组织各项事业。

历史和现实都表明，人民代表大会制度是符合中国国情，具有中国特色的能够保证人民主权、有效管理国家和社会的根本政治制度，也是中国共产党在国家政权中充分发扬民主、贯彻群众路线的最好实现形式，也是适合中国国情的根本政治制度。

(三) 中国共产党领导的多党合作和政治协商制度

中国共产党领导的多党合作和政治协商制度是中国的一项基本政治制度，是中国特色社会主义政党制度。中国社会主义政党制度的特点是共产党领导、多党派合作，共产党执政、多党派参政。《中华人民共和国宪法》明确规定："中国共产党领导的多党合作和政治协商制度将长期存在和发展。"

中国共产党领导的多党合作和政治协商制度是中国政治制度的一大优势。这一制度符合中国国情，反映了中国共产党同各民主党派长期共存、互相监督、肝胆相照、荣辱与共的关系，体现了中国政治制度的特点和优势。具体表现在：

(1) 中国是社会主义国家，在以生产资料公有制为主体的经济基础上，各劳动阶级和阶层的根本利益是一致的。

(2) 中国是一个人口众多、幅员辽阔、各方面发展很不平衡的发展中国家，是一个统一的多民族国家，如果没有中国共产党这样坚强有力的政党进行集中统一领导，必然成为一盘散沙。

(3) 中国共产党领导的多党合作和政治协商制度，有利于扩大各界人士有序的政治参与，拓宽社会利益表达渠道，促进社会和谐发展，实现中国共产党的领导、人民当家作主和依法治国的有机统一。

中国人民政治协商会议(以下简称人民政协)是中国政府把政党理论和民主政治理论同中国具体实践相结合的创造，是中国共产党领导的多党合作和政治协商的重要机构，是中国政治生活中发扬社会主义民主的重要形式。人民通过选举、投票行使权力和人民内部各方面在重大决策之前进行充分协商，尽可能就共同性问题取得一致意见，是中国社会主义民主的两种重要形式。人民政协的主要职能是政治协商、民主监督、参政议政。人民政协的政治协商是中国共产党和国家实行科学民主决策的重要环节，是提高执政能力的重要途径。人民政协成立以来，为建立和巩固新生的人民政权、促进社会主义革命和建设、推动改革开放和社会主义现代化建设，加强同各民主党派、无党派人士、少数民族人士和宗教界爱国人士的联系，发挥了重要作用，作出了重大贡献。

人民政协的政治协商制度,有利于发扬社会主义民主,增进人民的团结,有利于维护国家政局的稳定,能够保证集中领导与广泛民主、充满活力与富有效率的有机统一。因此,要支持人民政协围绕团结和民主两大主题履行职能,推进政治协商、民主监督、参政议政制度建设;把政治协商纳入决策程序,完善民主监督机制,提高参政议政实效;加强政协本身建设,发挥协调关系、汇聚力量、建言献策、服务大局的重要作用。

(四) 民族区域自治制度

民族区域自治制度是中国为解决民族问题,处理民族关系,实现民族平等、民族团结、各民族共同繁荣发展而建立的基本政治制度。中国是一个多民族国家,汉族人口最多,除了汉族还有55个其他民族,从分布情况来看,这些民族多半居住在边疆、与外国接壤的地区。在中国历史上,虽然有时候会有民族分裂、割据的情况,但大部分时间各民族相处融洽、和睦。建立统一的多民族国家,既是中国历史发展的必然结果,也是中国民族状况的必然要求,符合各民族人民的根本利益。

根据《中华人民共和国宪法》和《中华人民共和国民族区域自治法》的规定,民族区域自治是在国家统一领导下,各少数民族聚居的地方实行区域自治,具体采取以下方式。

(1) 设立自治机关,行使自治权。各民族自治地方都是中华人民共和国不可分离的部分,各民族自治地方的自治机关都是中央统一领导下的地方政权机关。

(2) 民族区域自治必须以少数民族聚居区为基础,是民族自治与区域自治的结合。

(3) 民族自治地方的自治机关行使宪法规定的地方国家机关的职权,同时依照宪法和法律规定的权限行使自治权,根据本地方实际情况贯彻执行国家的法律、政策。

推行这种新型制度的目的在于,一方面能使各少数民族管理本民族内部事务的权利得到充分的尊重和保障;另一方面又保证民族自治地方始终是中国的不可分割的组成部分,维持国家的统一和民族的团结。

民族区域自治制度是中国政府和各族人民的一个创造。实行民族区域自治,体现了国家充分尊重和保障各少数民族管理本民族内部事务权利的精神,体现了国家坚持实行各民族平等、民族团结、各民族共同繁荣发展的原则。这一制度的重要性在于：

(1) 它可以保证少数民族更好地管理本民族的内部事务。

(2) 它可以促进少数民族地区尽快地发展，促进全国各民族的共同繁荣昌盛。

(3) 它可以促进民族团结，保证国家的统一，有利于加强边疆建设和巩固国防，有利于牢牢把握各民族共同团结奋斗、共同繁荣发展的主题，保障少数民族合法权益，巩固和发展平等、团结、互助、和谐的社会主义民族关系。因此，中国要坚持各民族一律平等，保证民族自治地方依法行使自治权。

(五) 基层群众自治制度

中国政府在2007年将基层群众自治制度与人民代表大会制度、中国共产党领导的多党合作和政治协商制度、民族区域自治制度并列，纳入中国特色社会主义政治制度范畴。

基层群众自治制度是城乡基层群众在中国共产党的领导下，依法直接行使民主权利，管理基层公共事务和公益事业，实行自我管理、自我服务、自我教育、自我监督的一项重要政治制度。基层群众自治是基层民主的主要实现形式，是人民当家作主最有效、最广泛的途径，其目的就是要把城乡社区建设成为管理有序、服务完善、文明祥和的社会生活共同体。中国已经建立了农村村民委员会、城市居民委员会等基层群众自治组织。

《中华人民共和国宪法》以及《中华人民共和国城市居民委员会组织法》《中华人民共和国村民委员会组织法》等法律为基层群众自治制度奠定了法律基础。《中华人民共和国宪法》第一百一十一条规定："城市和农村按居民居住地区设立的居民委员会或者村民委员会是基层群众性自治组织。"

居民委员会、村民委员会设人民调解、治安保卫、公共卫生等委员会，办理本居住地区的公共事务和公益事业，调解民间纠纷，协助维护社会治安，并且向人民政府反映群众的意见、要求和提出建议。此外，《中华人民共和国城市居民委员会组织法》和《中华人民共和国村民委员会组织法》分别对居民委员会和村民委员会的性质、任务与组成等做了明确具体的规定。

中国政府制定的《中共中央关于推进农村改革发展若干重大问题的决定》强调，要发展农村基层民主，以扩大有序参与、推进信息公开、健全议事协商、强化权力监督为重点,加强基层政权建设,扩大村民自治范围,保障农民享有更多、更切实的民主权利。

(六) 基本经济制度

基本经济制度,是指一国通过宪法和法律调整以生产资料所有制为核心的各种基本经济关系的规则、原则和政策的总和。《中华人民共和国宪法》规定:"中华人民共和国的社会主义经济制度的基础是生产资料的社会主义公有制,即全民所有制和劳动群众集体所有制。社会主义公有制消灭人剥削人的制度,实行各尽所能、按劳分配的原则。"同时还规定:"国家在社会主义初级阶段,坚持公有制为主体、多种所有制经济共同发展的基本经济制度,坚持按劳分配为主体、多种分配方式并存的分配制度。"

社会主义公有制是中国经济制度的基础。全民所有制和劳动群众集体所有制是中国社会主义公有制的两种基本形式。全民所有制经济即国有经济,是国民经济中的主导力量,控制着国家的经济命脉,决定着国民经济的社会主义性质。宪法规定,国家保障国有经济的巩固和发展。国家保护城乡集体经济组织的合法的权利和利益,鼓励、指导和帮助集体经济的发展。个体、私营等各种形式的非公有制经济是社会主义市场经济的重要组成部分,对充分调动社会各方面的积极性、加快生产力发展具有重要作用。国家保护个体经济、私营经济等非公有制经济的合法的权利和利益。国家鼓励、支持和引导非公有制经济的发展,并对非公有制经济依法实行监督和管理。坚持平等保护物权,形成各种所有制经济平等竞争、相互促进的新格局。

四、中国公民的基本权利和义务

公民,是指具有一个国家的国籍,并根据该国宪法和法律规定,享受权利和承担义务的自然人。《中华人民共和国宪法》规定:"凡具有中华人民共和国国籍的人都是中华人民共和国公民。"公民的基本权利和基本义务,是指宪法所规定的、全体公民享有的那些基本的、根本性的权利和必须履行的义务。由于这种权利和义务直接来源于宪法,所以也可称之为公民的宪法权利和义务。公民的基本权利和义务反映了公民与国家在政治、经济、文化和社会生活等方面的关系,自现代宪法产生以来,它始终是各国宪法最重要、最基本的内容。

（一）中国公民的基本权利

公民的基本权利，也称宪法权利，是指由宪法规定的公民享有的基本的、必不可少的权利。根据宪法的规定，中国公民的基本权利主要包括以下内容。

(1) 平等权。平等权，是指公民平等地享有权利，不受任何差别对待，要求国家给予同等保护的权利。它是宪法赋予公民的一项基本权利，是公民实现其他权利的前提与基础。《中华人民共和国宪法》规定："中华人民共和国公民在法律面前一律平等。"这不仅是公民的一项基本权利，也是国家法制建设和建设法治国家的一个基本原则。

(2) 政治权利和自由。政治权利和自由，是指公民作为国家政治生活主体依法享有的参加国家政治生活的权利和自由，是国家为公民直接参与政治活动提供的基本保障。具体包括两个方面：第一，选举权和被选举权。《中华人民共和国宪法》规定："中华人民共和国年满十八周岁的公民，不分民族、种族、性别、职业、家庭出身、宗教信仰、教育程度、财产状况、居住期限，都有选举权和被选举权；但是依照法律被剥夺政治权利的人除外。"第二，政治自由。政治自由主要是指公民表达自己政治意愿的自由。《中华人民共和国宪法》规定："中华人民共和国公民有言论、出版、集会、结社、游行、示威的自由。"

案例 6-5

深圳独立参选事件①

(3) 宗教信仰自由。宗教信仰自由是精神自由的重要内容，《中华人民共和国宪法》规定："中华人民共和国公民有宗教信仰自由。"其含义包括：公民既有信教的自由，又有不信教的自由；有信仰这种宗教的自由，也有信仰那种宗教的自由；在同一宗教里，有信仰这个教派的自由，也有信仰那个教派的自由；有过去信教现在不信教或者过去不信教而现在信教的自由。《中华人民共和国宪法》还规定："任何国家机关、社会团体和个人不得强制公民信仰宗教或者不信仰宗教，不得歧视信仰宗教的公民和不信仰宗教的公民。""国家保护正常的宗教活动。任何人不得利用宗教进行破坏社会秩序、损害公民身体健康、妨碍国家教育制度的活

---

① 参见 http://www.people.com.cn/GB/shehui/1062/2973047.html。

动。"这不仅表明中国保护宗教的基本政策，也表明宗教活动应该在法律许可的范围内展开，宗教活动和宗教人士不得干预国家的政治生活。

(4) 人身自由权。人身自由，即身体自由，是指公民的人身行动完全受自己自由支配，不受任何非法逮捕、拘禁，不被非法剥夺自由和非法搜查身体的权利。也就是说，任何组织或个人都不得非法剥夺或限制公民的人身自由，剥夺或限制公民的人身自由必须满足法定条件和按照法定程序，由特定的国家机关进行。人身自由是公民宪法地位的直接体现；公民享有人身自由权是公民自由参加社会活动，享受其他权利的先决条件。

中国宪法中，广义的人身自由还包括人格尊严不受侵犯，住宅的安全权、通信自由和通信秘密受法律保护等与公民个人生活有关的权利和自由。人身自由是公民具体参加各种活动和实际享受其他权利的前提，也是保持和发展公民个性的必要条件。

> **案例 6-6**
>
> 赵 C 姓名权案①

(5) 监督权和取得国家赔偿权。《中华人民共和国宪法》第二十七条规定："一切国家机关和国家工作人员必须……接受人民的监督，努力为人民服务。"第四十一条规定："中华人民共和国公民对于任何国家机关和国家工作人员，有提出批评和建议的权利；对于任何国家机关和国家工作人员的违法失职行为，有向有关国家机关提出申诉、控告或者检举的权利。"这些规定共同确立了公民享有批评和建议权、检举权、申诉权和控告权。从整体上讲，这些权利可以被概指为监督权。对于公民的申诉、控告或者检举，有关国家机关必须查清事实，负责处理。任何人不得压制和打击报复，由于国家机关和国家工作人员侵犯公民权利而受到损失的人，有依照法律规定取得赔偿的权利。《中华人民共和国国家赔偿法》对公民获得国家赔偿作出了具体规定。

---

① 参见 https://wenku.baidu.com/view/af74e0e09b89680203d825f1.html。

> **案例 6-7**
>
> 因错误检举遭治安拘留处罚案[①]

(6) 社会经济权。社会经济权，是指公民享有的经济生活和物质利益方面的权利，是公民实现其他权利的物质基础，主要包括财产权、劳动权、休息权和物质帮助权。

财产权，是指公民对其合法财产享有的不受非法侵犯的权利。公民的合法的私有财产不受侵犯。国家依照法律规定保护公民的私有财产权和继承权。

劳动权，是指有劳动能力的公民有从事劳动并取得相应报酬的权利。同时，劳动是一切有劳动能力的公民的光荣职责。《中华人民共和国宪法》规定："中华人民共和国公民有劳动的权利和义务。"

休息权，是指劳动者为保护身体健康和提高劳动效率，根据国家有关法律与制度而享有的休息和休养的权利。《中华人民共和国宪法》规定："中华人民共和国劳动者有休息的权利。"

物质帮助权，是公民因特定原因不能通过其他正当途径获得必要的物质生活手段时，从国家和社会获得生活保障、享受社会福利的一种权利。《中华人民共和国宪法》规定："中华人民共和国公民在年老、疾病或者丧失劳动能力的情况下，有从国家和社会获得物质帮助的权利。"

(7) 文化教育权。公民的文化教育权包括受教育权以及进行科学研究、文学艺术创作和其他文化活动的自由。《中华人民共和国宪法》规定："中华人民共和国公民有受教育的权利和义务。"公民的知识水平是国家科学技术和文化发展的基础，公民接受教育是物质文明和精神文明建设的前提条件。受教育既是权利也是义务。《中华人民共和国宪法》规定，公民有进行科学研究、文学艺术创作和其他文化活动的自由。

---

① 参见 http://sc.news.163.com/19/1221/09/F0TLC93404268F03.html。

> **案例 6-8**
>
> 齐玉苓案①

(8) 特定主体权利。《中华人民共和国宪法》除对公民所应普遍享有的权利和自由作出明确规定外,还对特定主体设置专条,给予特定保护。宪法中的这些特定主体具体指妇女、离退休人员、军烈属、母亲、儿童、老人、青少年、华侨等。

(二) 中国公民的基本义务

公民的基本义务,也称宪法义务,是指由宪法规定的公民必须遵守和应尽的根本责任。根据宪法规定,中国公民的基本义务主要包括以下内容。

(1) 维护国家统一和全国各民族团结。国家的统一和民族的团结是中国社会安定和谐的前提和保证,是中国公民的最高的法律义务。《中华人民共和国宪法》规定:"中华人民共和国公民有维护国家统一和全国各民族团结的义务。" 因此,每个公民都有义务自觉维护国家主权独立、领土完整和民族团结,并与破坏国家统一和民族团结的言行作斗争。任何人都不得以任何形式破坏国家统一、制造民族矛盾和民族冲突。

(2) 遵纪守法和尊重社会公德。《中华人民共和国宪法》规定:"中华人民共和国公民必须遵守宪法和法律,保守国家秘密,爱护公共财产,遵守劳动纪律,遵守公共秩序,尊重社会公德。"在法治国家,公民必须遵守宪法和法律,这是不言而喻的。宪法明确规定公民的这一基本义务,要求每一个公民增强法制观念,尊重宪法权威,自觉遵守宪法和法律,将维护宪法和法律的尊严作为自己应尽的根本责任,并自觉遵循各项法律法规,在社会生活各个领域依照相关法律进行活动。尊重社会公德,即尊重社会的公共道德规范,它有助于维系稳定的社会秩序,与法律起一种互补的作用。

(3) 维护祖国的安全、荣誉和利益。祖国安全是指国家领土完整和主权不受侵犯,这是国家政权稳定和公民权利自由的根本保障,祖国荣誉也就是国家和民族的尊严,是公民对自己祖国的热爱和忠诚以及对自己民族的自尊心和自信心,祖

---

① 参见 https://baike.so.com/doc/5595481-5808082.html。

国利益是相对于集体、个人利益而言的，是国家共同利益的集中体现，代表着每个公民的最高、长远利益。

国家的安全是每一个以中国为祖国的公民生产生活、安居乐业的必要条件。国家的荣誉就是国家和民族的尊严。国家的利益主要是指国家的整体利益，是全国各族人民共同利益的集中体现。《中华人民共和国宪法》规定："中华人民共和国公民有维护祖国的安全、荣誉和利益的义务，不得有危害祖国的安全、荣誉和利益的行为。"这意味着每一个公民都要树立国家的安全、荣誉和利益高于一切的观念，同一切损害祖国利益、危害国家安全的行为进行斗争。

(4) 保卫祖国、依法服兵役和参加民兵组织。《中华人民共和国宪法》规定："保卫祖国、抵抗侵略是中华人民共和国每一个公民的神圣职责。依照法律服兵役和参加民兵组织是中华人民共和国公民的光荣义务。"巩固的国防，关系到中国的社会主义现代化建设能否顺利进行，关系到国家的前途和命运。依法服兵役和参加民兵组织，是每一个公民都应当承担的义务。

(5) 依法纳税。税收是国家财政收入的主要渠道，也是国家建设资金积累的重要来源，是国家调节国民经济的重要杠杆。《中华人民共和国宪法》规定："中华人民共和国公民有依照法律纳税的义务。"纳税以公民自觉性为基础，但又带有强制性，所有纳税单位和个人，都必须自觉履行纳税义务。

(6) 其他义务。除上述义务外，《中华人民共和国宪法》还规定，夫妻双方有实行计划生育的义务，父母有抚养教育未成年子女的义务，成年子女有赡养扶助父母的义务。

五、中国的国家机构

国家机构，是国家为实现其管理社会、维护社会秩序职能而建立起来的国家机关的总和，是全部国家机关的总称。从纵向看，国家机构可以分为中央国家机关和地方国家机关；从横向看，国家机构一般分为立法机关、行政机关、国家元首、司法机关等。《中华人民共和国宪法》规定，中国国家机构分为全国人民代表大会、中华人民共和国主席、国务院、中央军事委员会、地方各级人民代表大会和地方各级人民政府、民族自治地方的自治机关、监察委员会、人民法院和人民检察院。

(一) 全国人民代表大会

《中华人民共和国宪法》规定:"中华人民共和国全国人民代表大会是最高国家权力机关。它的常设机关是全国人民代表大会常务委员会。" 全国人民代表大会由全国人民在普选基础上产生的代表组成,在中国国家机构体系中居于最高地位,其他中央国家机关都由全国人民代表大会产生并对它负责。全国人民代表大会常务委员会的职权包括行使国家立法权,选举、决定和罢免国家机关领导人,决定国家重大事项,监督其他国家机关的工作等。

(二) 中华人民共和国主席

中华人民共和国主席是中国国家机构的重要组成部分,代表中华人民共和国进行国事活动。根据全国人民代表大会及其常务委员会的决定,行使公布法律、任免国务院组成人员等重要职权。中华人民共和国主席、副主席由全国人民代表大会选举产生。

(三) 国务院

中华人民共和国国务院即中央人民政府,是最高国家权力机关的执行机关,是最高国家行政机关。国务院统一领导国务院各部委的工作,统一领导地方各级国家行政机关的工作。国务院实行总理负责制,对全国人大及其常委会负责并报告工作。

(四) 中央军事委员会

《中华人民共和国宪法》规定:"中华人民共和国中央军事委员会领导全国武装力量。"中央军事委员会是全国武装力量的最高领导机关。中央军事委员会实行主席负责制,由主席向全国人大和全国人大常委会负责。

(五) 地方各级人民代表大会和地方各级人民政府

根据《中华人民共和国宪法》和《中华人民共和国地方各级人民代表大会和地方各级人民政府组织法》的规定,省、自治区、直辖市、自治州、县、市、自治县、市辖区、乡、民族乡、镇设立人民代表大会。地方各级人大是地方国家权力机关,由通过直接选举或间接选举产生的人大代表组成。县以上地方各级人大常委会是本级人大的常设机关，对本级人大负责并报告工作。地方各级人民政府是地方各级国家权力机关的执行机关，是地方各级国家行政机关。它由同级人民代表大会产生，既对同级人民代表大会及其常委会负责并报告工作，同时也对上一级国家行政机关负责并报告工作。地方各级人民政府实行首长负责制。

此外，《中华人民共和国宪法》还规定，城市和农村按居民居住地区设立的居民委员会或者村民委员会是基层群众性自治组织。居民委员会、村民委员会设人民调解、治安保卫、公共卫生等委员会，办理本居住地区的公共事务和公益事业，调解民间纠纷，协助维护社会治安，并且向人民政府反映群众的意见、要求和提出建议。

(六) 民族自治地方的自治机关

民族自治地方的自治机关是自治区、自治州、自治县的人民代表大会和人民政府，行使宪法规定的地方国家机关的职权，同时依照宪法、民族区域自治法和其他法律规定的权限行使自治权，根据本地方实际情况贯彻执行国家的法律、政策。民族自治地方的人民代表大会有权依照当地民族的政治、经济和文化的特点，制定自治条例和单行条例。自治区的自治条例和单行条例，报全国人民代表大会常务委员会批准后生效。自治州、自治县的自治条例和单行条例，报省或者自治区的人民代表大会常务委员会批准后生效，并报全国人民代表大会常务委员会备案。

(七) 监察委员会

中华人民共和国各级监察委员会是国家的监察机关。中华人民共和国设立国家监察委员会和地方各级监察委员会。监察委员会依照法律规定独立行使监察权，不受行政机关、社会团体和个人的干涉。监察机关办理职务违法和职务犯罪案件，应当与审判机关、检察机关、执法部门互相配合，互相制约。

(八) 人民法院和人民检察院

《中华人民共和国宪法》规定："中华人民共和国人民法院是国家的审判机关。"根据《中华人民共和国宪法》和《中华人民共和国人民法院组织法》的规定，中国人民法院的组织体系包括最高人民法院、地方各级人民法院和专门人民法院。地方各级人民法院分为高级人民法院、中级人民法院、基层人民法院；专门人民法院包括军事法院、海事法院、铁路运输法院等。

《中华人民共和国宪法》规定："中华人民共和国人民检察院是国家的法律监督机关。"根据《中华人民共和国宪法》和《中华人民共和国人民检察院组织法》的规定,人民检察院的组织体系包括最高人民检察院、地方各级人民检察院和专门人民检察院。地方各级人民检察院分为:省、自治区、直辖市人民检察院;省、自治区、直辖市人民检察分院,自治州和设区的市人民检察院;县、不设区的市、自治县和市辖区人民检察院。专门人民检察院包括军事检察院、铁路运输检察院等。

思 考 题

1. 如何理解法律效力的概念和法律效力范围的概念?
2. 确定法律规范效力等级和位次的规则有哪些?
3. 现代中国的法律部门有哪些?
4. 宪法作为国家的根本大法有哪些有别于一般法律的特征?
5. 中国单一制的国家结构是如何构建的?
6. 中国法律对于法律的溯及力是如何规定的?

第七章
中国的实体法律制度

实体法律制度主要是规定法律关系主体的权利和义务或职权和职责的法律制度。中国的实体法律制度主要包括民商法律制度、行政法律制度、经济法律制度、刑事法律制度等。

第一节 中国的民商法律制度

民商法指民法与商法。关于民法和商法的关系有两种体例：一种是民商合一，另一种是民商分立，中国尚未就属于何种体例作出明确说明，但根据现代民法发展趋势，中国应采取民商合一体例。民法与商法共同调整商品经济关系，通属私法，与人们日常活动的关系最直接、最密切。人们的人身、财产等权益受民商法保护，买卖、租赁、处理票据、证券、保险、公司业务等活动都要受到民商法的调整。

一、民法的概念和基本原则

（一）民法的概念

民法是调整平等主体的自然人、法人和非法人组织之间的人身关系和财产关系的法律规范的总和。中国于 2020 年公布，并于 2021 年施行的《中华人民共和国民法典》规定了民事法律的基本制度。

> 案例 7-1
>
> 房屋拆迁争议错误提请法院诉讼案①

---

① 田韶华，任成印，赵一强. 民法案例教学实验教程[M]. 北京：知识产权出版社，2018：4.

(二) 民法的基本原则

民法的基本原则,是指其效力贯穿于民法始终的民法根本规则。民法基本原则不仅是制定民法的立法准则,也是当事人在法无明文规定时的行为准则,同时还是司法机关在处理此种情况下诉讼纠纷的审判准则。它可以起到弥补民事法律规范欠缺的作用,也意味着授权司法机关可以进行创造性的司法活动。根据《中华人民共和国民法典》的规定,结合学理解释,可将中国民法的基本原则概括为平等原则、自愿原则、公平原则、诚实信用原则、不得违反法律法规和公序良俗的原则、有利于节约资源和保护生态环境的原则。

(1) 平等原则,是指民事主体身份或者法律地位平等,在具体的民事法律关系中互不隶属,能自主地表达自己的意愿,其合法权益平等地受法律保护。

> **案例 7-2**
>
> 集体经济组织拒绝给外嫁女土地征收赔偿案①

(2) 自愿原则,是指民事主体在法律允许的范围内有完全的意志自由,可以根据自己的意愿参加民事活动,作出民事行为,并自主地决定民事法律行为的形式与内容,任何组织和个人都不得非法干预、强迫或胁迫。

(3) 公平原则,是指应当以利益均衡作为价值判断标准来调整民事主体之间的物质利益关系,确定其民事权利、民事义务和民事责任。

(4) 诚实信用原则,是指民事主体从事民事活动、行使民事权利或履行民事义务时,应善意无欺,讲求信用,不规避法律和约定。

> **案例 7-3**
>
> 杨某诉南航公司、民惠公司客运合同纠纷案②

(5) 不得违反法律法规和公序良俗的原则,是指民事主体在行使民事权利时,必须遵守法律,同时应当尊重社会公德,不得损害社会公共利益和他人利益。

---

① 项定宜. 民法案例教程[M]. 哈尔滨:东北林业大学出版社,2018:12.
② 参见 http://faq.66law.cn/topnew/10492.shtml.

> **案例 7-4**
>
> 刘某妤诉刘某、周某共有房屋分割纠纷案[①]

(6) 有利于节约资源和保护生态环境的原则,又称绿色原则。绿色原则贯彻了宪法保护环境的要求,是改善人与环境关系的倡导性原则,体现了天地人和、建设生态文明、实现可持续发展的理念。

二、民事主体制度

民事主体又称民事法律关系主体,是指参加民事法律关系,独立享有民事权利和承担民事义务的人,即民事法律关系的当事人,包括公民(自然人)、法人和非法人组织。

(一) 自然人

自然人,是指自然状态下出生的人,或者是依自然规律出生而取得民事主体资格的人。自然人的民事权利能力,是指法律确认的自然人享有民事权利、承担民事义务的资格。公民的民事权利能力一律平等。自然人从出生时起到死亡时止,具有民事权利能力,民事行为能力是民事主体独立实施民事法律行为的资格。

(二) 自然人的民事行为能力

《中华人民共和国民法典》有如下规定。

(1) 18 周岁以上的自然人是成年人,具有完全民事行为能力,可以独立进行民事活动,是完全民事行为能力人。

(2) 16 周岁以上不满 18 周岁的未成年人,以自己的劳动收入为主要生活来源的,视为完全民事行为能力人。

(3) 8 周岁以上的未成年人是限制民事行为能力人,可以进行与他的年龄、智力相适应的民事活动;其他民事活动由他的法定代理人代理,或者征得他的法定代理人的同意、追认,但是可以独立实施纯获利益的民事法律行为或者与其年龄、智力相适应的民事法律行为除外。

---

① 参见 http://www.360doc.com/content/18/0723/05/34335215_772496003.shtml。

(4) 不满 8 周岁的未成年人是无民事行为能力人，由他的法定代理人代理民事活动。不能辨认自己行为的成年人是无民事行为能力人，由他的法定代理人代理民事活动。不能完全辨认自己行为的成年人是限制民事行为能力人，可以进行与他的精神健康状况相适应的民事活动；其他民事活动由他的法定代理人代理，或者征得他的法定代理人的同意。无民事行为能力人、限制民事行为能力人的监护人是他的法定代理人。

《中华人民共和国民法典》规定："自然人的出生时间和死亡时间，以出生证明、死亡证明记载的时间为准；没有出生证明、死亡证明的，以户籍登记或者其他有效身份登记记载的时间为准。有其他证据足以推翻以上记载时间的，以该证据证明的时间为准。"这对确定民事主体的民事行为能力和需要承担的民事责任具有非常重要的意义。

(三) 法人

法人，是指具有民事权利能力和民事行为能力，依法独立享有民事权利和承担民事义务的组织。《中华人民共和国民法典》规定法人成立的法律要件有四项：依法成立；有必要的财产或者经费；有自己的名称、组织机构和住所；能够独立承担民事责任。按法人的功能、设立方法以及财产来源的不同，法人分为营利法人和非营利法人两大类。营利法人指企业法人、机关法人、事业单位法人；非营利法人指社会团体、基金会、社会服务机构等法人。

(四) 非法人组织

非法人组织是指不具有法人资格，但可以依法以自己的名义从事民事活动的组织，主要包括个人独资企业、合伙企业、不具有法人资格的专业服务机构等。

三、民事法律行为制度

民事法律行为，是指民事主体在民事活动领域内基于其意志所实施的能够产生一定民事法律后果的行为。民事主体取得权利和承担义务，必须通过自己的行为。例如，订立合同、订立遗嘱、设立公司以及结婚、收养等。民法分别规定了各种行为的成立条件、生效条件和法律后果。只有符合法律条件的行为，才能够发生当事人所希望的法律后果，才属于民事法律行为。《中华人民共和国民法典》

规定："民事法律行为是民事主体通过意思表示设立、变更、终止民事法律关系的行为。"

(一) 民事法律行为应当具备的条件

民事法律行为应该具备如下条件：

(1) 行为人具有相应的民事行为能力。

(2) 意思表示真实。

(3) 不违反法律、行政法规的强制性规定，不违背公序良俗。

> 案例 7-5
>
> 邢某与孙某悬赏广告纠纷案①

(二) 民事法律行为的形式

民事法律行为可以采用书面形式、口头形式或者其他形式；法律、行政法规规定或者当事人约定采用特定形式的，应当采用特定形式。

民事法律行为的核心是意思表示。所谓意思表示，是行为人将其期望发生法律效果的内心意愿以一定方式表达于外部的行为。意思存于内心，是不能发生法律效果的。当事人要使自己的内心意思产生法律效果，就必须将意思表现于外部，即将意思发表。发表则须借助语言、文字或者表意的形体语汇。

意思表示所发表的意思，不是寻常意思，而是体现为民法效果的意思，亦即关于权利与义务的取得、丧失及变更的意思。按其是否以向相对人实施为要件，划分为有相对人的表示与无相对人的表示。

(1) 向相对当事人做的意思表示，为有相对人的意思表示，如要约与承诺、债务免除、合同解除、授予代理权等。意思表示有相对人时，如果意思表示到达相对人有传递的在途时间，则该意思表示以到达相对人时生效。

(2) 没有相对当事人的意思表示为无相对人的意思表示，如遗嘱、捐赠行为等，该意思表示自完成时生效。意思表示瑕疵包括欺诈、胁迫、乘人之危、重大误解和显失公平，按照法律规定进行效力的确定。

---

① 参见 http://blog.sina.com.cn/s/blog_4786085401000a98.html。

> **案例 7-6**
>
> 受欺诈胁迫签订补偿协议无效案①

四、代理

民事主体不可能亲自进行所有的民事行为,可以通过签订合同等形式委托他人代理。代理是代理人在代理权限内,以本人(被代理人)名义向第三人(相对人)进行意思表示或受领意思表示,而该意思表示直接对本人生效的民事法律行为。依据法律规定,当事人双方约定或者民事法律行为的性质应当由本人亲自实施的民事法律行为不能代理。

代理人在代理权限内,以被代理人名义实施民事法律行为,被代理人对代理人的代理行为承担民事责任。以代理权产生原因的不同为标准,代理可分为委托代理和法定代理。

五、民事权利制度

民事权利,是指自然人、法人或非法人组织在民事法律关系中享有的具体权益。民事权利所包含的权益,可以分为财产权益和非财产权益。因此,民事权利可以分为财产权和非财产权两大类,中国民法所规定的民事权利,主要有人身权、物权、债权、知识产权、继承权等。

(一) 人身权

人身权又称非人身财产权,是指与人身直接相关而没有财产内容的权益,是公民的基本权利之一,包括人身自由与人格尊严两部分。人身权包括人格权和身份权。

(1) 人格权是民事主体基于其人格或身份而依法享有的,以其人格利益或身份利益为客体的民事权利。人格权又包括生命权、身体权、健康权、姓名权、名誉权、肖像权、隐私权、婚姻自主权等具体权利。

(2) 身份权是民事主体基于某种特定身份享有的民事权利。身份权主要包括配

---

① 参见 http://bbs.tianya.cn/post-law-807170-1.shtml。

偶权、亲权等。法人组织享有名称权、名誉权、荣誉权等权利。

(二) 物权

物权，是指权利人依法对特定的物享有直接支配和排他的权利，包括所有权和他物权(用益物权和担保物权)。所有权是最典型、最完全的物权。抵押权、质权、留置权、土地使用权是不完全的物权。

根据《中华人民共和国民法典》规定，物权是法定的。物权法定原则，亦称物权法定主义，是指物权的种类与内容只能由法律来规定，不允许当事人自由创设。

物权法定的具体内容如下。

(1) 物权的种类法定，当事人不得随意创设，学说称为"类型强制"。根据物权法定主义，当事人设定的物权必须符合现行法律的明确规定，即"只允许当事人按照法律规定的物权秩序确定他们之间的关系"，如果法律无明文规定物权种类时，则不能解释为法律允许当事人自由设定，只可解释为法律禁止当事人创设此种物权。

(2) 物权的内容法定，禁止当事人创设与物权法定内容相悖的物权，学说称为"类型固定"。当事人不得逾越法律规定的物权内容的界限，改变法律明文规定的物权内容，如约定永久性地限制所有人对其所有物的处分权，亦即取消所有权中的处分权能。由于所有权是所有人对其所有物于法令限制范围内的占有、使用、收益和处分的权利，除法律规定的限制外，无论设定用益物权还是担保物权，都不能对物权人的处分权设定永久的期限限制，否则将使所有权有名无实。

(3) 物权的效力法定，当事人不得协议变更。物权的效力是指法律赋予物权的强制性作用力，是合法行为发生物权法上效果的保障力。物权为绝对权、对世权，具有对抗一般人的效力，涉及国家、社会和第三人的利益，影响物权的流转和交易安全。因此物权具有的排他、优先及追及效力，都应当由法律明确规定，不容当事人通过协议随意改变。例如，根据《中华人民共和国民法典》的规定，抵押权人有权就抵押物优先受偿，如果当事人通过协议设定不具有优先受偿性的抵押权，这种约定应归于无效。

(4) 物权的公示方式法定，当事人不得随意确定。关于物权变动的公示方式，世界各国的通例为：动产公示以交付(占有)为原则，以登记为例外，不动产均以登记为公示方法。法律对物权变动时的公示方式均有明确规定，非以法定方式予以公示，物权的变动或者无效，或者不得对抗第三人，当事人不得协商不经公示的所有权转移。例如，当事人在房屋买卖合同中，约定房屋不通过登记而发生所有权的转移，这一约定因为违反了不动产物权变动的公示要件而无效。如果该房屋在未交付前又出卖给第三人，并且第三人已经办理产权登记手续，则第三人取得房屋所有权。

> **案例 7-7**
>
> 房屋所有权确认案例[①]

物权法中所规定的物权种类有三大类：所有权、用益物权和担保物权。

(1) 所有权。所有权是构成物权的基础，所有权制度是物权法的灵魂。担保物权和用益物权是从所有权派生出来的。所有权是指权利人对自己的不动产和动产，依照法律的规定享有占有、使用、收益和处分的权利。处分权是所有权区别于其他权利的重要特征。所有权包括国家所有权、集体所有权、私人所有权，并派生出建筑物区分所有权。

(2) 用益物权。所有权是自物权，用益物权就是他物权(限制物权)，是权利人对他人所有的不动产或者动产，依法享有占有、使用和收益的权利。物权法所规定的用益物权种类有土地承包经营权、建设用地使用权、宅基地使用权、居住权和地役权。

(3) 担保物权。担保物权是指担保物权人在债务人不履行到期债务或者发生当事人约定的实现担保物权的情形，依法享有就担保财产优先受偿的权利。担保物权分为抵押权、质权和留置权，是对标的物交换价值的支配，即在所担保债务到期不能清偿时，以变卖标的物的价款抵偿。

(三) 债权

债权是得请求他人为一定行为(作为或不作为)的民法上的权利。基于权利义务相对原则，相对于债权者为债务，即必须为一定行为(作为或不作为)的民法上义务。因此，债之关系本质上即为民法上的债权债务关系，债权和债务都不能单独存在。

---

① 参见 https://www.66law.cn/goodcase/34856.aspx。

和物权不同的是，债权是一种典型的相对权，只在债权人和债务人之间发生效力，原则上债权人和债务人之间的债之关系不能对抗第三人。

债发生的原因在民法中主要分为合同、无因管理、不当得利和侵权行为；债的消灭原因则有清偿、提存、抵销、免除等。

(1) 合同。合同是债权产生最主要的原因。

(2) 无因管理。无因管理是指没有法定或者约定的义务，为避免他人的利益受损失而进行管理和服务的，提供管理和服务的一方有权要求他方支付必要的费用。

(3) 不当得利。不当得利是指既没有法律上的原因，也没有合同上的原因，取得了不当利益，而使他人受到损失的行为。在不当得利的情况下，受到损失的当事人有权要求另一方返还不当利益。

(4) 侵权行为。侵权行为可分为一般侵权行为和特殊侵权行为。理论上来说，债权为民法中权利的一种类型，根据债权侵权行为"三要件"说，债权侵权行为的要件包括损害、因果关系与过错。上述的侵权行为构成要件当然也应适用于对第三人侵害债权的认定。只是由于债权相对性带来的非公示性以及第三人侵害债权的非直接性，学者们在讨论第三人侵害债权的构成要件时，标准比侵害物权时要严格得多。这主要体现在对行为人过错的认定方面，在一般侵权行为中，当事人一方只有因自己的过错而给他人造成人身和财产损失时，才负赔偿的责任，如果没有过错，就不需负赔偿责任。而在特殊侵权行为中，只要造成了他人的损失，就算自己不存在过错，仍要负赔偿责任。

> 案例 7-8
>
> 擅租别人房屋是否是无因管理案①

(四) 知识产权

知识产权属于民事权利，是指创造性智力成果的完成人或工商业标志的所有人依法享有的权利的总称，通常是国家赋予创造者对其智力成果在一定时期内享有的专有权或独占权。

知识产权从本质上说是一种无形财产权，它的客体是智力成果或是知识产品，

---

① 参见 https://www.360kuai.com/pc/9328cb5fce5216ab4?cota。

是一种无形财产或者一种没有形体的精神财富，是创造性的智力劳动所创造的劳动成果。它与房屋、汽车等有形财产一样，都受到国家法律的保护，都具有价值和使用价值。有些重大专利、驰名商标或作品的价值也远远高于房屋、汽车等有形财产。

知识产权主要包括著作权、专利权、商标权、商业秘密权、植物新品种权、集成电路布图设计权等。

（五）继承权

继承权，是指自然人依法享有的取得或承受被继承人遗产的权利。遗产是公民死亡时遗留的个人合法财产，包括公民的收入，公民的房屋储蓄和生活用品，公民的林木、牲畜和家禽，公民的文物、图书资料，法律允许公民所有的生产资料，公民的著作权、专利权中的财产权利，公民的其他合法财产。继承权的接受与放弃是不可转让的，遗产的继承是有先后顺序的。

根据继承权产生方式的不同，继承权主要有法定继承权和遗嘱继承权之分。法定继承权是基于法律规定而享有的继承权，遗嘱继承权是基于被继承人生前立下的合法有效的遗嘱而享有的继承权。根据《中华人民共和国民法典》规定，继承开始后，遗产分割前，继承人未表示放弃继承权的视为接受继承。

物权、债权、知识产权、继承权、人身权构成了完整的民事权利体系。民法分别就各种民事权利的产生、变更、移转、消灭设置了具体规则，分别构成各种民事权利制度。

六、民事责任制度

（一）民事责任的概念

民事责任，即民事法律责任，是指民事主体在民事活动中，因实施了民事违法行为，根据民法所承担的对其不利的民事法律后果或者基于法律特别规定而应承担的民事法律责任。

民事责任属于法律责任的一种，是保障民事权利和民事义务实现的重要措施，是民事主体因违反民事义务所应承担的民事法律后果，它主要是一种民事救济手段，旨在使受害人、被侵犯的权益得以恢复。《中华人民共和国民法典》规定，民事主体违反合同或不履行其他义务的,应当承担民事责任;由于过错侵害国家、集体的财产,侵害他人财产、人身的,应当承担民事责任;没有过错,但法律规定应当承担责任的,应当承担民事责任。

(二) 民事责任的分类

《中华人民共和国民法典》根据责任发生根据的不同,将民事责任分为合同责任、侵权责任与其他责任。合同责任是指因违反合同约定的义务、合同附随义务或违反《中华人民共和国民法典》规定的义务而产生的责任;侵权责任是指因侵犯他人的财产权益与人身权益而产生的责任;其他责任就是合同责任与侵权责任之外的其他民事责任,如不当得利、无因管理等产生的责任。

民事责任的构成要件包括以下内容。

(1) 损害事实的客观存在。损害是指因一定的行为或事件使民事主体的权利遭受某种不利的影响。权利主体只有在受损害的情况下才能够请求法律上的救济。

(2) 行为的违法性。违法指对法律禁止性或命令性规定的违反。除了法律有特别规定之外,行为人只应对自己的违法行为承担法律责任。

(3) 违法行为与损害事实之间的因果关系。作为构成民事责任要件的因果关系指行为人的行为及其物件与损害事实之间所存在的前因后果的必然联系。

(4) 行为人的过错。行为人的过错是行为人在实施违法行为时所具备的心理状态,是构成民事责任的主观要件。

根据《中华人民共和国民法典》的规定,承担民事责任的方式主要有:停止侵害,排除妨碍,消除危险,返还财产,恢复原状,修理、重做、更换,赔偿损失,继续履行,支付违约金,消除影响,恢复名誉,赔礼道歉等。法律规定惩罚性赔偿时,依照其规定,承担民事责任的方式可以单独适用,也可以合并适用。

七、民事诉讼时效制度

(一) 诉讼时效的概念

为了督促权利人及时行使民事权利,《中华人民共和国民法典》规定了诉讼时效制度。诉讼时效,是指民事权利受到侵害的权利人在法定的时效期间内不行使权利,当时效期间届满时,即丧失了请求人民法院依诉讼程序强制义务人履行义务之权利的制度。

(二) 诉讼时效的期限

《中华人民共和国民法典》规定：

"向人民法院请求保护民事权利的诉讼时效期间为三年。法律另有规定的，依照其规定。

诉讼时效期间自权利人知道或者应当知道权利受到损害以及义务人之日起计算。法律另有规定的，依照其规定。但是自权利受到损害之日起超过二十年的，人民法院不予保护；有特殊情况的，人民法院可以根据权利人的申请决定延长……人民法院不得主动适用诉讼时效的规定。"

八、合同法律制度

(一) 合同的概念

合同，是指平等主体的自然人、法人、其他组织之间设立、变更、终止民事权利义务关系的协议。合同是一种民事法律行为，是平等主体之间的协议，是两方以上当事人的意思表示一致的民事法律行为。《中华人民共和国民法典》对合同的订立、效力、履行、变更和转让、终止、违约责任，以及主要合同种类等都作出了明确规定。

(二) 合同的形式及分类

《中华人民共和国民法典》规定，当事人订立合同，有书面形式、口头形式和其他形式。法律、行政法规规定采用书面形式或当事人约定采用书面形式的，应当采用书面形式。合同法按合同所反映交易关系的性质，将合同分为五大类：转让财产所有权的合同、使用财产的合同、完成工作的合同、提供服务的合同、技术合同，具体分为买卖合同、赠与合同、互易合同、建筑工程合同、运输合同、委托合同等。

(三) 合同的主要内容

合同的内容由当事人约定，一般包括以下条款：当事人的名称或者姓名和住所，标的，数量，质量，价款或者报酬，履行期限、地点和方式，违约责任，解决争议的方法，合同双方可以参照各类合同示范文本订立合同。

(四) 合同的订立

合同的订立，是当事人各方通过平等协商，依法就合同内容达成意思表示一致的过程。《中华人民共和国民法典》规定，当事人采取要约、承诺方式订立合同。要约是希望和他人订立合同的意思表示。

要约的构成要件包括以下内容。

(1) 要约是特定人的意思表示；要约是以缔结合同为目的的意思表示；要约是向相对人(受要约人)所做的意思表示。

(2) 要约的内容必须具体、确定，至少应具备合同的必要条款。

(3) 表明经受要约人承诺，要约人即受该意思表示的约束。

要约到达受要约人时生效。承诺是受要约人同意要约的意思表示。

承诺必须具备以下要件：

(1) 承诺必须由受要约人向要约人作出。

(2) 承诺必须是对要约明确表示同意的意思表示，承诺的内容不能对要约作出实质性的变更。

(3) 承诺应在要约有效期限内作出。

(4) 承诺应当以通知的方式作出，但根据交易习惯或者要约表明可以通过行为作出承诺的除外。

(五) 合同的有效条件及违约责任

合同生效是业已成立的合同具有法律约束力，订立合同是一种民事法律行为，故民事法律行为的有效要件，亦为合同的有效要件。

(1) 依法成立的合同，自成立时生效。

(2) 法律、行政法规规定应当办理批准、登记手续生效的，依照其规定。

(3) 当事人对合同的效力可以约定附条件或附期限，附生效条件的合同，自条件成就时生效。

当事人必须按照合同的约定全面履行自己的义务，不履行合同义务或者履行合同义务不符合约定的，应当承担继续履行、采取补救措施或者赔偿损失等违约责任。

九、知识产权法律制度

(一) 知识产权法的概念

知识产权法是调整在创造、使用、转让和保护智力成果或工商业标志过程中发生的社会关系的法律规范的总称。中国关于知识产权的立法主要有《中华人民共和国著作权法》《中华人民共和国专利法》《中华人民共和国商标法》等专门法律和其他法律的有关规定,还有大量关于知识产权的法规和规章。此外,《巴黎公约》《伯尔尼公约》等中国缔结或加入的有关国际条约,也是中国知识产权法的重要渊源。

(二) 著作权法

著作权,是著作权人对其文学、艺术和科学作品依法享有的人身权和财产权。著作权法是有关著作权以及相关权益的取得、行使和保护的法律规范的总称。著作权人包括作者、其他依照著作权法享有著作权的公民、法人或者其他组织。著作权的内容包括发表权、署名权、修改权、保护作品完整权、复制权、发行权、出租权、展览权、表演权、放映权、广播权、信息网络传播权、摄制权、改编权、翻译权、汇编权,以及应当由著作权人享有的其他权利。

中国著作权法的保护对象包括以文学、艺术和自然科学、社会科学、工程技术等形式创作的作品,具体是文字作品,口述作品,音乐、戏剧、曲艺、舞蹈、杂技艺术作品,美术、建筑作品,摄影作品,电影作品和以类似摄制电影的方法创作的作品,工程设计图、产品设计图、地图、示意图等图形作品和模型作品,计算机软件,法律、行政法规规定的其他作品。但依法禁止出版、传播的作品,不受著作权法的保护。

(三) 专利法

专利权,是指国家依照法律规定,授予发明人、设计人或其所属单位对其发明创造在一定范围内依法享有的独占权利。专利法是确认发明人、设计人对其发明创造享有专利权,规定专利权人的权利和义务的法律规范的总称。

专利权人的权利主要包括独占实施权、转让权、实施许可权、标记署名权、请求保护权和放弃权。《中华人民共和国专利法》的保护对象是依照专利法可以授予专利的发明创造，包括发明、实用新型和外观设计。授予专利权的发明和实用新型，应当具备新颖性、创造性和实用性，外观设计应当具备新颖性和实用性。

(四) 商标法

商标权是指商标所有人依法对其注册商标享有的专用权。商标法是调整商标在注册、使用、管理和保护过程中发生的各种社会关系的法律规范的总称。商标权人的权利包括专有使用权、禁止权、转让权、司法救济权、继承权、使用许可权、续展权和请求保护权。商标权人有依法缴纳各项商标费用、保证注册商标商品的质量和依法使用注册商标等义务。中国商标权的取得采取注册原则，经商标局核准注册的商标，享有商标专用权，受到法律的保护。

知识产权的保护是一项系统工程。中国已建立起比较完善的知识产权法律保护体系，通过立法、司法、行政等途径实现对知识产权的有效保护。此外，中国知识产权的社会保护也发挥着越来越大的作用。

十、商事法律制度

中国的商法是民商法律部门的重要组成部分，包括公司法、证券法、票据法、保险法等法律制度。

(一) 公司法

公司是企业法人，有独立的法人财产，享有法人财产权，以其全部财产对公司的债务承担责任。公司包括无限公司、有限责任公司和股份有限公司。有限责任公司的股东以其认缴的出资额为限对公司债务承担责任；股份有限公司的股东以其所持的股份为限对公司债务承担责任。

公司从事经营活动，必须遵守法律、行政法规，遵守社会公德、商业道德，诚实守信，接受政府和社会公众的监督，承担社会责任。公司的合法权益受法律保护，不受侵犯。设立公司，应当依法向公司登记机关申请设立登记。法律、行政法规规定设立公司必须报经批准的，应当在公司登记前依法办理批准手续。公司必须保护职工的合法权益，依法与职工签订劳动合同，参加社会保险，加强劳动保护，实现安全生产。

(二) 证券法

证券,是用来表明民事权利义务关系的一种书面凭证,它记载并代表一定权利,是权利与权利载体的结合体。证券包括股票、公司债券和经国务院认定的投资基金凭证、非公司企业债券、政府债券等。证券交易是指已发行的证券在证券市场上买卖或转让的活动,具有流动性、收益性和风险性。

股票、公司债券和国务院依法认定的其他证券的发行和交易,必须依法进行。证券发行、交易活动的当事人具有平等的法律地位,应当遵守自愿、有偿、诚实信用的原则。证券的发行、交易活动,必须遵守法律、行政法规,禁止欺诈、内幕交易和操纵证券市场的行为。

(三) 票据法

票据,是指出票人签发的,约定自己或委托付款人在见票时或指定的日期向收款人或持票人无条件支付一定金额并可流通转让的有价证券,包括汇票、本票和支票。

(1) 汇票,是出票人签发的,委托付款人在见票时或者在指定日期无条件支付确定的金额给收款人或者持票人的票据。按照出票人的不同,汇票分为银行汇票和商业汇票。

(2) 本票,是出票人签发的,承诺自己在见票时无条件支付确定的金额给收款人或者持票人的票据。

(3) 支票,是出票人签发的,委托办理支票存款业务的银行或者其他金融机构在见票时无条件支付确定的金额给收款人或者持票人的票据。票据的签发、取得和转让,应当遵循诚实信用的原则,具有真实的交易关系和债权债务关系。票据上的记载事项应当真实,不得伪造、变造。伪造、变造票据上的签章和其他记载事项的,应当承担法律责任。

(四) 保险法

保险,是指投保人根据合同约定,向保险人支付保险费,保险人对于合同约定的可能发生的事故因其发生所造成的财产损失承担赔偿保险金责任,或者当被保险人死亡、伤残、疾病或者达到合同约定的年龄、期限时承担给付保险金责任的商业保险行为。从事保险活动必须遵守法律、行政法规,尊重社会公德,遵循自愿原则。保险活动当事人行使权利、履行义务应当遵循诚实信用原则。保险公司开展业务，应当遵循公平竞争的原则，不得从事不正当竞争。

建立保险关系必须签订保险合同。保险合同是投保人与保险人约定保险权利义务关系的协议。投保人是指与保险人订立保险合同，并按照保险合同负有支付保险费义务的人。保险人是指与投保人订立保险合同，并承担赔偿或者给付保险金责任的保险公司。投保人和保险人订立保险合同，应当遵循公平互利、协商一致、自愿订立的原则，不得损害社会公共利益。

第二节 中国的行政法律制度

行政法律制度是所有调整行政法律关系的法律规范的总称。在中国，行政法律制度包括行政法、公务员法、行政复议法、行政处罚法等相关法律法规。

一、行政法的概念、分类和基本原则

(一) 行政法的概念

行政法是调整行政关系的法，是调整行政机关系统内部及行政机关在职权活动中发生的社会关系的法，它是中国法律体系中一个独立的法律部门，随着中国法制建设的深入、市场经济体制的确立和发展、政府职能的转变，国家越来越多地运用法律手段来调整社会生活，要求国家管理者和被管理者都按照法律法规的既定内容活动，尤其是要求行政机关和公务员严格依法行政，保证行政行为的合法性与合理性。

行政法一方面要规范和约束行政机关的行政权力和行政行为，保护公民、法人和其他组织的正当权益；另一方面也要规范和约束公民、法人和其他组织的行为，维护公共利益和社会秩序。行政法律关系十分广泛且复杂多样，在形式上很难制定出一个与宪法、刑法和民法类似的统一法典，它的法律规范分散于众多法律文件之中。

(二) 行政法的分类

行政法的内容十分广泛，依据不同的标准可将行政法分成不同的种类。常见的行政法分类主要有以下几种。

(1) 一般行政法与特别行政法,这是以行政法调整对象的范围为标准对行政法所做的划分。一般行政法是对一般行政关系加以调整的法律规范的总称,如行政组织法、公务员法、行政程序法、行政处罚法等;特别行政法是对某一方面或某一领域的行政关系加以调整的法律规范的总称,如统计行政法、卫生行政法、教育行政法、公安行政法、科技行政法等。

(2) 实体行政法与程序行政法,这是以行政法规范的性质为标准划分的。实体行政法是规范行政法主体权利、义务等实体内容的行政法规范的总称;程序行政法是规范行政实体在实施行政行为时所遵循的方法、步骤、时限和顺序的行政法规范的总称,如行政诉讼法、行政程序法等,两者具有不同的功能,所遵循的原则也存在差异。

(3) 行政组织法、行政行为法、行政监督法和行政救济法,这是以行政法的作用为标准对行政法所做的划分。行政组织法是规范行政主体的设置、编制、职权、职责等内容的行政法;行政行为法是规范行政主体行使行政职权的活动的行政法;行政监督法是规范特定行政主体对一般行政主体的行为如何进行检查督促的行政法;行政救济法是规定如何对违法、不当或其他行政行为造成的后果进行补救的行政法。

(三) 行政法的基本原则

行政法的基本原则是指导和规范行政法的立法、执法,以及指导规范行政行为的实施和行政争议的处理的基础性法则,是贯穿于行政法具体规范之中,同时又高于行政法具体规范,体现行政法基本价值观念的准则。根据中国政府颁布的《全面推行依法行政实施纲要》和学者论述,行政法的基本原则包括以下四项:合法行政原则、合理行政原则、诚实信用原则和高效便民原则。

(1) 合法行政原则,又称依法行政原则,是各国行政法的共同理念或基本原则,其基本含义在于行政机关和其他行政公务组织必须依法行使行政权或者从事行政管理活动。要求职权法定、法律优先、法律保留。

📖 案例 7-9

邓州市骨伤医院诉邓州市工商局违法行政行为案①

---

① 参见 http://www.110.com/panli/panli_9044886.html。

(2) 合理行政原则，是指行政主体不仅应当在法律、法规、规章规定的范围内实施行政行为，而且要求行政行为要客观、适度，符合公平、正义等法律理性，包括比例原则、必要性原则、衡量性原则、平等对待原则、正当原则。

(3) 诚实信用原则，主要包括诚实守信和信赖保护两个方面。诚实守信指行政主体不得欺骗行政相对人，违反法律、法规、政策的初衷和目的；行政主体必须依法行政，行政活动应具有真实性与确定性。信赖保护指人民基于对国家公权力行使结果的合理信赖而有所规划或举措，由此而产生的信赖利益应受保护，行政行为一经作出，非有法定事由并经法定程序不得随意撤销、废止或改变，以保护行政相对人的既得利益和合理期待。

(4) 高效便民原则，是指行政机关应依法高效率、高效益地行使职权，最大限度地方便人民群众，从而更好地服务于人民和实现行政管理的目标。要以最低成本在最短时间内创造出更多的成果，同时让民众能够方便获得行政主体提供的公共服务。

二、国家行政机关与公务员

国家行政机关是依照法律规定，根据宪法和有关组织法的规定设立的，享有并行使国家行政权，对国家各项行政事务进行组织和管理的机关。国家行政机关是国家权力机关的执行机关。中国的国家行政机关体系由中央行政机关和地方行政机关组成。

行政机关公务员是依法代表行政机关行使行政权的工作人员。根据《中华人民共和国公务员法》的规定，公务员职务分为领导职务和非领导职务。其中，领导职务层次分为国家级正职、国家级副职、省部级正职、省部级副职、厅局级正职、厅局级副职、县处级正职、县处级副职、乡科级正职、乡科级副职。非领导职务层次在厅局级以下设置。综合管理类公务员的非领导职务分为巡视员、副巡视员、调研员、副调研员、主任科员、副主任科员、科员、办事员。

公务员应当具备下列条件：具有中华人民共和国国籍，年满18周岁，拥护中华人民共和国宪法，具有良好的品行，具有正常履行职责的身体条件，具有符合职位要求的文化程度和工作能力，法律规定的其他条件。

三、行政行为

行政行为是行政主体运用行政权力针对行政相对人作出的、能够产生一定法律效果的行为。根据行政行为所针对的行政相对人是否特定这一标准，可以将行政行为分为抽象行政行为和具体行政行为。

(一) 抽象行政行为

抽象行政行为，是指行政主体针对不特定的行政相对人，制定行政法规、行政规章及其他具有普遍约束力的规范性文件的行为。

在中国，行政法规是指国务院为领导和管理国家各项行政工作，根据宪法和法律，按照有关程序制定发布的政治、经济、教育、科技、文化、外事等各类法规的总称。行政规章，是指特定行政机关根据法律和法规，依法定权限和程序制定发布的、具有普遍约束力的规范性文件的总称。行政规章通常分为部门规章和地方政府规章两类。部门规章，是指国务院有关部门，依法按照部门规章制定程序制定发布的行政规范性文件的总称。地方政府规章，是指有关地方人民政府依法根据地方政府规章制定程序制定发布的行政规则的总称。其他具有普遍约束力的规范性文件，是指行政机关针对不特定对象制定发布的能反复适用的行政决定、命令。

(二) 具体行政行为

具体行政行为，是指行政主体依法对具体事项或特定个人，具体适用行政法律规范作出处理决定的行为，主要包括行政许可、行政强制、行政征收、行政奖励、行政惩戒、行政裁决、行政合同等。

(1) 行政许可。行政许可也就是通常所说的行政审批，是指行政主体根据行政相对人提出的申请，经依法审查，准许其从事特定活动、认可其资格资质或者确立其特定主体资格、特定身份的行为。

(2) 行政强制。行政强制是指行政主体在行政管理活动过程中，依法采取强制措施对行政相对人的人身、财产或作为予以强行处置的行为。

(3) 行政征收。行政征收是指行政主体根据法律规定，以强制方式无偿取得行政相对人财产所有权的行为。

(4) 行政奖励。行政奖励是指行政主体为实现行政目的，对严格遵守行政法律规范并作出一定成绩的行政相对人，给予精神鼓励或物质奖励的行为。

(5) 行政惩戒。行政惩戒又称行政制裁，是指特定的行政主体对违反行政法律规范的行政相对人，依职权追究行政法律责任的行为。

(6) 行政裁决。行政裁决是指行政主体运用其职权依法处理特定民事纠纷的行为。

(7) 行政合同。行政合同又称行政契约，是指行政主体为实现行政目的而与行政相对人达成的协议。

四、行政责任

行政责任，是指行政法律关系主体由于违反行政法律或不履行行政法律义务依法应承担的行政法律后果。行政违法或不当是行政责任得以形成的前提条件和直接根据。

行政违法或不当主要有以下情况：实施行政行为的主要证据不足或事实不清；缺乏法律法规依据或依据错误；违反法定程序；超越法定权限；滥用职权；不履行法定职责；行为内容显失公正；等等。

行政责任追究必须遵循的原则主要有责任法定原则，责任与违法程度相一致原则，补救、惩戒和教育相结合的原则等。

根据有关法律法规的规定，行政主体承担行政责任的方式主要有通报批评、赔礼道歉、恢复名誉、消除影响、返还权益、撤销违法行政行为、纠正不当行政行为、履行法定职责、行政赔偿等。

> 案例 7-10
>
> 监狱怠于履行职责赔偿案①

五、行政处罚与行政复议

行政处罚是行政主体依照法定职权和程序，对违反行政法规的行政相对人给予行政制裁的具体行政行为。行政处罚法是国家关于设定和实施行政处罚的法律

---

① 参见 http://www.110.com/ziliao/article-743962.html。

规范的总称。1996年，第八届全国人大常委会第四次会议通过的《中华人民共和国行政处罚法》系统规定了行政处罚的种类和设定行政处罚的实施机关、行政处罚的管辖和适用、行政处罚的程序以及法律责任等内容。根据该法，行政处罚的种类包括警告，罚款，没收违法所得、没收非法财物，责令停产停业，暂扣或者吊销许可证，暂扣或者吊销执照，行政拘留。法律、法规和规章以外的其他规范性文件不得设定行政处罚。

行政复议，是指行政相对人认为具体行政行为侵犯其合法权益，依法向特定的行政机关提出申请，由受理该申请的行政机关对具体行政行为依法进行审查，并作出行政复议决定的活动。1999年，第九届全国人大常委会第九次会议通过的《中华人民共和国行政复议法》对行政复议范围、行政复议管辖、行政复议程序等都做了具体、明确的规定。

第三节　中国的经济法律制度

在社会主义市场经济条件下，经济法在国家监管与协调经济运行过程中发挥着重要作用。无论是市场上的经营者，还是日常生活中的消费者，其权利和义务关系大都是由经济法调整而形成的。

一、经济法的概念和原则

（一）经济法的概念

经济法是调整国家在监管与协调经济运行过程中所发生的经济关系的法律规范的总称。它是国家为克服市场调节的局限性、盲目性而制定的调整全局性的、社会公共性的、需要由国家监管与协调的经济关系的法律。经济法律关系，是指经济法所确认的，在国家为促进经济增长、社会发展和协调经济运行而对市场活动进行组织、管理、监督和调控的过程中，所形成的具有权利义务内容的经济关系。

（二）经济法的原则

经济法的原则是经济法在调整特定社会关系时，在特定范围内所普遍适用的基本准则。我国经济法的原则主要有以下几项。

(1) 国家适度干预原则。国家适度干预原则，即国家通过宏观调控，调节经济运行，完善产业结构，保持经济的平衡和协调。同时，这种干预必须适度，必须遵循客观经济规律来进行，用法律的形式来限定干预的内容和手段。

(2) 效率公平原则。经济法坚持提高效率与维护公平相统一的原则，用法律的形式使公平和效率在整个社会经济活动中最大限度地统一起来，以利于调动各方面的积极性。

(3) 可持续发展原则。经济法必须强调坚持可持续发展的原则，用法律的形式合理开发利用资源、保护生态环境，不能为眼前利益而牺牲长远利益。

二、消费者权益保护法律制度

消费者权益保护法是调整在保护消费者权益过程中所产生的社会关系的法律规范的总称。消费者为生活消费需要购买、使用商品或者接受服务，其权益受消费者权益保护法保护。经营者与消费者进行交易，应当遵循自愿、平等、公平、诚实信用的原则。国家保护消费者的合法权益不受侵害。

根据《中华人民共和国消费者权益保护法》的规定，消费者主要享有下列权利。

(1) 人身、财产安全不受损害的权利。

(2) 知悉其购买、使用的商品或者接受的服务的真实情况的权利。

(3) 自主选择商品或者服务的权利。

(4) 公平交易的权利。

(5) 因购买、使用商品和接受服务受到人身、财产损害时，依法获得赔偿的权利。

(6) 依法成立维护自身合法权益的社会团体的权利。

(7) 获得有关消费和消费者权益保护方面的知识的权利。

(8) 人格尊严、民族风俗习惯得到尊重的权利。

(9) 对商品和服务以及保护消费者权益工作进行监督的权利。

当消费者与经营者之间发生权益争议时，根据《中华人民共和国消费者权益保护法》的规定，可通过下列途径解决：与经营者协商和解，请求消费者协会调解，向有关行政部门申诉，提请仲裁机关仲裁，向人民法院提起诉讼。对侵害消费者合法权益的行为，依法追究经营者的民事责任、行政责任或刑事责任。

三、税收法律制度

(一) 税法的概念

税收是国家为了实现其职能,凭借国家权力依法向纳税人征收货币或实物,参与国民收入分配和再分配,取得财政收入的一种形式。税法是调整税收关系的法律规范的总称。税收法律关系是由税收法律规范调整的,征税主体与纳税人之间具有权利义务内容的社会关系。税收法律关系的一方主体始终是国家。税法的构成要素主要包括征税主体、纳税主体、征税客体税种及税目、税率、纳税环节、纳税期限、减税免税、违章处理等。

税法主要包括税收征纳实体法、税收征纳程序法等。

(二) 税收征纳实体法

中国的税收征纳实体法主要包括商品税法、所得税法和财产税法。

(1) 商品税法。商品税是以商品为征税对象,以依法确定的商品的流转额为计税依据而征收的一类税,主要包括增值税、消费税和关税。

(2) 所得税法。所得税是以主体所得为征税对象,向获取所得的主体征收的一类税,主要分为企业所得税和个人所得税两类。

(3) 财产税法。财产税是以财产为征税对象,由对财产进行占有、使用或收益的主体缴纳的一类税,例如资源税、房产税、土地使用税等。

(三) 税收征纳程序法

中国税收征纳程序法律制度主要包括税务管理制度、税款征收制度、税务检查制度、税务代理制度等。《中华人民共和国税收征收管理法》和《中华人民共和国税收征收管理法实施细则》规定了中国税收征纳程序法律制度。《中华人民共和国税收征收管理法》规定,任何机关、单位和个人不得违反法律、行政法规的规定,擅自作出税收开征、停征以及减税、免税、退税、补税和其他与税收法律、行政法规相抵触的决定。纳税人、扣缴义务人必须依照法律、行政法规的规定缴纳税款、代扣代缴、代收代缴税款。

第四节　中国的刑事法律制度

刑事法律是指与刑事案件相关的法律法规的总称。刑事案件包括公诉案件、自诉案件、刑事附带民事诉讼案件，对这些案件的审理和定性需要有专门的法律部门进行规定。

一、刑法的概念和基本原则

(一) 刑法的概念

刑法，是统治阶级为了维护其阶级利益和统治秩序，根据自己的意志，以国家的名义颁布的，规定犯罪、刑事责任与刑罚的法律规范的总称。简言之，刑法就是规定犯罪和刑罚的法律。刑法有狭义和广义之分，狭义的刑法，是指规定犯罪和刑罚的一般原则和具体犯罪与刑罚的法律规范的刑法典；广义的刑法，是指刑法典和单行刑事法律及非刑法规范性文件中的刑事规范，是一切规定犯罪、刑事责任和刑罚的法律规范的总和，包括刑法典、单行刑法以及非刑事法律中的刑事责任条款。

(二) 刑法的基本原则

刑法的基本原则，是指刑法特有的在刑法的立法、解释和适用过程中所必须普遍遵循的具有全局性、根本性的准则。《中华人民共和国刑法》(以下简称《刑法》)规定的基本原则有三个，即罪刑法定原则、罪责刑相当原则和适用刑法一律平等原则，分别体现在《刑法》第三条、第四条和第五条。

(1) 罪刑法定原则。法律明文规定为犯罪行为的，依照法律定罪处刑；法律没有明文规定为犯罪行为的，不得定罪处刑。也就是说，法无明文规定不为罪，法无明文规定不处罚。什么行为构成犯罪、构成什么罪及处何种刑罚，均须由法律明文规定。

> 📖 **案例 7-11**
>
> 福州陈氏兄弟经营 IP 电话案①

---

① 参见 http://haoweilaw.com/falvchangshi/content.asp?lb_id=3478。

(2) 罪责刑相当原则。刑罚的轻重，应当与犯罪分子所犯罪行和承担的刑事责任相适应。也就是说，犯罪的社会危害性程度及应负刑事责任的大小，是决定刑罚轻重的主要依据，重罪重罚、轻罪轻罚、无罪不罚、罪刑相当、罚当其罪。

(3) 适用刑法一律平等原则。任何人犯罪，不论其社会地位、民族、种族、性别、职业、宗教信仰、财产状况如何，在适用刑法上一律平等，任何人都不得有任何超越法律的特权。

> 📖 **案例 7-12**
>
> 刘某伤熊案①

二、犯罪概述

犯罪，是指严重危害社会，触犯刑法并应受刑罚处罚的行为。《刑法》规定："一切危害国家主权、领土完整和安全，分裂国家、颠覆人民民主专政的政权和推翻社会主义制度，破坏社会秩序和经济秩序，侵犯国有财产或者劳动群众集体所有的财产，侵犯公民私人所有的财产，侵犯公民的人身权利、民主权利和其他权利，以及其他危害社会的行为，依照法律应当受刑罚处罚的，都是犯罪，但是情节显著轻微危害不大的，不认为是犯罪。"

犯罪具有以下四个基本特征。

(1) 行为具有社会危害性，这是犯罪的基本特征。犯罪的社会危害性是指犯罪对国家和人民利益所造成的危害，要求达到一定的危害程度，情节显著轻微危害不大的，不认为是犯罪。

(2) 刑事违法性是犯罪的第二个基本特征。刑事违法性是指触犯刑律，即某一个人的行为符合刑法分则所规定的犯罪构成要件。

(3) 法益侵害性是犯罪的第三个基本特征，指对于刑法所保护的利益的侵害。这里所谓刑法所保护的利益，就是法益。刑法法益是关系社会生活的重要利益，《刑法》第十三条关于犯罪概念的规定中对此做了明文列举，国家主权，领土完整和安全，人民民主专政的政权和社会主义制度，社会秩序和经济秩序，国有财产

---

① 参见 http://blog.sina.com.cn/s/blog_626a84b00100vxso.html。

或者劳动群众集体所有的财产，公民私人所有的财产，公民的人身权利、民主权利和其他权利，上述法益可以分为国家法益、社会法益和个人法益。这些法益被犯罪所侵害而为刑法所保护，因此，法益侵害性揭示了犯罪的实质社会内容。

(4) 应受刑罚惩罚性是犯罪的第四个基本特征，它表明国家对于具有刑事违法性和法益侵害性的行为的刑罚惩罚。犯罪是适用刑罚的前提，刑罚是犯罪的法律后果。如果一个行为不应受刑罚惩罚，也就意味着它不是犯罪。

三、犯罪构成

犯罪构成，是指按照《刑法》的规定，决定某一具体的社会危害性及其程度，而为该行为构成犯罪所需的一切主观要件和客观要件的总和。

（一）犯罪构成要件

犯罪构成需要具备四个基本要件。

(1) 犯罪主体，指实施了危害社会的行为、依法应当承担刑事责任的自然人和单位。

案例 7-13

撞人后送医途中拖延救治案①

(2) 犯罪主观方面，指犯罪主体对自己实施的危害行为及其危害社会的结果所持有的心理态度，包括犯罪故意和犯罪过失等。

案例 7-14

大连 13 岁男童杀人案②

(3) 犯罪客体，指中国刑法所保护的而为犯罪行为所危害的社会关系，涉及犯罪的本质。

(4) 犯罪客观方面，指刑法规定的构成犯罪在客观上需要具备的诸种要件的总

---

① 参见 https://www.sohu.com/a/230970227_260616。
② 参见 https://www.sohu.com/a/349737343_772673。

称，具体表现为危害行为，危害结果，犯罪的时间、地点、方法等。

(二) 犯罪构成要件的作用

在犯罪构成中，犯罪客体决定犯罪性质，是犯罪分类的基础；犯罪客观方面要件应该具有明确的法定性和外在的客观性，比如有危害行为、作为和不作为等，危害结果、具体的要求都要按照法律的规定；对于犯罪主体，要求达到法定的刑事责任年龄和具有相应的刑事责任能力；犯罪的主观方面表现为故意或者过失的心理态度，故意又可分为直接故意和间接故意，过失包括疏忽大意的过失和过于自信的过失。符合犯罪构成要件的行为就是犯罪，缺少任何一个条件都不是犯罪。

四、排除犯罪的事由

排除犯罪的事由，是指虽然行为人的行为在客观上造成一定的损害结果，形式上符合某种犯罪的客观要件，但实际上不具有犯罪的社会危害性的行为，不符合犯罪构成，依法不构成犯罪的事由。《刑法》明文规定了两种排除犯罪的事由，即正当防卫和紧急避险。

(一) 正当防卫

《刑法》规定："为了使国家、公共利益、本人或者他人的人身、财产和其他权利免受正在进行的不法侵害，而采取的制止不法侵害的行为，对不法侵害人造成损害的，属于正当防卫，不负刑事责任。""正当防卫明显超过必要限度造成重大损害的，应当负刑事责任，但是应当减轻或者免除处罚。"对正在进行行凶、杀人、抢劫、强奸、绑架以及其他严重危及人身安全的暴力犯罪，采取防卫行为，造成不法侵害人伤亡的，不属于防卫过当，仍然属于正当防卫，不负刑事责任。其与紧急避险、自助行为皆为权利的自力救济的方式。

正当防卫应该符合下列条件。

(1) 必须存在不法侵害，不法侵害是正当防卫的起因，不法侵害应是由人实施的，而且不法侵害必须现实存在。

(2) 不法侵害必须是正在进行的时候，这是正当防卫的时间要求。正在进行是指不法侵害已经开始尚未结束。不法侵害的开始时间，一般认为以不法侵害人开始着手实施侵害行为时开始，但是在不法侵害的现实威胁十分明显紧迫，且待其实施后将造成不可弥补的危害时，可以认为侵害行为已经开始。当合法权益不再处于紧迫现实的侵害威胁的时候，视为不法侵害已经结束。

(3) 正当防卫只能针对侵害人本人进行防卫，如针对第三人进行防卫，则有可能构成故意犯罪或者假想防卫抑或是紧急避险。

(4) 防卫行为必须在必要、合理的限度内进行，否则就构成防卫过当。

(二) 紧急避险

为了使国家、公共利益、本人或者他人的人身、财产和其他权利免受正在发生的危险，不得已采取的紧急避险行为，造成损害的，不负刑事责任。紧急避险是不得已而采取的损害另一方较小的合法利益，以保护较大的合法权益的行为。

紧急避险应具备的如下条件。

(1) 使合法利益免受正在发生的危险。行为人误以为发生危险，判断错误所采取的避险行为，不属于刑法规定的紧急避险行为。

(2) 危险正在发生，也就是说正在发生的危险必须是迫在眉睫，对国家、公共利益和其他合法权利已直接构成了威胁。对于尚未到来或已经过去的危险，都不能实行紧急避险，否则就是避险不适时。

(3) 紧急避险，不能采用损害他人身体健康或他人生命权利的方式。

(4) 不可超过必要的限度，即紧急避险所保全的权益，不能超过必要限度造成不应有的损害，以什么标准来衡量超过必要限度，法律没有明文规定，但一般认为紧急避险所保全的权益，必须明显大于紧急避险所损害的权益。

紧急避险行为所引起的损害之所以应小于所避免的损害，就在于紧急避险所保护的权益与避险所损害的第三者的权益，两者都是法律所保护的。只有在两利保其大、两弊取其小的场合，紧急避险才是对社会有利的合法行为。紧急避险超过必要限度造成不应有的损害的，应当负刑事责任，但是应当减轻或者免除处罚。

> 📖 案例 7-15
>
> 为躲避行人车辆侧翻案①
>
>

---

① 参见 http://www.110.com/ziliao/article-246996.html。

五、故意犯罪停止形态

(一) 故意犯罪停止形态的概念

故意犯罪停止形态,是指故意犯罪在其产生、发展和完成犯罪的过程及阶段中,因主客观原因而停止下来的各种犯罪状态。

以行为人停止下来时犯罪是否已经完成为标准,可分为两种基本类型。

(1) 犯罪未完成形态,即犯罪在其发展过程中中途停止下来,犯罪未进行到终点,行为人未完成犯罪,根据犯罪停止的原因或停止时与犯罪完成的距离等的不同,犯罪未完成形态可进一步分为犯罪预备形态、未遂形态和中止形态。

(2) 犯罪的完成形态,即犯罪既遂形态,是指故意犯罪在其发展过程中没有在中途停止下来而得以进行到终点,行为人的行为已经具备了犯罪的全部要件,完成了犯罪的情形。

(二) 犯罪预备

《刑法》规定,为了犯罪,准备工具、制造条件的,是犯罪预备。对于预备犯,可以比照既遂犯从轻、减轻处罚或者免除处罚。

行为人在此阶段,主观方面具有犯罪的直接故意,即明知其预备行为是为侵害某种客体制造条件,并希望以此保证犯罪的既遂;客观方面表现为为实施犯罪而准备工具、制造条件,既可以是作为的形式,也可以是不作为的形式。要注意区分犯罪预备与犯意表示的区别,犯意表示不需要接受处罚。

(三) 犯罪未遂

已经着手实行犯罪,由于犯罪分子意志以外的原因而未得逞的,是犯罪未遂。犯罪未遂需要具备的条件如下。

(1) 行为人已经着手实行犯罪,是指行为人开始实施刑法分则规定的作为某种具体犯罪构成要件的行为。

(2) 犯罪没有得逞,指犯罪的直接故意内容没有完全实现,没有完成某一犯罪的全部构成要件。

(3) 犯罪未得逞是由于行为人意志以外的原因。行为人意志以外的原因,是指行为人没有预料到或不能控制的主客观原因。

对于未遂犯，可以比照既遂犯从轻或者减轻处罚。

(四) 犯罪中止

在犯罪过程中，自动放弃犯罪或者自动有效地防止犯罪结果发生的，是犯罪中止。犯罪中止存在两种情况：

(1) 在犯罪预备阶段或者在实行行为还没有实行终了的情况下，自动放弃犯罪。

(2) 在实行行为实行终了的情况下，自动、有效地防止犯罪结果的发生。

对于中止犯，没有造成损害的，应当免除处罚；造成损害的，应当减轻处罚。

(五) 犯罪既遂

犯罪既遂是指行为人故意实施的行为已经具备了某种犯罪构成的全部要件，可以分成行为犯、结果犯、举动犯、危险犯四种情况。

六、共同犯罪

共同犯罪，是指二人以上共同故意犯罪。《刑法》根据共同犯罪人的作用并适当考虑分工的情况，将共同犯罪人分为主犯、从犯、胁从犯与教唆犯，并规定了不同的刑事责任原则。

(一) 主犯

组织、领导犯罪集团进行犯罪活动的或者在共同犯罪中起主要作用的，是主犯。三人以上为共同实施犯罪而组成的较为固定的犯罪组织，是犯罪集团。对组织、领导犯罪集团的首要分子，按照集团所犯的全部罪行处罚；对犯罪集团首要分子以外的主犯，应当按照其所参与的或者组织、指挥的全部罪行处罚。

(二) 从犯

在共同犯罪中起次要或者辅助作用的，是从犯。对于从犯，应当从轻、减轻处罚或者免除处罚。被胁迫参加犯罪的，是胁从犯。对于胁从犯，应当按其犯罪情节减轻处罚或者免除处罚。故意唆使他人实施犯罪的犯罪分子，是教唆犯。对于教唆犯，应当按照其在共同犯罪中所起的作用处罚。教唆不满18周岁的人犯罪的，应当从重处罚。如果被教唆的人没有犯被教唆的罪，对于教唆犯，可以从轻或者减轻处罚。

七、刑罚制度

刑罚是由刑法规定的，由国家审判机关依法对犯罪分子所适用的限制或者剥夺其某种权益的最严厉的法律制裁方法，刑罚是国家创制的、对犯罪分子适用的特殊制裁方法，是对犯罪分子某种利益的剥夺，并且表现出国家对犯罪分子及其行为的否定评价，并起到改造罪犯、保护社会和警醒世人的作用。《刑法》所规定的刑罚体系由主刑和附加刑构成。

（一）主刑

主刑，是指对犯罪分子独立适用的主要刑罚方法，包括管制、拘役、有期徒刑、无期徒刑与死刑。

(1) 管制，是指由人民法院依法判决，对犯罪分子不予关押，但限制其一定自由，由公安机关予以执行和人民群众监督改造的刑罚方法。

(2) 拘役，是指短期剥夺犯罪分子的人身自由，由公安机关就近执行，并对受刑人进行劳动改造的刑罚方法。

(3) 有期徒刑，是指剥夺犯罪分子一定期限的人身自由，实行强制劳动改造的刑罚方法。

(4) 无期徒刑，是指剥夺犯罪分子终身自由，并强制进行劳动改造的刑罚方法。

(5) 死刑，是指剥夺犯罪分子生命的刑罚方法，是一种最严厉的刑罚。中国刑事立法的一个独创是死刑缓期执行制度，它与死刑立即执行共同构成死刑这一刑罚方法，而不是轻于死刑的一个独立刑种。

（二）附加刑

附加刑，是指补充主刑适用的刑罚方法。它既可以作为主刑的附加刑，也可以独立适用。《刑法》规定的附加刑有罚金、剥夺政治权利、没收财产以及适用于犯罪的外国人的驱逐出境。

(1) 罚金，是指由人民法院判处犯罪分子或犯罪单位向国家缴纳一定数额金钱的刑罚方法。

(2) 剥夺政治权利，是指剥夺犯罪分子参加国家管理与政治活动权利的刑罚方法。

(3) 没收财产，是把犯罪分子个人所有财产的一部分或全部强制无偿地收归国有的刑罚方法。

(4) 驱逐出境，是指强迫犯罪的外国人离开中国国(边)境的刑罚方法。

(三) 刑罚的裁量

刑罚的裁量即量刑，是指人民法院依据刑法在认定行为人构成犯罪的基础上，确定对犯罪人是否判处刑罚、判处何种刑罚以及判处多重的刑罚，并决定所判刑罚是否立即执行的刑事司法活动。对犯罪分子决定刑罚，应当根据犯罪事实、性质、情节和对社会的危害程度，依照《刑法》的有关规定予以判处。具体的量刑制度包括累犯、自首、立功、数罪并罚、缓刑等。

(1) 累犯，是指因犯罪而受过一定的刑罚处罚，在刑罚执行完毕或者赦免以后，在法定期限内又犯一定之罪的情况，分为一般累犯和特别累犯两种。只要曾犯危害国家安全罪和恐怖活动犯罪或黑社会性质组织的犯罪，任何时候再犯以上相同之罪的，都视为累犯。对于累犯，应当从重处罚，但过失犯罪除外。

(2) 自首，是指犯罪分子犯罪以后自动投案，如实供述自己的罪行的行为，或者被采取强制措施的犯罪嫌疑人、被告人和正在服刑的罪犯，如实供述司法机关还未掌握的本人其他罪行的行为。对于自首的犯罪分子，可以从轻或者减轻处罚，其中，犯罪较轻的，可以免除处罚。

(3) 立功，是指犯罪分子揭发他人犯罪行为，查证属实，或者提供重要线索，从而得以侦破其他案件等行为，分为一般立功和重大立功。犯罪人有立功表现的，可以从轻或减轻处罚；有重大立功表现的，可以减轻或免除处罚；犯罪后自首又有重大立功表现的，应当减轻或免除处罚。

(4) 数罪并罚，是指人民法院对一人犯数罪分别定罪量刑，并根据法定原则与方法，决定应当执行的刑罚。

(5) 缓刑，是指人民法院对判处拘役、三年以下有期徒刑的犯罪分子，根据其犯罪情节及悔罪表现，认为暂缓执行原判刑罚，确实不致再危害社会的，规定一定的考验期，暂缓其刑罚的执行；在考验期内，如果符合法定条件，原判刑罚就不再执行的一项制度。

此外，《刑法》还对减刑、假释等刑罚执行制度作出了规定。关于减刑的适用范围，就中国的刑法而言，所说的减刑主要针对的是少数几种自由刑的减免，尚未涉及权利刑、财产刑、生命刑的减免，减刑要有限度，指犯罪分子经过减刑以后，应当实际执行的最低刑期不能低于法定的期限。

假释，是对被判处有期徒刑、无期徒刑的犯罪分子，在执行一定刑期之后，因其遵守监规，接受教育和改造，确有悔改表现，不致再危害社会，而附条件地将其予以提前释放的制度。假释只适用于法定对象和已经执行完一部分刑罚的犯罪分子。对犯罪分子决定假释时，应当考虑其假释后对所居住社区的影响。

(四) 犯罪种类

《刑法》规定了下列十大类犯罪。

(1) 危害国家安全罪，是指故意危害中华人民共和国的主权、领土完整和安全，分裂国家，颠覆国家政权，推翻社会主义制度，危及国家安全的行为。本类犯罪侵犯的客体是中华人民共和国的国家安全。

国家安全，是指国家赖以生存和发展的政治基础与物质基础的安全，具体是指国家的独立、国家的团结统一、国家的领土完整和安全、国家政权、基本制度及国家的其他根本利益的安全。危害国家安全罪包括背叛国家罪、分裂国家罪、煽动分裂国家罪、武装叛乱、暴乱罪、颠覆国家政权罪、煽动颠覆国家政权罪、资助危害国家安全犯罪活动罪、间谍罪、资敌罪等。

(2) 危害公共安全罪，是一个概括性的罪名，这类犯罪侵犯的客体是公共安全，是指故意或者过失地实施危害不特定多数人的生命、健康或者重大公私财产安全的行为。因为这类犯罪行为包含造成不特定的多数人伤亡或者使公私财产遭受重大损失的危险，其伤亡、损失的范围和程度往往是难以预料的，因此它是《刑法》普通刑事犯罪中危害性极大的一类犯罪。危害公共安全罪包括放火罪、决水罪、爆炸罪、投放危险物质罪、破坏交通工具罪等。

(3) 破坏社会主义市场经济秩序罪，是指违反国家经济管理法律法规，干扰国家对市场经济的管理活动，破坏社会主义市场经济秩序，使国民经济受到严重损害的行为。本类犯罪侵犯的客体是社会主义市场经济秩序。破坏社会主义市场经济秩序罪包括生产、销售伪劣商品罪，走私罪，妨害对公司、企业的管理秩序罪，破坏金融管理秩序罪，金融诈骗罪，危害税收征管罪等。

(4) 侵犯公民人身权利、民主权利罪，是指故意或者过失地侵犯他人人身权利和其他与人身权利直接有关的权利,以及非法剥夺或者妨害公民自由行使依法享有的管理国家事务和参加社会政治活动等各项权利的行为。

这类犯罪侵犯的客体是公民的人身权利和民主权利,具体表现为公民的生命、健康、人身自由、名誉、人格以及选举权、被选举权等不受非法侵犯的权利。侵犯公民人身权利、民主权利罪包括故意杀人罪,过失致人死亡罪,故意伤害罪,组织出卖人体器官罪,过失致人重伤罪,强奸罪,强制猥亵罪,拐卖妇女儿童罪,收买被拐卖的妇女儿童罪,煽动民族仇恨、民族歧视罪,出版歧视侮辱少数民族作品罪,非法剥夺公民宗教信仰自由罪,侵犯少数民族风俗习惯罪,侵犯通信自由罪,破坏选举罪,暴力干涉婚姻自由罪,重婚罪,破坏军婚罪,拐骗儿童罪,组织残疾人儿童乞讨罪,组织未成年人进行违反治安管理活动罪等。

(5) 侵犯财产罪,是指以非法占有为目的,攫取公私财物,或者故意毁坏公私财物,以及故意破坏生产经营的行为。这类犯罪侵犯的客体是社会主义财产关系,包括全民所有和劳动群众集体所有以及公民私人合法所有的财产关系。侵犯财产罪包括抢劫罪、盗窃罪、抢夺罪、诈骗罪、聚众哄抢公私财物罪、侵占罪、职务侵占罪、挪用资金罪、敲诈勒索罪、故意毁坏财物罪、破坏生产经营罪等。

(6) 妨害社会管理秩序罪,是指妨害国家机关的正常管理活动或者司法机关的职能活动,破坏社会秩序的行为。这类犯罪侵犯的客体是社会管理秩序,《刑法》中规定的此类犯罪侵犯的是狭义的社会管理秩序,特指刑法分则其他各章规定之罪所侵犯的同类客体以外的社会管理秩序。妨害社会管理秩序罪包括扰乱公共秩序罪,妨害司法罪,妨害国(边)境管理罪,妨害文物管理罪,危害公共卫生罪,破坏环境资源保护罪,走私、贩卖、运输、制造毒品罪,组织、强迫、引诱、容留、介绍卖淫罪,制作、贩卖、传播淫秽物品罪。

(7) 危害国防利益罪,是指危害作战和军事行动,危害国防建设,危害国防管理秩序,拒绝或者逃避履行国防义务的犯罪行为。这类犯罪侵犯的客体是国家的国防利益,这是此类犯罪所具有的最本质的特征。危害国防利益罪包括妨害军事行动罪,破坏武器装备、军事设施、军事通信罪,妨害军事设施保护区管理秩序罪,提供虚假敌情罪,战时造谣惑众罪,战时拒绝或者故意延误军事订货罪,提供不合格武器装备、军事设施罪,煽动军人逃离部队或者故意雇用逃离部队军人罪,冒充军人招摇撞骗罪,伪造、变造、买卖或者盗窃、抢夺武装部队公文、证件、印章罪等。

(8) 贪污贿赂罪,是指国家工作人员利用职务上的便利,贪污公共财物、挪用公款、索贿、受贿,其他贪利性的职务犯罪行为和相关的行贿、介绍贿赂等犯罪,以及由国家机关、国有公司、企业、事业单位、人民团体实施贿赂及相关的犯罪行为。

2016年4月18日,中国最高人民法院、最高人民检察院联合发布《最高人民法院、最高人民检察院关于办理贪污贿赂刑事案件适用法律若干问题的解释》,明确贪污罪、受贿罪的定罪量刑标准以及贪污罪、受贿罪死刑、死缓及终身监禁的适用原则等,强调依法从严惩治贪污贿赂犯罪。贪污贿赂罪侵犯的客体是国家的廉政建设制度。贪污贿赂罪包括贪污罪、挪用公款罪、巨额财产来源不明罪、隐瞒境外存款罪、私分国有资产罪、私分罚没财产罪、受贿罪、单位受贿罪、利用影响力受贿罪、行贿罪、对单位行贿罪、介绍贿赂罪、单位行贿罪。

(9) 渎职罪,是指国家机关工作人员滥用职权,玩忽职守,或者利用职权徇私舞弊,妨害国家机关正常的职能活动,致使国家和人民利益遭受重大损失的行为。渎职罪侵犯的客体是国家机关的正常活动。中国国家机关包括权力机关、行政机关、审判机关、检察机关和军事机关。

渎职罪具体包括滥用职权罪,办理偷越国(边)境人员出入境证件罪,放行偷越国(边)境人员罪,阻碍解救被拐卖、绑架妇女、儿童罪,帮助犯罪分子逃避处罚罪,玩忽职守罪,过失泄露国家秘密罪,失职致使在押人员脱逃罪,国家机关工作人员签订、履行合同失职被骗罪,徇私舞弊不移交刑事案件罪,滥用管理公司、证券职权罪,徇私舞弊不征、少征税款罪,非法低价出让国有土地使用权罪,放纵走私罪,商检徇私舞弊罪,放纵制售伪劣商品犯罪行为罪,招收公务员、学生徇私舞弊罪等。

(10) 军人违反职责罪,是指现役军人、执行军事任务的预备役人员和其他人员违反职责,危害国家军事利益,依照法律应当受刑罚处罚的行为。必须是中国人民解放军的现役军官、文职干部、士兵及具有军籍的学员或者中国人民武装警察部队的现役警官、文职干部、士兵及具有军籍的学员,以及执行军事任务的预备役人员和其他人员才能构成本罪。

此类犯罪侵犯的客体是国家的军事利益。2013年3月,中国最高人民检察院、总政治部修订并下发《军人违反职责罪案件立案标准的规定》(以下简称《规定》),明确了《刑法》第十章规定的31种军人违反职责犯罪的立案标准,并对适用范围和"战时""违反职责""武器装备""军用物资""直接经济损失""间接经济损失"等名词的定义和其他事项作出明确界定,使《规定》更具规范性、权威性和操作性。

思 考 题

1. 中国民法中的自然人包括哪些?
2. 民事行为和民事法律行为的区别有什么?
3. 生效合同需要具备哪些基本条件?
4. 中国公民有哪些主要的民事权利?
5. 知识产权包括哪些权利?
6. 中国行政法的基本原则是什么?
7. 中国经济法的原则是什么?
8. 中国刑法规定的犯罪构成包括哪些要件?

第八章

中国的程序法律制度

　　法理学在研究法律和法律现象的过程中，依据不同的标准，将法律分为不同的种类。根据法律规定内容的不同来进行划分，可以分为实体法与程序法。

　　实体法是规定和确认权利与义务，以及以职权和责任为主要内容的法律，如宪法、行政法、民法、商法、刑法等；而程序法是实体法的对称，是规定以保证权利和职权得以实现或行使，义务和责任得以履行的有关程序为主要内容的法律，同时也是正确实施实体法的保障。司法实践中的审判活动是实体法和程序法的综合运用。程序法是实体法所规定的法律关系主体的权利和义务实现的重要保障，它的主要功能在于及时、恰当地为实现权利、行使职权和履行义务提供必要的规则、方式和秩序。程序法是一个大概念，既包括行政程序法、立法程序法和选举规则、议事规则等非诉讼程序法，也包括行政诉讼法、刑事诉讼法、民事诉讼法等。

第一节　中国的民事诉讼法律制度

　　人们在日常生活中，难免会发生涉及财产所有、遗产继承、企业管理、商品质量、人身伤害、老人赡养、子女抚养等民事纠纷。依法解决民事纠纷，才能及时化解矛盾，维护社会稳定，促进社会和谐。有些民事实体法所规范的实体权利必须经由审判的过程才能加以实现，而民事程序法就是安排民事审判程序的法律。

一、民事诉讼概述

（一）民事诉讼的概念

　　民事诉讼是诉讼的基本类型之一，是指民事争议的当事人向人民法院提出诉讼请求，法院在当事人和其他诉讼参与人的参加下，以审理、判决、执行等方式依法审理和裁判解决民事争议的程序与制度。

民事诉讼法，是指国家制定或认可的，规范民事诉讼程序和民事诉讼法律关系主体之间权利和义务的法律规范的总和。民事诉讼法有狭义和广义之分，狭义的民事诉讼法又称形式意义的民事诉讼法，是指国家颁布的关于民事诉讼的专门性法律或法典，比如《中华人民共和国民事诉讼法》。广义的民事诉讼法又称实质意义的民事诉讼法，指除了民事诉讼法典外，还包括宪法和其他实体法、程序法中有关民事诉讼的规定，以及中国最高人民法院发布的指导民事诉讼的规定。

(二) 民事诉讼法律关系的特点

(1) 民事诉讼法律关系是以人民法院为主导的法律关系。与其他法律关系相比，民事诉讼法律关系的最显著特征是它以特定主体——人民法院为主导，这集中体现于：各种诉讼法律关系都表现为人民法院同其他一切诉讼参与人之间的关系。尽管当事人同其他诉讼参与人都在同一诉讼中行为和活动，但彼此间并不发生诉讼法律关系，诉讼参与人只能同人民法院之间形成这种关系。因此，诉讼法律关系如同一个扇面，它由人民法院与各诉讼参与人分别发生的多个具体的诉讼法律关系组合而成。

(2) 各民事诉讼法律关系既是分立的，又是统一的。在同一诉讼中，人民法院与各诉讼参与人之间的诉讼法律关系有主有次，彼此分立。人民法院与当事人之间的诉讼法律关系是主要的，其目的是解决当事人之间的实体权益之争。人民法院与其他诉讼参与人之间的诉讼法律关系虽处于次要地位，但也是为解决当事人之间的实体权益之争服务的。因此，彼此分立的诉讼法律关系又是统一的。

(三) 民事诉讼法的基本原则

民事诉讼法的基本原则是在民事诉讼的整个过程中或者在重要的诉讼阶段起指导作用的准则，其精神实质是为法院的审判活动和诉讼参与人的诉讼活动指明了方向，概括地提出了要求，因此具有普遍的指导意义。中国民事诉讼法的基本原则是以宪法为根据，具体包括以下几条。

(1) 当事人诉讼权利平等原则，是指双方当事人的诉讼地位完全平等，双方当事人有平等地行使诉讼权利的手段，同时人民法院平等地保障双方当事人行使诉讼权利，当事人在适用法律上一律平等。

(2) 同等原则和对等原则，是指中国民事诉讼法给予在人民法院起诉、应诉的外国人、无国籍人、外国企业和组织的，是与中华人民共和国公民、法人和其他组织同样的待遇。

(3) 法院调解自愿和合法的原则，是指人民法院受理民事案件后，应当重视调解解决，同时要求人民法院对当事人多做教育工作。法院调解要在自愿和合法的基础上进行，不能因为强调调解而违背自愿和合法的精神，调解不成的，应当及时判决。

(4) 辩论原则，是指在法院主持下，当事人有权就案件事实和争议问题，各自陈述自己的主张和根据，互相进行反驳和答辩，以维护自己的合法权益。

(5) 处分原则，是指民事诉讼当事人有权在法律规定的范围内，处分自己的民事权利和诉讼权利。处分即自由支配，对于权利可行使，也可以放弃。

(6) 检察监督原则，是指人民检察院有权对民事审判活动进行法律监督。

(7) 支持起诉原则。民事诉讼法规定，机关、社会团体、企业事业单位对损害国家、集体或者个人民事权益的行为，可以支持受损害的单位或者个人向人民法院起诉。

二、民事审判的基本制度

民事审判的基本制度是根据《中华人民共和国民事诉讼法》规定，在民事审判活动中要遵循的基本制度，包括合议制度、两审终审制度、陪审制度、回避制度和公开审判制度。

(1) 合议制度是与独任制度相对的审判组织形式，是由审判员或与陪审员组成的审判集体对民事案件进行审理并作出裁判。一审程序中可以有陪审员参加，二审程序中合议庭成员必须全部都是审判员。

(2) 两审终审制度，是指一个民事经济案件经过两个审级法院的审判后，即宣告终结的制度。两审终审制度是案件的审级制度，即案件在地方各级人民法院一审审结后，还可以上诉到第二审级的人民法院进行审判，第二审人民法院的裁判为案件的最终裁判。但是中国最高人民法院作为第一审法院所作的裁判，当事人不能上诉，法院按特别程序审理的案件所作的判决，当事人也不能上诉。

(3) 陪审制度是审判机关吸收法官以外的社会公众人员代表参与案件审判的

制度，陪审员制度只适用于一审案件，比例没有限制性规定。

(4) 回避制度是当事人申请或在审判活动中具有一定审判职能或代行某种职能的人回避审判活动的制度。适用回避的对象有审判人员、书记员、翻译人员、鉴定人、勘验人。回避必须在案件开始审理时，或在法庭辩论终结前提出，必须说明理由。回避必须有严格的批准手续，从当事人提出申请到人民法院作出决定的期间，除案件需要采取紧急措施外，被申请回避人员应暂时停止执行有关本案的职务。

(5) 公开审判制度是指人民法院审理民事案件，除法律规定的情况外，审判过程和内容应向群众公开，向社会公开。不公开审判的案件，应当公开宣判。涉及国家机密的案件、涉及个人隐私的案件，不能公开审判。

三、民事诉讼管辖与当事人

（一）民事诉讼管辖

民事诉讼管辖，是指各级人民法院之间或同级人民法院之间受理第一审民事纠纷案件的分工和权限，它是在法院内部具体确定特定的民事案件由哪个法院行使民事审判权的一项制度。民事诉讼管辖主要包括以下几种。

(1) 级别管辖，是指上下级人民法院之间受理第一审民事案件的分工权限，主要解决人民法院内部的纵向分工。各级人民法院依案件性质、繁简程度以及影响范围的不同，管辖不同的第一审民事案件。

(2) 地域管辖，是指同级人民法院之间在各自辖区受理第一审民事案件的分工和权限，主要解决法院内部的横向分工问题。

(3) 专属管辖，是指法律规定某些特殊类型的案件专门由特定法院管辖。

(4) 裁定管辖，是指人民法院以裁定方式确定的诉讼管辖，分为移送管辖、指定管辖和管辖权的转移三种。

（二）人民法院的分类

人民法院是中华人民共和国的国家审判机关，中华人民共和国设立最高人民法院、地方各级人民法院和军事法院等专门人民法院。人民法院审理案件，除法律规定的特别情况外，一律公开进行，被告人有权获得辩护。人民法院依照法律规定代表国家独立行使审判权，不受任何行政机关、社会团体和个人的干涉。

地方各级人民法院和最高人民法院可以称为普通法院。中国普通法院分为四级：最高人民法院、高级人民法院、中级人民法院和基层人民法院。军事法院、海事法院、知识产权法院等专门法院是特殊法院。

民事法院拥有民事审判权和民事执行权。民事审判权是审判机关代表国家依法对民事权益争议案件和非权益争议案件进行审理和裁判的权利，具体来说包括立案决定权、调查证据权、诉讼指挥权、释明权、特定事项决定权、民事裁判权，具有谦抑性和能动性的属性。民事执行权包含执行实施权与执行裁判权，前者是行政性的，后者则是司法性的。

(三) 民事诉讼当事人

民事诉讼当事人，是指因民事权利义务发生争议，以自己的名义进行诉讼，请求法院行使审判权解决民事纠纷或者保护民事权益的人及其相对人。狭义上的当事人，仅指原告和被告。广义上的当事人，还包括共同诉讼人、第三人。

(1) 原告，是指为维护自己或自己所管理的他人的民事权益，而以自己的名义向人民法院起诉，从而引起民事诉讼程序发生的人。

(2) 被告，是指被原告诉称侵犯原告民事权益或与原告发生民事争议，而由人民法院通知应诉的人。在共同诉讼中，是指当事人一方或双方为两人以上的诉讼。原告为两人或两人以上的称为共同原告；被告为两人或两人以上的称为共同被告。共同原告和共同被告都称为共同诉讼人。

(3) 民事诉讼的第三人，是指在民事诉讼中，对原告和被告所争议的诉讼标的有独立的请求权，或者虽然没有独立的请求权，但与案件的处理结果有法律上的利害关系，而参加正在进行的诉讼的人。

(4) 民事诉讼代理人，是指根据法律规定或当事人的委托，代理当事人进行民事诉讼活动的人。民事诉讼代理人包括法定诉讼代理人和委托诉讼代理人两类。

有诉讼权利能力的人，可以作为民事诉讼当事人。诉讼权利能力，是指享有诉讼权利、承担诉讼义务，能以自己的名义起诉、应诉的资格。有诉讼权利能力的人进行诉讼时，还必须有诉讼行为能力。诉讼行为能力是指能独立进行诉讼行为，行使诉讼权利、履行诉讼义务的能力。

诉讼权利能力和诉讼行为能力，一般与民事上的权利能力和行为能力相适应，有民事权利能力的人,即有诉讼权利能力;有民事行为能力的人,即有诉讼行为能力,但两者也有所区别。外国人在中国人民法院起诉、应诉的能力,与中国公民相同。外国企业和组织,按照中国法律规定有起诉、应诉能力(按照对于外国人的规定)。

四、民事诉讼程序

(一) 审判程序

在中国的民事诉讼法中,审批程序包括以下几类。

(1) 第一审普通诉讼程序,又称普通程序,是指人民法院审理和裁判第一审民事案件通常适用的程序。普通程序是诉讼程序中最基本、最核心的一种程序,是诉讼程序的基础,具有审判程序通则的功能。在《中华人民共和国民事诉讼法》中,普通程序位列众多程序之首。第一审普通程序主要包括起诉与受理、审理前的准备、开庭审理、判决和裁定等环节。简易程序是简化了的普通程序,是基层人民法院及其派出法庭审理简单民事案件所运用的一种独立的简便易行的诉讼程序。在审判实践中,简单的民事案件一般指那些事实清楚、权利义务关系明确、情节简单、争议不大、影响较小的案件。对于简单的民事案件,当事人双方也可以约定适用简易程序。

(2) 第二审程序,是指当事人不服第一审裁判,在上诉期内提出上诉,由上一级人民法院对案件进行审理的程序。上诉必须在法定的上诉期限内提出。《中华人民共和国民事诉讼法》规定:"当事人不服地方人民法院第一审判决的,有权在判决书送达之日起十五日内向上一级人民法院提起上诉;当事人不服地方人民法院第一审裁定的,有权在裁定书送达之日起十日内向上一级人民法院提起上诉。"

(3) 审判监督程序,是指对已经发生法律效力的判决、裁定、调解书,人民法院认为确有错误,对案件再行审理的程序。审判监督程序只是纠正生效裁判错误的法定程序,不是案件审理的必经程序,也不是诉讼的独立审级。根据民事诉讼法的规定,对民事案件基于审判监督权提起再审的人或机关是各级人民法院院长及审判委员会、上级人民法院及最高人民法院。提起再审的机关和公职人员不同,相应地,提起的具体程序也就不尽相同。

(4) 特别程序,是指人民法院对非民事权益冲突案件的审理程序。特别程序的适用范围包括选民资格案件、宣告公民失踪或者宣告死亡案件、认定公民无民事行为能力或者限制民事行为能力案件、认定财产无主案件、确认调解协议案件和实现担保物权案件等。特别程序的案件审理实行一审终审制，选民资格案件或者重大、疑难的案件，由审判员组成合议庭审理；其他案件由审判员一人独任审理。

(5) 督促程序，是指人民法院根据债权人提出的给付金钱或者有价证券的申请，不经过开庭审理，以债权人的主张为内容，直接向债务人发出支付令。如果债务人不在法定期间提出异议，则支付令即发生强制执行效力的程序。

(6) 公示催告程序，是指人民法院根据当事人基于法定理由而提出的申请，以公示的方法催告不明的利害关系人在法定期间内申报权利，逾期不申报权利，则依法作出除权判决的程序。

(7) 企业法人破产还债程序，是指人民法院根据债权人或债务人的申请，对因严重亏损、无力清偿到期债务的企业法人，宣告破产，进行清算还债的程序。

(二) 执行程序

执行程序是指人民法院根据一方当事人的申请或依职权采取法定措施，强制不履行义务的一方当事人履行已经发生法律效力的民事判决、裁定、调解书及其他法律文书的程序。按照法律规定，发生法律效力的民事判决、裁定，以及刑事判决、裁定中的财产部分，由第一审人民法院或者与第一审人民法院同级的被执行的财产所在地人民法院执行。法律规定由人民法院执行的其他法律文书，由被执行人住所地或者被执行的财产所在地人民法院执行。

第二节 中国的行政诉讼法律制度

国家行政机关在履行职能的过程中，与行政相对人发生行政争议，或行政相对人的正当权益受到行政机关侵犯时，可以向人民法院提起行政诉讼，要求人民法院审查行政机关的行政行为，作出公正合法的判决。《中华人民共和国行政诉讼法》规定了行政诉讼的受案范围、管辖、诉讼参加人、证据、起诉、受理、审理、判决、执行等问题。

一、行政诉讼的概念与特征

(一) 行政诉讼的概念

行政诉讼，是指公民、法人和其他组织认为行政机关或行政机关工作人员的具体行政行为侵犯其合法权益，依法向人民法院提起诉讼，并由人民法院进行审理和裁判的一种诉讼活动。在中国，行政诉讼与民事诉讼、刑事诉讼并称为三大诉讼，是国家诉讼制度的基本形式之一，具有定纷止争、权利救济和法制监督的功能。

(二) 行政诉讼的特征

(1) 行政诉讼的主持者与裁判者是普通法院，中国没有专门的行政法院，既有的专门法院不审理行政诉讼。

(2) 行政诉讼审理的对象是一定范围内的行政争议。行政诉讼区别于民事诉讼和刑事诉讼，在中国，行政诉讼的审理对象受到一定的限制。首先，原则上只能审理因为具体行政行为引发的行政争议，附带审查一部分抽象行政行为。其次，只能审理那些没有被受案范围排除的行政争议。

(3) 行政诉讼主要当事人的关系是恒定的，行政诉讼的原告只能是公民、法人和其他组织，被告只能是国家行政机关或组织，不能颠倒。行政诉讼中，行政主体没有起诉权和反诉权。

二、行政诉讼的受案范围、参加人与程序

行政诉讼法，指的是有关调整法院和当事人及其他诉讼参与人的行政诉讼活动，以及在这些诉讼活动中所形成的各种法律关系的规范和原则的总称。

行政诉讼法的含义有狭义、广义之分，狭义的行政诉讼法特指《中华人民共和国行政诉讼法》法典，广义的行政诉讼法指的是一个独立的法律部门，其渊源包括《中华人民共和国行政诉讼法》，也包括《中华人民共和国宪法》《中华人民共和国民事诉讼法》《中华人民共和国人民法院组织法》中与行政诉讼有关的原则与规范，还包括最高法院针对《中华人民共和国行政诉讼法》所作出的各种司法解释，以及有关的国际条约和协定等。在一般情况下，人们都是从广义角度来

使用这一概念的。

(一) 行政诉讼的受案范围

行政诉讼的受案范围,是指法律所规定的人民法院受理行政案件的范围。《中华人民共和国行政诉讼法》规定的人民法院应予以受理的行政案件有行政处罚案件,行政强制措施,行政许可,行政确权,征收、征用决定及其补偿行为,行政不作为,侵犯法律规定的经营自主权案件,行政垄断行为,行政给付,违法要求履行义务案件,行政协议,以及其他侵犯人身权、财产权案件和法律法规规定可以起诉的其他行政案件。法律同样规定了一些明确不能被受案和审理的案件范围。

(二) 行政诉讼参加人

行政诉讼参加人,是指引起行政争议、存在直接利害关系而参加行政诉讼的整个过程或者主要阶段的人,包括行政诉讼当事人和行政诉讼代理人。

(1) 行政诉讼当事人,是因具体行政行为发生争议,以自己的名义到人民法院进行诉讼,并受法律裁判约束的主体。行政诉讼当事人包括:行政诉讼的原告,是指认为具体行政行为侵犯其合法权益,而依法向人民法院提起诉讼的公民、法人或者其他组织;行政诉讼的被告,是指由原告指控其具体行政行为违法、经人民法院通知应诉的行政机关或法律法规授权的组织;行政诉讼的第三人,是指因与被提起行政诉讼的具体行政行为有利害关系,通过申请或法院通知形式,参加到诉讼中来的当事人。

(2) 行政诉讼代理人,是指以当事人名义,在代理权限内,代理当事人进行行政诉讼活动的人。

(三) 行政诉讼程序

1. 起诉与受理

起诉,是指公民、法人或者其他组织认为行政机关的具体行政行为侵犯其合法权益,依法请求人民法院行使审判权保护自己合法权益的诉讼行为。

提起行政诉讼应符合以下条件:原告是认为具体行政行为侵犯其合法权益的公民、法人或者其他组织,有明确的被告,有具体的诉讼请求和事实根据,属于人民法院的受案范围和受诉人民法院管辖。

受理，是指人民法院对公民、法人或者其他组织的起诉进行审查，对符合法定条件的起诉决定立案审理，从而引起诉讼程序开始的职权行为。

2. 第一审程序

第一审程序，是指人民法院自立案至作出第一审判决的诉讼程序，是行政审判的基础程序，具体包括审理前的准备和庭审。根据《中华人民共和国行政诉讼法》的规定，行政诉讼第一审程序必须进行开庭审理。一般的庭审程序分为六个阶段：开庭准备、开庭审理、法庭调查、法庭辩论、合议庭评议、宣读判决。人民法院审理第一审行政案件，应当自立案之日起3个月内作出判决。

3. 第二审程序

第二审程序，是指当事人不服地方各级人民法院尚未生效的第一审判决或裁定，依法向上一级人民法院提起上诉，上一级人民法院据此对案件进行再次审理所适用的程序。

当事人不服人民法院第一审判决的，有权在判决书送达之日起十五日内向上一级人民法院提起上诉。当事人不服人民法院第一审裁定的，有权在裁定书送达之日起十日内向上一级人民法院提起上诉。逾期不提起上诉的，人民法院的第一审判决或裁定发生法律效力。人民法院审理第二审行政案件，应当自收到上诉状之日起2个月内作出终审判决。中国实行两审终审制度。

4. 审判监督程序

审判监督程序，是指人民法院发现已经发生法律效力的行政判决、裁定违反法律法规，依法对案件再次进行审理的程序。

人民法院院长对本院已经发生法律效力的判决、裁定，发现违反法律法规规定认为需要再审的，应当提交审判委员会决定是否再审。上级人民法院对下级人民法院已经发生法律效力的判决、裁定，发现违反法律法规规定的，有权提审或者指令下级人民法院再审。

人民检察院对人民法院已经发生法律效力的判决、裁定，发现违反法律法规规定的，有权按照审判监督程序提出抗诉。对人民检察院按照审判监督程序提出抗诉的案件，人民法院应当再审。人民法院开庭审理抗诉案件时，应当通知人民检察院派员出庭。当事人对已经发生法律效力的判决、裁定，认为确有错误的，可以向原审人民法院或者上一级人民法院提出申诉，但判决、裁定不停止执行。

三、行政赔偿

行政赔偿，是指国家行政机关及其工作人员在行使职权的过程中侵犯公民、法人或其他组织的合法权益并造成损害，由国家承担赔偿责任的制度。根据《中华人民共和国国家赔偿法》的规定，行政赔偿责任的构成要件由行政主体、行政违法行为、损害后果和因果关系四个部分构成。

(1) 行政主体，是指执行行政职务的行政机关及其工作人员。其中，行政机关包括中央行政机关(如国务院及其所属部门)与地方行政机关(如地方级政府及其所属部门)；工作人员则既包括行政机关中的工作人员，也包括受上述机关委托从事公务的人员。

(2) 行政违法行为，是指违法执行职务的行为。从行政赔偿的立法精神来看，违法应包括违反宪法、法律、行政法规与规章、地方性法规与规章，以及其他规范性文件和中国承认与参加的国际公约等；执行职务的范围应既包括职务行为本身的行为，也包括与职务有关联而不可分的行为，它是行政赔偿责任中最根本的构成要件。

(3) 行政主体的行政违法行为造成了损害后果，根据国家赔偿法，损害仅指物质损害与直接损害，而不含精神损害与间接损害。

(4) 损害后果和违法行政行为之间存在直接的因果关系。

行政赔偿的范围完全是国家赔偿责任构成要件在行政侵权领域的反映，基本上不存在特殊规定。《中华人民共和国国家赔偿法》规定的赔偿具体事项概括起来讲，只有造成人身自由权、生命权、健康权、财产权损害的情况下，才能获得国家赔偿。如果国家侵犯了人身自由权和生命健康权，在大多数情况下，国家赔偿都适用金钱赔偿的方式，根据当事人在国家侵权行为中所遭受损害的权利类型的不同，国家赔偿的方式和金额也有所不同。国家侵权行为造成公民、法人和其他组织财产损害的，能够返还财产的应该返还财产，能恢复原状的应该恢复原状，财产已经拍卖或者变卖的，给付拍卖或者变卖所得的价款，变卖的价款明显低于财产价值的，应当支付相应的赔偿金，国家侵权行为对财产权造成其他损害的，应当按照直接损失给予赔偿。公民人身权受到损害的同时伴有精神损害的，还应当为受害人消除影响、恢复名誉、赔礼道歉，造成严重后果的还应支付相应的精神损害抚慰金。

第三节 中国的刑事诉讼法律制度

刑事诉讼是诉讼的一种，它直接决定犯罪嫌疑人、被告人是否有罪和承担刑事责任以及构成何种犯罪、承担何种刑事责任的问题。简单地说，刑事诉讼是指专门国家机关(人民法院、人民检察院和公安机关)在当事人和其他诉讼参与人的参加下，依照法律规定的程序，惩罚犯罪，解决被追诉人刑事责任的活动。刑事诉讼必须依照法定程序进行。近现代的刑事诉讼一般包含了国家实现刑罚权的全部诉讼行为，包括立案、侦查、起诉、审判、执行等阶段的诉讼行为，它体现了对犯罪嫌疑人、被告人诉讼主体地位的尊重和诉讼权利的保障，有助于实现国家权力之间的制约，防止权力滥用，反映正当程序和诉讼民主的要求。

一、刑事诉讼法概述

刑事诉讼法是国家的基本部门法之一，是指国家制定或认可的调整刑事诉讼活动的法律规范的总称。刑事诉讼法有狭义和广义之分，狭义的刑事诉讼法仅仅指刑事诉讼法典，广义的刑事诉讼法指一切有关刑事诉讼的法律规范。人们通常从广义上对刑事诉讼法进行理解。

(一) 刑事诉讼法的基本原则

刑事诉讼法的基本原则如下。
(1) 侦查权、检察权、审判权由专门机关依法行使。
(2) 人民法院、人民检察院依法独立行使职权原则。
(3) 分工负责、互相配合、互相制约原则。
(4) 犯罪嫌疑人、被告人有权获得辩护原则。
(5) 未经人民法院判决，对任何人都不得确定有罪原则。
(6) 具有法定情形不予追究刑事责任原则。

刑事诉讼法确立的基本法律规范，反映了刑事诉讼的客观规律和基本要求，它与刑事诉讼的目的和任务紧密相关，是指导人们实现刑事诉讼惩罚犯罪、保障人权价值目标的重要保证。

(二) 刑事诉讼中的专门机关

刑事诉讼中的专门机关,是指在诉讼中代表国家行使司法权的国家专门机关,包括公安机关、人民检察院和人民法院。《中华人民共和国宪法》规定:"人民法院、人民检察院和公安机关办理刑事案件,应当分工负责,相互配合,互相制约,以保证准确有效地执行法律。"这一规定从根本上赋予了人民法院、人民检察院和公安机关负责办理刑事案件,参加刑事诉讼活动的权利,同时也表明了公、检、法三机关必须参加刑事诉讼活动的义务,并且表明了这三个司法机关在刑事诉讼中的地位和关系。另外,刑事诉讼法中规定了三个机关在刑事诉讼活动中的具体职能。

(1) 在刑事诉讼的侦查阶段,除了法律规定的少数刑事案件的侦查权由人民检察院和人民法院行使外,大量的刑事案件都是由公安机关负责侦查,具体职权包括立案和撤销案件、侦查、依法采取强制措施、移送起诉、要求复议、提出复核和执行的权力。

(2) 人民检察院在刑事诉讼中的职权和任务是对叛国、分裂国家以及严重破坏国家政策、法令、政令统一的重大犯罪案件行使检察权;对自己直接受理的案件进行侦查;对公安机关侦查的案件进行审查;决定是否逮捕、起诉或者不起诉,对刑事案件提起公诉;对公安机关的侦查活动进行法律监督;对刑事案件的判决、裁定及其执行,以及监狱、看守所、劳动改造机关的活动是否合法实行监督,在案件的不同阶段行使不同的职权。

(3) 人民法院才能代表国家行使审判权,除人民法院以外的任何机关、团体和个人的审判都是非法的,人民法院在刑事诉讼中的任务是对刑事案件进行审判,就被告人是否有罪、有何罪、处以何罪作出决定。

(三) 刑事诉讼参与人

刑事诉讼参与人,是指在刑事诉讼过程中享有一定诉讼权利,承担一定诉讼义务的除国家专门机关工作人员以外的人。根据《中华人民共和国刑事诉讼法》的规定,诉讼参与人包括当事人和其他诉讼参与人。

(1) 当事人,是指与案件事实和诉讼结果有切身利害关系,在诉讼中分别处于原告或被告地位的主要诉讼参与人,是主要诉讼主体。当事人具体包括自诉人、犯罪嫌疑人、被告人、被害人、附带民事诉讼当事人。

(2) 其他诉讼参与人，指除当事人以外的诉讼参与人，具体包括法定代理人、辩护人、证人、鉴定人、翻译人员和诉讼代理人，他们在诉讼中是一般的诉讼主体，具有与其诉讼地位相应的诉讼权利和义务。

刑事诉讼参与人是刑事诉讼法律关系的主体，但并非都是刑事诉讼主体，诉讼参与人在刑事诉讼中处于不同地位，通过行使诉讼权利，承担诉讼义务，对刑事诉讼的进程和结局发挥着不同程度的影响与作用，保证诉讼活动得以顺利、有效地进行。

二、刑事诉讼的管辖、回避、辩护和代理

(一) 刑事诉讼的管辖

刑事诉讼的管辖是指公安机关、检察机关和审判机关等在直接受理刑事案件上的权限划分以及审判机关内部在审理第一审刑事案件上的权限划分。管辖应该按照合理分担、分工明确、准确及时和便于诉讼的原则办理。刑事诉讼的管辖分立案管辖和审判管辖两大类。

1. 立案管辖

立案管辖是指公检法机关之间受理或侦查刑事案件时在职权范围上的分工，根据刑事诉讼法的规定，刑事案件的侦查由公安机关进行，法律另有规定的除外。这里主要是指由人民法院直接受理和人民检察院自行侦查的刑事案件以外的其他绝大多数刑事案件，其例外的情况包括：

(1) 国家安全机关依照法律规定办理危害国家安全的刑事案件，行使与公安机关相同的职权。

(2) 贪污贿赂犯罪，国家工作人员的渎职犯罪，国家机关工作人员利用职权实施的非法拘禁、刑讯逼供、报复陷害、非法搜查的侵犯公民人身权利的犯罪，以及侵犯公民民主权利的犯罪，由人民检察院立案侦查。

(3) 自诉案件，由人民法院直接受理。

2. 审判管辖

审判管辖是指人民法院在审理第一审刑事案件上的权限划分，审判管辖分为

级别管辖、地域管辖和专门管辖。

(1) 级别管辖是指刑事案件的第一审审判权在不同级别的人民法院之间的分工，比如危害国家安全、恐怖活动案件和可能判处无期徒刑、死刑的一审案件要由中级人民法院管辖。

(2) 地域管辖是指刑事案件的第一审审判权在同级别的人民法院之间的分工。刑事案件由犯罪地的人民法院管辖。如果由被告人居住地的人民法院审判更为适宜的，可以由被告人居住地的人民法院管辖。

(3) 专门管辖是指专门法院与普通法院在刑事案件管辖方面的权限分工，主要解决哪些刑事案件应当由哪些专门人民法院审判的问题。中国已建立的受理刑事案件的专门法院有军事法院等。军队和地方互涉刑事案件，按照有关规定确定管辖。

(二) 刑事诉讼中的回避

刑事诉讼中的回避，是指侦查人员、检察人员、审判人员等与案件有法定的利害关系或者其他特殊关系，可能影响案件的公正处理，不得参与办理本案的一项诉讼制度。刑事诉讼中的回避可以分为自行回避、申请回避、指定回避三种。

(三) 刑事诉讼中的辩护

刑事诉讼中的辩护，是指犯罪嫌疑人、被告人及其辩护人针对控诉方的指控，为犯罪嫌疑人或被告人进行无罪、罪轻、减轻或免除罪责的反驳和辩解，以维护其合法权益的诉讼行为。

辩护人在刑事诉讼中的法律地位是独立的诉讼参与人，是犯罪嫌疑人、被告人合法权益的专门维护者，辩护人既不从属于法院、检察院，也不从属于犯罪嫌疑人、被告人。律师，人民团体或者犯罪嫌疑人、被告人所在单位推荐的人，犯罪嫌疑人、被告人的监护人、亲友都可以担任辩护人。

辩护可以分为自行辩护、委托辩护、指定辩护。指定辩护是指人民法院在法定情形下指定承担法律援助义务的律师为被告人辩护。指定辩护分为几种情况：

(1) 公诉人出庭公诉的案件，被告人因经济困难或其他原因没有委托辩护人的，法院可以指定承担法律援助义务的律师为其辩护。

(2) 被告人是盲、聋、哑或未成年人，或者被告人有可能被判处死刑而没有委托辩护人的，法院应当指定承担法律援助义务的律师为其辩护。

(3) 犯罪嫌疑人、被告人可能被判处无期徒刑、死刑，没有委托辩护人的，人民法院、人民检察院和公安机关应当通知法律援助机构指派律师为其提供辩护。

(四) 刑事诉讼中的代理

刑事诉讼中的代理，是指特定的诉讼参与人依法委托代理人参加诉讼，代行自己的全部或部分诉讼职权的诉讼制度。根据规定，公诉案件的被害人、自诉案件的自诉人、刑事附带民事诉讼的原告和被告以及申诉案件中的申诉人都可以依法委托代理人参加刑事诉讼。诉讼期间，委托人要求解除代理后另行委托代理人的，人民法院应当允许。但案件已经合议并作出处理的，一般不宜再变更委托。

三、刑事诉讼证据、强制措施和附带民事诉讼

(一) 刑事诉讼证据

证明案件真实情况的一切事实都是证据，包括物证，书证，证人证言，被害人陈述，犯罪嫌疑人、被告人供述和辩解，鉴定结论，勘验、检查笔录，视听资料。根据刑事诉讼法规定，审判人员、检察人员和公安人员必须依照法定程序，收集能够证明犯罪嫌疑人、被告人有罪或无罪以及犯罪情节轻重的各种证据，严禁刑讯逼供和以威胁、引诱、欺骗或其他非法方法收集证据。

公检法机关有权向有关单位和个人收集调取证据，有关单位和个人应当如实提供证据。司法人员要对刑事证据进行审查，就是对已经收集到的各种证据材料进行分析研究，审查判断，以确定各个证据有无证明力和证明力大小，并对整个案件事实作出合乎实际的结论。对一切案件的判处都要重证据，重调查研究，不轻信口供。只有被告人供述而没有其他证据的，不能认定被告人有罪和处以刑罚。没有被告人供述而其他证据确实充分的，可以认定被告人有罪和处以刑罚。

(二) 刑事诉讼强制措施

刑事诉讼中的强制措施，是指公安机关、检察机关和审判机关为保证刑事诉讼的顺利进行，依法对犯罪嫌疑人、被告人所采取的在一定期限内暂时限制或剥夺其人身自由的强制方法。

根据《中华人民共和国刑事诉讼法》的规定，强制措施有拘传、取保候审、监视居住、拘留和逮捕。这是一个由轻到重、层次分明、结构合理、互相衔接的体系，能够适应刑事诉讼的各种不同情况。对于不同的强制措施，严格规定执行期限和条件，被采取强制措施的犯罪嫌疑人也必须严格遵守相关法律的规定。

(三) 刑事附带民事诉讼

刑事附带民事诉讼，是指在刑事诉讼中，审判机关在依法追究被告人刑事责任的同时，附带解决由受害人或其法定代理人或人民检察院，因被告人的犯罪行为所造成的物质损失的赔偿问题而进行的诉讼活动。由于这种损害赔偿的诉讼请求是在刑事诉讼中提出的，又是在刑事诉讼中附带解决的，因此称作附带民事诉讼。附带民事诉讼应当在刑事案件立案以后第一次判决宣告以前提起。在此期间没有提起的，就不能再提起附带民事诉讼。

四、刑事诉讼程序

(一) 立案和侦查

立案，是指公安机关、人民检察院发现犯罪事实或犯罪嫌疑人，或者公安机关、人民检察院和人民法院对接受的报案、控告、举报或自首，或者人民法院对自诉人的自诉材料进行审查后，判明有无犯罪事实和应否追究刑事责任，并决定是否进行侦查或审理的诉讼活动。

侦查，是指法定侦查机关在未证实犯罪和查获犯罪行为人而依照法律进行的专门调查工作及采取的有关强制性措施。侦查行为包括讯问犯罪嫌疑人，询问证人、被害人，勘验、检查，搜查，扣押物证、书证，鉴定，辨认，通缉。

(二) 刑事起诉

刑事起诉，是指依法享有刑事起诉权的机关或个人对刑事被告人提出控诉，要求人民法院予以审判，以追究被告人刑事责任的诉讼行为。中国实行的是以公诉为主、自诉为辅的起诉模式。

人民检察院代表国家进行的起诉，称为公诉；被害人本人或者他的法定代理人进行的起诉，称为自诉。除了法律规定允许由自诉人直接向人民法院起诉的案件以外，其余案件均由人民检察院提起公诉。

(三) 审判程序

刑事审判程序，是指人民法院对人民检察院提起公诉或者自诉人提起自诉的案件，依照法律审理刑事案件的步骤、方式和方法的总和。《中华人民共和国刑事诉讼法》规定了以下几种基本的审判程序。

(1) 第一审程序，是指人民法院根据审判管辖的规定，对人民检察院提起公诉和自诉人自诉的刑事案件进行初次审判的程序。

(2) 第二审程序，是指第一审法院的上一级法院对上诉、抗诉案件进行重新审理的程序。

(3) 特殊案件的复核程序，包括死刑复核程序以及人民法院根据《中华人民共和国刑法》第六十三条第 2 款规定的"犯罪分子虽然不具有本法规定的减轻处罚情节，但是根据刑事案件的特殊情况，经最高人民法院核准，也可以在法定刑以下判处刑罚"的案件的复核程序。

死刑复核程序是对死刑判决进行审查核准的一种特殊程序。根据《中华人民共和国刑事诉讼法》的规定，死刑由最高人民法院核准。中级人民法院判处死刑的第一审案件，被告人不上诉的，由高级人民法院复核后，报请最高人民法院核准。高级人民法院不同意判处死刑的，可以提审或发回重审。高级人民法院判处死刑的第一审案件，被告人不上诉的和判处死刑的第二审案件，都应报请最高人民法院核准。

(4) 审判监督程序，是指人民法院、人民检察院对于已经发生法律效力的判决或裁定，发现在认定事实上或者在适用法律上确有错误，依职权提起并由人民法院对案件进行再次审判的程序。根据审判监督程序进行审判的案件，如果原来是第一审案件，依照第一审程序进行审判；如果原来是第二审案件，则依照第二审程序进行审判。

(四) 执行程序

刑事诉讼中的执行，是指人民法院将已经发生法律效力的判决或裁定交付执行机关实施其确定的内容，以及处理执行中的诉讼问题而依法进行的各种活动，包括对确定的刑罚给予一定限度的变更和调整，如执行过程中的减刑、假释等。

执行程序，是指在进行上述活动时所应遵循的步骤、方式、方法。

根据《中华人民共和国刑事诉讼法》的规定，刑事诉讼的执行机关包括人民法院、公安机关、监狱。人民检察院对刑事执行活动享有监督权。

第四节　中国的仲裁和调解制度

仲裁是当今国际上广泛采用的解决经济纠纷的重要途径。与诉讼相比，仲裁具有充分尊重当事人的选择、费用较低、结案速度较快等优点。1994年中国颁布实施《中华人民共和国仲裁法》以来，越来越多的公民、法人和其他组织开始选择仲裁方式来解决经济纠纷。

调解植根于中国几千年的传统法律文化和近现代司法实践之中，被国际司法界誉为"东方经验"。仲裁调解制度是一种复合式的争议解决方法，有广义与狭义之分。广义的仲裁调解制度泛指仲裁和调解的各种结合方式，其表现形式如下。

(1) 先调解后仲裁。当事人为解决争议先启动调解程序，调解不成后或调解成功后再进行仲裁程序。该形式中，调解员和仲裁员是不同的人，调解机构和仲裁机构也是两个不同的机构。

(2) 影子调解。当事人为解决争议先启动仲裁程序，在仲裁的恰当时候，平行启动调解程序，由调解员对当事人的争议进行调解，调解成功，则了结当事人之间的争议；调解不成，平行进行的仲裁程序可以确保争议的最终解决。该形式中，调解员和仲裁员是不同的人，调解机构和仲裁机构也是两个不同的机构。

(3) 仲裁中调解。当事人为解决争议先启动仲裁程序，在仲裁程序过程中，由仲裁员对案件进行调解，调解不成或调解成功后再恢复进行仲裁程序。在这里，调解员和仲裁员是同一个人担任，如果是机构仲裁，则管理仲裁程序的机构和管理调解程序的机构是同一个机构。

一、仲裁概述

仲裁，是指发生争议的双方当事人，根据其在争议发生前或争议发生后所达成的协议，自愿将该争议提交中立的第三者居中评断是非并作出裁决的一种解决争议的方式。仲裁在性质上是兼具契约性、自治性、民间性和准司法性的一种争议解决方式。仲裁活动和法院的审判活动一样，关乎当事人的实体权益，是解决民事争议的方式之一。

仲裁法是指由国家制定或认可的，规范和调整仲裁法律关系的法律规范的总称。平等主体的公民、法人和其他组织之间发生的合同纠纷和其他财产权益纠纷，可以仲裁。而婚姻、收养、监护、抚养、继承纠纷和依法应当由行政机关处理的行政争议不能仲裁。当事人采用仲裁方式解决纠纷，应当双方自愿达成仲裁协议，否则仲裁机构不予受理。

（一）仲裁法的基本原则和基本制度

仲裁法的基本原则如下。

(1) 自愿原则。

(2) 根据事实、符合法律规定、公平合理地解决纠纷原则。

(3) 独立仲裁原则。

仲裁法的基本制度包括协议仲裁制度、或裁或审制度和一裁终局制度。仲裁实行的一裁终局制度是指裁决作出后，当事人就同一纠纷再申请仲裁或者向人民法院起诉的，仲裁委员会或者人民法院不予受理。裁决被人民法院依法裁定撤销或者不予执行的，当事人就该纠纷可以根据双方重新达成的仲裁协议申请仲裁，也可以向人民法院起诉。

（二）仲裁机构

仲裁机构主要包括仲裁委员会和仲裁协会，仲裁委员会应该具备的条件包括：

(1) 有自己的名称、住所和章程；

(2) 有必要的财产；

(3) 有该委员会的组成人员，有聘任的仲裁员；

(4) 仲裁委员会的章程应当依法制定。

《中华人民共和国仲裁法》规定："仲裁委员会可以在直辖市和省、自治区人民政府所在地的市设立，也可以根据需要在其他设区的市设立，不按行政区划层层设立。仲裁委员会由前款规定的市的人民政府组织有关部门和商会统一组建。设立仲裁委员会，应当经省、自治区、直辖市的司法行政部门登记。"仲裁委员会独立于行政机关，与行政机关没有隶属关系。各仲裁委员会之间也没有隶属关系。

(三) 仲裁协议

仲裁协议，是指双方当事人以书面方式自愿将他们之间已经发生或将来有可能发生的争议提交仲裁解决的协议。仲裁协议包括双方当事人在合同中订立的仲裁条款和以其他书面方式在纠纷发生前或者纠纷发生后达成的请求仲裁的协议。仲裁协议是仲裁委员会受理案件的前提条件。双方当事人在自愿、协商、平等互利的基础之上将他们之间已经发生或者可能发生的争议提交仲裁解决的书面文件，是申请仲裁的必备材料。仲裁协议在仲裁制度中具有极为重要的作用，是整个仲裁制度的基石。

有效的仲裁协议一般应具备以下内容：

(1) 请求仲裁的意思表示；

(2) 仲裁事项；

(3) 选定的仲裁委员会。

请求仲裁的意思表示是仲裁协议的首要内容。当事人在表达请求仲裁的意思表示时需要注意：

(1) 仲裁协议中当事人请求仲裁的意思表示要明确；

(2) 请求仲裁的意思表示必须是双方当事人共同的意思表示，而不是一方当事人的意思表示；

(3) 请求仲裁的意思表示必须是双方当事人的真实意思表示，即不存在当事人被胁迫、欺诈等而订立仲裁协议的情况，否则仲裁协议无效；

(4) 请求仲裁的意思表示必须是双方当事人自己的意思表示，而不是任何其他人的意思表示。

仲裁协议独立存在，合同的变更、解除、终止或者无效不影响仲裁协议的效力。

二、仲裁程序

(一) 申请与受理

当事人申请仲裁应当符合下列条件：

(1) 有仲裁协议；

(2) 有具体的仲裁请求和事实、理由；

(3) 属于仲裁委员会的受理范围。

仲裁委员会收到仲裁申请书之日起 5 日内，认为符合受理条件的，应当受理，并通知当事人；认为不符合受理条件的，应当书面通知当事人不予受理，并说明理由。仲裁委员会受理仲裁申请后，应当在仲裁规则规定的期限内，将仲裁规则和仲裁员名册送达申请人，并将仲裁申请书副本和仲裁规则、仲裁员名册送达被申请人。

(二) 仲裁庭的组成

仲裁庭可以由三名仲裁员或者一名仲裁员组成。由三名仲裁员组成的，设首席仲裁员。

当事人约定由三名仲裁员组成仲裁庭的，应当各自选定或者各自委托仲裁委员会主任指定一名仲裁员，第三名仲裁员由当事人共同选定或者共同委托仲裁委员会主任指定。第三名仲裁员是首席仲裁员。

当事人约定由一名仲裁员成立仲裁庭的，应当由当事人共同选定或者共同委托仲裁委员会主任指定仲裁员。仲裁庭组成后，仲裁委员会应当将仲裁庭的组成情况书面通知当事人。

(三) 仲裁审理

仲裁审理是仲裁庭按照法律规定的程序和方式，对当事人交付仲裁的争议事项作出裁决的活动。仲裁审理是仲裁程序的中心环节，仲裁应当开庭进行。

当事人协议不开庭的，仲裁庭可以根据仲裁申请书、答辩书及其他材料作出裁决。仲裁不公开进行。当事人协议公开的，可以公开进行，但涉及国家秘密的除外。

当事人应当对自己的主张提供证据。仲裁庭认为有必要收集的证据，可以自行收集。在证据可能灭失或者以后难以取得的情况下，当事人可以申请证据保全。当事人在仲裁过程中有权进行辩论。辩论终结时，首席仲裁员或者独任仲裁员应当征询当事人的最后意见。

(四) 仲裁中的和解、调解和裁决

仲裁中的和解指当事人申请仲裁后，可以自行和解。达成和解协议的，可以

请求仲裁庭根据和解协议作出裁决书,也可以撤回仲裁申请。当事人达成和解协议,撤回仲裁申请后反悔的,可以根据仲裁协议申请仲裁。

仲裁庭在作出裁决前,可以先行调解。当事人自愿调解的,仲裁庭应当调解。调解不成的,应当及时作出裁决。调解达成协议的,仲裁庭应当制作调解书或者根据协议的结果制作裁决书。调解书与裁决书具有同等法律效力。

裁决应当按照多数仲裁员的意见作出,少数仲裁员的不同意见可以记入笔录。仲裁庭不能形成多数意见时,裁决应当按照首席仲裁员的意见作出。裁决书自作出之日起发生法律效力。

三、调解制度

调解,是指发生纠纷的当事人,在人民法院、人民调解委员会及有关组织主持下,互相协商,互谅互让,依法自愿达成协议,使纠纷得以解决的一种活动。中国的调解制度包括人民调解、行政调解、司法调解等。在社会生活不断变化,经济交往不断发展,民事、经济等纠纷数量趋多、处理难度加大的新形势下,进一步增强调解意识,实现人民调解、行政调解、司法调解有机结合,采用更多的调解方法,综合运用法律、政策、经济、行政等手段和教育、协商、疏导等办法,把矛盾化解在基层、解决在萌芽状态,既符合中华民族"和为贵"的传统美德,又符合以人为本的理念和构建社会主义和谐社会的要求。

(一) 人民调解

人民调解是指在人民调解委员会的主持下,依照法律、政策及社会主义道德规范,对纠纷当事人进行说服规劝,促其彼此互谅互让,在自主自愿情况下,达成协议,消除纷争的活动。人民调解是中国法律所确认的一种诉讼外的调解形式,它有自己独特的组织形式,完整的工作原则、制度、程序,严格的工作纪律,方便灵活、形式多样的工作方法。

人民调解委员会是调解民间纠纷的群众性组织,在基层人民政府和基层人民法院指导下进行工作。人民调解委员会调解民间纠纷,应当遵循的原则有以下几点。

(1) 依据法律、法规、规章和政策进行调解,法律、法规、规章和政策没有明确规定的,依据社会主义道德进行调解。

(2) 在双方当事人自愿平等的基础上进行调解。

(3) 尊重当事人的诉讼权利,不得因未经调解或者调解不成而阻止当事人向人民法院起诉。

人民调解委员会调解民间纠纷,不收取任何费用。人民调解委员会调解的民间纠纷,包括发生在公民与公民之间、公民与法人和其他社会组织之间涉及民事权利义务争议的各种纠纷。经人民调解委员会调解达成的、有民事权利义务内容,并由双方当事人签字或者盖章的调解协议,具有民事合同性质。当事人应当按照约定履行自己的义务,不得擅自变更或者解除调解协议。

(二) 行政调解

行政调解是国家行政机关依照法律规定,在其行政管理职权范围内,通过说服教育的方式,对特定的民事纠纷及轻微刑事案件进行的调解,通常称为政府调解。国家行政机关根据法律规定,对属于国家行政机关职权管辖范围内的民事纠纷,通过耐心的说服教育,使纠纷的双方当事人互相谅解,在平等协商的基础上达成一致协议,从而合理、彻底地解决纠纷矛盾。

行政调解主要包括以下四类。

(1) 基层人民政府对民事纠纷和轻微刑事案件进行的调解。

(2) 合同管理机关依据《中华人民共和国民法典》规定,对合同纠纷进行的调解。

(3) 公安机关依据《中华人民共和国治安管理处罚法》和《中华人民共和国道路交通安全法》等规定,对部分治安和交通事故案件进行的调解。

(4) 婚姻登记机关依据《中华人民共和国民法典》规定,对婚姻双方当事人进行的调解。

行政调解必须遵循合法、自愿和保护当事人诉讼权利的原则。如果当事人不愿经过调解,或者经过调解达不成协议,或者达成协议后又反悔的,有权向人民法院起诉。

行政调解和人民调解,都属于诉讼外调解,是在自愿的基础上依法进行的调解活动,所达成的协议虽然不具有法律上的强制执行的效力,但对当事人具有约束力。应在查明事实、分清是非、明确责任的基础上,说服当事人互谅互让,依照法律、法规及有关政策的规定,让双方当事人自愿达成协议解决争议。

(三) 司法调解

司法调解是诉讼中调解，是指人民法院依照严格的诉讼程序，采取调解的方式促使双方当事人达成和解，解决民事权益争议的一种诉讼活动。司法调解具有方便快捷、灵活高效、对抗性弱等特点，能有效提高司法效率，降低司法成本。

人民法院审理民事案件，应当根据自愿合法的原则进行调解。人民法院对案件进行调解，必须依据当事人的意愿，在查清事实、分清责任的基础上进行。调解活动要遵循民事诉讼法规定的程序，达成调解协议的内容要符合法律的规定及国家政策、公序良俗的要求，不得损害国家、集体和他人的合法权益。司法调解可以由当事人的申请开始，也可以由人民法院依职权主动进行。调解达成协议，人民法院应当制作调解书。调解书送达双方当事人签收后，即具有法律效力。

思 考 题

1. 中国民事审判制度包括哪些基本内容？
2. 中国行政诉讼法中的审判监督程序和行政赔偿是怎样规定的？
3. 中国刑事诉讼程序是怎样规定的？
4. 仲裁和调解制度的作用是什么？

结语

依法治国与全面建设法治国家

进入21世纪，中国政府对法制建设和依法治国尤为重视，立足于现实基础，中国法制建设正处于从形式法治向实质法治的转型阶段。中国具有数千年的人治传统，求索法治的道路崎岖曲折。从提出"全面推进依法治国"到"建设法治中国"，从"新法治十六字方针"到依法治国、依法执政、依法行政共同推进，中国力行法治的思路与部署清晰可见。更为可信的是，这种矢志法治的决心开始在很多领域得到践行，诸如反腐"有案必查"对法治原则的兑现，废除劳教对于法治精神的捍卫，司法改革对于法治理念的汲取等，都预示着中国全面推进依法治国站在了新的时代起点。当前，中国正处在全面深化改革的"深水区"，各种复杂的矛盾纠纷和利益冲突逐渐显现，权力的失范与社会治理的失效不断挑战社会公平，与各种"治标"的方式相比，只有法治才是求根治本的良方。

一、法治社会

法治社会是指法律在社会系统中居于最高的地位并具有最高的权威，任何组织和个人都不能凌驾于法律之上。国家权力和社会关系按照明确的法律秩序运行，并且按照严格公正的司法程序协调人与人之间的关系，解决社会纠纷。在法律面前人人平等，而不是依照执政者的个人喜好以及亲疏关系来决定政治、经济和社会等方面的公共事务。

一个成熟的法治社会，具备精神和制度两方面的因素，即具有法治的精神和反映法治精神的制度。简约而言，法治的精神方面主要是指整个社会对法律至上地位的普遍认同和坚决的支持，养成自觉遵守法律法规，并且通过法律或司法程序解决政治、经济、社会和民事等方面的纠纷的习惯与意识。在法治民主的社会中，法律和行政法规等由规范的民主程序产生并制定出来，并且其司法和执行过程通过规范的秩序受到全社会的公开监督。

法治作为一种治国的基本规则，要求法律成为社会主体的普遍原则，不仅要求公民依法办事，更重要的在于制约和规范政治权力。所以，法治在政治上，是对公民权利的保障和对政治权力的规制，是民主的制度化、法律化。法律是否至上，特别是权力的运行有没有纳入法律设定的轨道，是区分法治与非法治的主要标志。要实现法治，立法机关就要依法立法，行政机关就要依法行政，司法机关就要依法审判。

法治强调的是"法律至上"的思想。法治思想的根源是民主，人民主权，是人民通过立法创造了法，法律旨在保护公民的自由。对国家来说，法不允许即为禁止，强调国家必须依法履行职能；对公民来说，法不禁止即为允许，强调的是保护公民的自由，法治强调法在调整各种关系中的正当性。

二、法的现代化

（一）法制现代化的概念

"现代化"是一个世界性的历史范畴及现象，世界现代化始于18世纪后期到19世纪中叶的英国工业革命，所以"现代化"也是源自于西方的术语。现代化作为一个世界性的历史进程，乃是从传统社会向现代社会的转变和跃进，是人类社会自工业革命以来所经历的一场涉及社会生活主要领域的深刻变革过程，是社会文明进步的典型标志。随着社会由传统向现代的转变，法律也同样面临一个从传统型向现代型的历史更替。法律的这一转型与变革过程，就是法制现代化的过程。

法制现代化应包含两层含义。

(1) 作为一种社会现象的变化过程，一个特定国家或地区的法制现代化，是指该国家或地区的法律制度体系伴随该社会的现代化而发生的由传统法制向现代法制演进、转化的全过程。

(2) 作为一种特定社会法制的存在状态，作为一种运动的最终成就，作为现代化运动所追求的目标，法制体系具备了与现代文明社会相适应的时代特征。

（二）法制现代化的特征

(1) 法律至上。法律至上，是指法律具有绝对权威，在社会系统中处于最高地位,没有任何人和组织可以凌驾于法律之上。现代化的重要标志是市场经济,"法律至上"是市场经济的要求。市场主体之间是一种紧张且平等的竞争关系,这就需要一种公认的、权威的规则来协调并解决相应问题,这种规则要能够合理配置权利、义务,这种规则即是法律规则。

(2) 保障人权。实现充分的人权是法制现代化的重要目标,也是法律至上的价值定向。权利的保障制度开始形成于法律对权利的宣告。

(3) 法制现代化是一个法律发展的多样性统一的过程。社会的多样化必然带来法律文化的多样化,不同的法律文化,在不同条件的作用下,总是循着特定的进程发展。虽然不同国家和民族的交往逐步广泛和深入,但是,在法律发展进程中所形成的富有个性的具体的法律制度及其体系之内,又不可能是处于互不相关、绝对排斥的状态,而必定会构成一个"总体"。因此,法制现代化运动的多样性是统一性的基础。

(4) 权力的制约。法律的基本功能之一就是限制或约束权力。是权力支配法律还是法律控制权力,这就是传统法制和现代化的法制之间的重要区别。法制现代化要求权力必须受到法律的制衡,这也是法律至上的根本要求。

(三) 法律全球化对法制现代化的推进

法律全球化对法制现代化的推进表现在以下几个方面。

(1) 推进各国法制指导思想的转变。在法律全球化趋势下,任何国家都清醒地认识到,一个国家的生存与发展离不开世界大环境,将自己封闭起来仅靠自身的经济和政治实力求得发展将是失策的,法制领域也一样。就一个国家而言,法律全球化或者意味着本国法律与外国法和国际法的"融合",或者意味着以自己的法律理念来影响外国法和国际法。所以,一个国家理智的选择是将自己融入世界大家庭当中,吸取世界上优秀的立法成果,用发展的眼光,充分考虑本国政治、经济及文化交往的需要,确定本国立法指导思想,促使本国法律更加全面完善并与国际法律规则接轨。而这正是法制现代化所追求的立法现代化的目标。

(2) 追求公平、正义的法律价值。在法律全球化的进程中,一个不可或缺的因素就是,只有那些内含公平正义观极为明显的法律制度,被证明是能够公正、高效解决问题的先进的法律规范,才能被其他国家或地区吸收或借鉴。而各国在实现法制现代化的过程中,也不外乎将世界上先进的法律制度和规范及公平正义的法律价值予以移植或者结合本国情况予以改良。因此，法律全球化与法制现代化两者在法的价值追求上达成共识。

(3) 实现现代法治国家的目标理想。法律全球化趋势，实际上是世界上的多数国家在治理全球问题上所达成的关于法律规范的共识。众所周知，现代社会经济的飞速发展带来诸多的负面效应，对此，每个国家均有义务和责任解决负面效应。实践证明，法律是调整和解决社会问题的有力手段，因此，依法治理成为许多国家解决负面效应及其国内问题的必然选择。这一法治现状与将法治国家作为法制模式的理想相吻合，在实现法制现代化的过程中，它们着眼于"法治国家"进行相应的法制改革，以适应法律全球化进程的需要。不难看出，法律全球化与法制现代化在实现法治国家的目标理想上又达成了一致。

三、依法治国

依法治国就是依照体现人民意志和社会发展规律的法律治理国家，而不是依照个人意志、主张治理国家；要求国家的政治、经济运作、社会各方面的活动统统依照法律进行，而不受任何个人意志的干预、阻碍或破坏。

依法治国是发展社会主义市场经济的客观需要，是国家民主法治进步的重要标志，建设中国特色社会主义文化的重要条件是国家长治久安的重要保障。实行依法治国，必须扩大社会主义民主，健全社会主义法制，牢固树立法制在国家和社会生活中的权威，坚持依法行政和公正司法，实现国家政治、经济、文化和社会生活等各个方面的民主化与法治化。

中国现行宪法，即"八二宪法"，为了体现保障公民权利的原则，把"公民的基本权利和义务"放在"国家机构"之前，改变了以往放在"国家机构"之后的惯例。虽然只是次序的调整，但它反映了法治国家的一个基本原则——公民权利优于国家机构的权力，保障公民权利是建立法治国家的前提，国家机构是用来保障和实现公民权利的工具。

1999 年中国第九届全国人民代表大会第二次会议通过的宪法修正案规定："中华人民共和国实行依法治国，建设社会主义法治国家。"并将其作为宪法的第五条第一款。这是中国近现代史上破天荒的事件，是中华人民共和国治国方略的重大转变。中国政府随后提出全面依法治国的战略思想，在中国这样一个世界上人口最多的发展中大国全面推进依法治国，是国家治理领域一场广泛而深刻的革命。全面推进依法治国，总目标是建设中国特色社会主义法治体系，建设社会主义法治国家。全面推进依法治国的内涵和意义在于以下几个方面。

(1) 全面推进依法治国，就是要依照宪法这个治国安邦的总章程治理国家社会，坚持执政党的领导、人民当家作主、依法治国有机统一。

(2) 全面推进依法治国，最终要落实到国家治理体系和治理能力现代化上，体现为不断提高执政党的领导水平和执政水平。

(3) 紧紧围绕这个新目标，建设一个由完备的法律规范体系、高效的法治实施体系、严密的法治监督体系、有力的法治保障体系和完善的党内法规体系构成的法治治理体系。

(4) 坚持依法治国、依法执政、依法行政共同推进，坚持法治国家、法治政府、法治社会一体建设，实现科学立法、严格执法、公正司法、全民守法。

当今世界，综合国力角逐日趋激烈，在当代中国，完备治理体系、提升治理能力任务愈发紧迫。中国正在经历现代化进程中具有决定性的深刻变革，越是社会结构深刻变动、利益格局深刻调整、思想观念深刻变化的改革攻坚期、矛盾凸显期、发展关键期，越需要发挥法治的引领和推动作用，确保在法治的轨道上推进改革，更好地统筹社会力量、平衡社会利益、调节社会关系、规范社会行为，把治理体系和治理能力的整体提升转化为现代化建设的巨大推力，让深刻变革中的中国社会既井然有序又生机勃勃，使中国特色社会主义制度更加成熟，更加定型。

四、中国特色社会主义法治理论的新发展

2012 年，中国政府立足推进国家治理体系和治理能力现代化，提出全面依法治国的一系列新理念、新思想、新战略，开启了全面依法治国的新征程。2017 年，中国政府进一步提出把坚持全面依法治国确立为新时代坚持和发展中国特色社会主义基本方略的重要内容，对深化依法治国实践作出全面部署，为建设社会主义法治国家提供了科学指引。这些举措极大地推动了全面依法治国实践深入发展，也极大地推动了中国特色社会主义法治理论创新。

(一) 在"四个全面"战略布局中认识全面推进依法治国

2012 年以来，中国政府在深刻把握中国特色社会主义法治道路、法治体系等

重大理论问题的基础上，围绕全面依法治国作出一系列重要论述，深刻回答了中国特色社会主义法治向哪里走、跟谁走、走什么路、实现什么目标、如何实现目标等一系列重大问题，主题集中、主线鲜明，内容丰富、内涵深邃，推动中国特色社会主义法治理论实现了重大发展。

中国特色社会主义法治理论是中国特色社会主义理论体系的有机组成部分，是对马克思主义经典作家关于国家与法学说的继承和发展，是对中国特色社会主义法治最新实践经验的科学总结和理论升华，是传承中华法律文化精华、汲取世界法治文明精髓的理论成果，是中华民族对当代世界法治文明的原创性贡献。

现阶段，全面推进依法治国是中国特色社会主义法治理论的核心议题，也是关系到执政兴国、人民幸福安康、执政党和国家长治久安的重大战略。全面推进依法治国既是立足于解决中国改革发展中的矛盾和问题的现实考量，也是着眼于实现中华民族伟大复兴的中国梦、实现党和国家长治久安的长远考虑与战略谋划，对推动经济持续健康发展、维护社会和谐稳定、实现社会公平正义，对全面建成小康社会、实现中华民族伟大复兴，都具有十分重大的意义。

"四个全面"战略布局的提出和形成，进一步把全面依法治国提到了党和国家战略布局的新高度，赋予全面依法治国新的战略地位和战略使命。"四个全面"战略布局既有战略目标，又有战略举措，每一个"全面"都具有重大战略意义。要把全面依法治国放在"四个全面"战略布局中来把握，深刻认识全面依法治国同其他三个"全面"的关系，从法治上为落实"四个全面"战略布局提供制度化方案，努力做到"四个全面"相辅相成、相互促进、相得益彰。全面依法治国是国家治理的一场深刻革命，必须从中国实际出发，发挥政治优势，遵循法治规律，与时俱进提升理念观念、创新体制机制，全面深化依法治国实践。

（二）法治道路、法治理论、法治体系、法治文化"四位一体"

中国政府提出必须坚持把依法治国作为党领导人民治理国家的基本方略，把法治作为治国理政的基本方式，不断把法治中国建设推向前进。坚持把依法治国作为治理国家的基本方略，把法治作为治国理政的基本方式，全面推进依法治国，是中国人民从社会主义革命、建设和改革实践中得出的重要结论和作出的重大抉择，是治国理政上的自我完善、自我提高。

全面推进依法治国的一个重要战略特征，就是坚持中国特色社会主义法治道路、法治理论、法治体系、法治文化"四位一体"。

(1) 中国特色社会主义法治道路是社会主义法制建设成就和经验的集中体现，是建设法治中国的唯一正确道路。

(2) 中国特色社会主义法治理论是中国共产党根据马克思主义国家与法的基本原理，在借鉴古今中外人类法治文明有益成果的基础上，从当代中国改革开放和社会主义现代化建设的实际出发，深刻总结中国社会主义法制建设经验，逐步形成的具有中国特色、中国风格、中国气派的社会主义法治理论体系。

(3) 中国特色社会主义法治体系是国家治理体系的重要组成部分，建设中国特色社会主义法治体系、建设社会主义法治国家是全面推进依法治国的总目标。

(4) 中国特色社会主义法治文化是体现社会主义先进文化内在要求的法治价值、法治精神、法治意识、法治理念、法治思想等精神文明成果，反映中国特色社会主义民主政治本质特征的法律制度、法律规范、法治机制等制度文明成果，以及自觉依法办事和尊法、学法、守法、用法等行为方式共同构成的一种先进法治文化形态和法治进步状态。

实现中国特色社会主义法治道路、法治理论、法治体系、法治文化"四位一体"，必须运用系统思维，统筹兼顾、把握重点、整体谋划，将其放在建设社会主义现代化国家的伟大进程中整体推进。

(1) 先要认识到全面建成小康社会、全面深化改革、全面依法治国、全面从严治党这"四个全面"协调推进，共同构成国家工作的战略布局。

(2) 其次要坚持社会主义物质文明、政治文明、精神文明、社会文明、生态文明全面提升，坚持依法治国与以德治国相结合，坚持依法治国与制度治党、依规治党统筹推进、一体建设，坚持美丽中国、平安中国、法治中国共同建设。

(3) 在具体方法上，统筹建设中国特色社会主义法治体系，形成一整套系统完备、科学规范、运行有效、成熟定型的法律规范体系、法治实施体系、法治监督体系、法治保障体系、党内法规体系。促进科学立法、严格执法、公正司法、全民守法前后衔接、相互依存、环环相扣，共同构成法治工作的基本格局。坚持依法治国、依法执政、依法行政共同推进，法治国家、法治政府、法治社会一体建设。

(三) 围绕全面依法治国推进法治理论创新

把依法治国确立为基本方略，意味着依法治国是首选的、基本的治国方略，法治是主导的、基本的治国方式。坚持依法治国基本方略，并不排斥政治领导、组织保障、方针政策指导、思想教育等方式，而是强调在诸种方略共治的国家治理体系中，依法治国是制度化的主要治国方略。既要防止法治万能主义，也要警惕法治虚无主义，确保全面依法治国沿着正确方向推进。在全面推进依法治国的实践中，要以新时代中国特色社会主义思想为指导，努力推进中国特色社会主义法治理论创新。

(1) 完善人民当家作主理论。2012年以来，中国政府从全面建成小康社会、全面深化改革、全面依法治国、全面从严治党等不同角度，提出了必须坚持人民主体地位的基本原则。

坚持人民主体地位，是治国理政的重要特征。人民民主是社会主义的生命。没有民主就没有社会主义，就没有社会主义的现代化，必须坚持人民主体地位，健全人民当家作主制度体系，加强人民当家作主制度保障。

(2) 完善国家治理现代化和良法善治理论。中国政府提出完善和发展中国特色社会主义制度、推进国家治理体系和治理能力现代化的全面深化改革总目标。国家治理体系就是在管理国家的制度体系，包括经济、政治、文化、社会、生态文明和执政党的建设等各领域的体制机制、法律法规安排，是一整套紧密联系、相互协调的制度体系。形成系统完备、科学规范、运行有效的国家制度体系，是国家治理体系现代化的重要目标。

国家治理能力就是运用国家制度管理社会各方面事务的能力，包括改革发展稳定、内政外交国防、治党治国治军等各个方面。良法善治是推进国家治理体系和治理能力现代化的必然要求。应把全面依法治国与国家治理现代化融合起来理解，把厉行法治与加强治理结合起来把握，在两者融合统一中达到良法善治状态。

(3) 完善法治中国建设理论。推进法治中国建设的战略任务是在中国特色社会主义法治理论上的重大创新，是对中国特色社会主义法制建设的科学定位、目标指引和战略谋划。建设法治中国，是人类法治文明在当代中国的重大实践和理论创新，是推进国家治理体系和治理能力现代化的重要内容，是对全面依法治国基本原则、基本任务和总目标的高度凝练。法治中国与小康中国、富强中国、民主中国、文明中国、和谐中国、美丽中国、平安中国等中国梦的核心要素相辅相成。

(4) 完善中国特色法学理论体系。完善中国特色法学理论体系，要在马克思主义指导下，以新时代中国特色社会主义思想为法学理论创新的方向指引，以建设中国特色社会主义法治体系、建设法治中国为动力源泉，总结历史经验教训，面对当下现实问题，着眼未来发展需要，坚持和凸显中国法学的政治性、科学性、实践性、包容性和创新性。

参考文献

[1] 张文显. 法理学[M]. 5版. 北京：高等教育出版社，2018.

[2] 博登海默 E. 法理学：法律哲学与法律方法[M]. 北京：中国政法大学出版社，2017.

[3] 肖光辉. 法理学专题研究[M]. 上海：上海社会科学院出版社，2016.

[4] 张新奎. 法理学初阶[M]. 杭州：浙江大学出版社，2017.

[5]《法理学》编写组. 法理学[M]. 北京：人民出版社，2017.

[6] 卓泽渊. 法理学[M]. 北京：法律出版社，2016.

[7] 曾宪义，赵晓耕. 中国法制史[M]. 北京：人民大学出版社，2016.

[8] 马治选. 法律文化法律价值与当代中国法治[M]. 北京：法律出版社，2017.

[9] 米健. 当今与未来世界法律体系[M]. 北京：法律出版社，2010.

[10] 张中秋. 中西法律文化比较研究[M]. 5版. 北京：法律出版社，2019.

[11] 邵津. 国际法[M]. 5版. 北京：北京大学出版社，高等教育出版社，2014.

[12] 朱文奇. 国际法学原理与案例教程[M]. 4版. 北京：中国人民大学出版社，2018.

[13] 程晓霞，余民才. 国际法[M]. 5版. 北京：中国人民大学出版社，2017.

[14] 白桂梅. 国际法[M]. 3版. 北京：北京大学出版社，2015.

[15] 王铁崖. 国际法[M]. 北京：法律出版社，1995.

[16] 张晏瑲. 国际海洋法[M]. 北京：清华大学出版社，2015.

[17] 张乃根. 国际法原理[M]. 北京：中国政法大学出版社，2012.

[18] 全永波. 海洋法[M]. 北京：海洋出版社，2016.

[19] 李双元，欧福永. 国际私法[M]. 5版. 北京：北京大学出版社，2018.

[20] 赵秀文. 国际私法学原理与案例教程[M]. 4版. 北京：中国人民大学出版社，2016.

[21] 章尚锦，杜焕芳. 国际私法[M]. 5版. 北京：中国人民大学出版社，2014.

[22] 屈广清. 国际私法导论[M]. 北京：法律出版社，2011.

[23] 刘星. 法理学导论：实践的思维演绎[M]. 北京：中国法制出版社，2016.

[24] 张千帆. 宪法[M]. 北京：北京大学出版社，2012.

[25] 喻中. 宪法社会学[M]. 北京：中国人民大学出版社，2016.

[26] 朱金宝. 宪法权利实施研究[M]. 北京：中国社会科学出版社，2015.

[27] 崔建远，申卫星. 民法总论研究[M]. 3版. 北京：清华大学出版社，2019.

[28] 王泽鉴. 民法学说与判例研究[M]. 北京：北京大学出版社，2016.

[29] 梁慧星. 民法总则讲义(精装版) [M]. 北京：法律出版社，2018.

[30] 王利明. 合同法研究(第四卷) [M]. 2版. 北京：中国人民大学出版社，2017.

[31] 姜明安. 行政法[M]. 北京：北京大学出版社，2019.

[32] 周佑勇. 行政法原论[M]. 北京：北京大学出版社，2018.

[33] 张明楷. 刑法学[M]. 5版. 北京：法律出版社，2016.

[34] 陈兴良. 刑法的价值构造[M]. 北京：中国人民大学出版社，2017.

[35] 江伟. 民事诉讼法[M]. 5版. 北京：高等教育出版社，2016.

[36] 毕玉谦. 民事诉讼法学的发展与走向：重点与展望[M]. 北京：中国政法大学出版社，2018.

[37] 陈光中. 刑事诉讼法[M]. 6版. 北京：北京大学出版社，2016.

[38] 江必新，梁凤云. 行政诉讼法理论与实务(上、下)[M]. 3版. 北京：法律出版社，2016.

[39] 李广辉，林泰松. 仲裁法学[M]. 北京：中国法制出版社，2019.